U0017005

從秦始皇到劉邦

李開元 著

歷史的感覺

代序

感覺，是被歷史學遺忘了的一個話題。

之所以重提這樁舊事，是因為一樁小小的發現。

多年以來，我一直有一種印象上的錯覺，秦始皇嬴政和漢高祖劉邦，彷彿是隔世的兩代人。考究起來，這種錯覺的產生，在於我所閱讀的書籍和所接受的教育。瀏覽教科書，翻閱文獻論著，秦始皇建立秦帝國，漢高祖建立漢王朝，秦始皇消滅六國統一天下，漢高祖滅亡秦朝再封王侯，二人確是活躍於不同時代的不同歷史人物。不過，當我自己著書教人，試著對這兩位歷史人物作仔細的考察時，才發現事情並非盡然如此。秦始皇生於西元前二五九年，漢高祖生於西元前二五六年，他們之間只有三歲的年齡差。秦始皇死於西元前二一〇年，享年五十歲，漢高祖死於西元前一九五年，享年六十二歲，他們曾經在同一天空下生活了四十七年。所以，以自然年齡論，嬴政和劉邦是同一世代的人，隔代的印象，是時代區分割裂人物，歷史觀念影響歷史時間的結果。

這樣一樁小小的發現，小到只能說是一種歷史感覺的矯正，卻使我感受到了莫大的樂趣。我進而深入地追尋下去。

在劉邦與秦始皇共存的四十七年間，歷史經歷了戰國和帝國兩個時代，七國爭雄的餘緒延續三十餘年而一統結束，秦帝國強暴專橫十餘年又瀕臨崩潰。劉邦四十七歲起兵反秦時，人生已經過去了大半，他的前半生，都是在戰國時代度過的，他的人格和思想，與他的同時代人一樣，都是在戰國末年，由當時的風土人情和時代精神撫育定型的。入秦以來，受帝國時代世風變化的影響，一代人的生活環境和精神風貌有所變遷，然而，秦末之亂爆發，保留在人們頭腦中的戰國時代的歷史記憶復活，劉邦與同時代的英雄豪傑們一道，恢復戰國，復興王政，承前啟後，復舊革新，一同開創了後戰國時代的歷史局面。

在後戰國時代，戰國七雄復國，合縱連橫，紛爭並立再現，諸子又開始遊說，百家重新爭辯，游俠復活，豪傑蜂起，前後六十餘年間，歷史彷彿回到了戰國末年。這種後戰國時代的新觀念，也許又是一樁歷史發現。不過，這樁發現，已經是一種昇華了的歷史感，是由直觀的感覺出發，通過歷史研究而提煉出來的一種時代精神。

在這種新的歷史感的引導之下，我從劉邦開始，追述後戰國時代的英雄豪傑，探尋他們的蹤跡，連帶著將戰國末年的人情風土，一一復活出來。

呈現在讀者面前的這本小書，就是我復活這一段歷史的部分結果。

這本書先在中國大陸出版，得到大陸讀者的認可。如今有幸在臺灣出版，使我在高興之餘，又滋生一種當下的歷史感。

我沒有去過臺灣，我與臺灣朋友的最初接觸，是在日本留學期間。一九八〇年代的日本安定繁榮，民風淳樸，法制井然有序，常常使我想起秦漢時代的古國。臺灣學生不張揚的言談舉止，厚重的禮節文字，使我感到親切，回想起典雅的古代文化。後來在學會上與臺灣的同行有了更多的交往，胡適和傅斯年時代的北京大學和中央研究院的記憶，往往在瞬間彌合了歷史的斷裂。

那些時候，我剛剛經歷過張牙舞爪、絕情無法的文革瘋狂，於是有「禮失而求諸野」的感慨。大陸動亂的時候，不管是臺灣、香港、日本，甚至遠至歐美，都是古來中國文化的避難地。古典中國文化，曾經是東亞各國共同的文化財富，正如古希臘文化之於歐洲。在全球化時代的今天，古典中國文化，已經是世界人民共同的文化遺產。這本小書，是我在日本整理中國古代歷史的成果，在寫作的過程中，我的視野力求寬廣，我的胸懷力求開闊，我的心境力求高遠。

我希望用自己的努力，培植一種新的歷史感，人類共同的歷史感。

目次

第三章　大廈將傾的前夜

第四章　天下亂了

第五章　章邯撐危局

第六章　項羽的崛起

第一章

劉邦的戰國時代

一——平民的一家

大凡人發了跡，周圍都是利害，真心難見，性情的流露，往往顯現在對往事的回憶和對應當中。劉邦對於微時的舊事，是一一記了帳的，一頓飯的恩怨，他要報回來，當年難堪受的氣，如今要還回去，倒是很有一點天真的人情。

漢帝國的創建者，漢高祖劉邦生於西元前二五六年。他的出生地屬於楚國的沛縣豐邑中陽里，也就是現在的江蘇省豐縣一帶。

劉邦本名劉季，出生於一個富裕的下層平民家庭。他的父親被稱為劉太公，母親被稱為劉媼。劉太公就是劉大爺，劉媼就是劉大媽，都不是名字，而是下層社會俗用的通稱。想來，當年都是隨便起的名，一、二、三、四排行，雞、狗、豬、羊別名，或許劉太公和劉媼本來另有不太雅馴的名字，到了兒子劉季發達做了皇帝，舊名難免丟人現眼，上不得桌面，反不如劉大爺、劉大媽來得灑脫親切，上上下下挑不出毛病，於是就此沿襲下來，被載入史冊，寫進了正史之中。

劉太公兼顧農商，長於理財置業，在豐邑鄉鎮上算得上是家境殷實、有頭有臉的人物。他為人豁達，睦鄰鄉里，對於沽酒賣餅、鬥雞蹴球的市井生活情有獨鍾，日子過得滋潤有味，用當時社會的話來說，算是地方上父老一類的人物，用我們今天的話來說，算是生活小康的平民。劉太公有四個兒子，大兒子叫劉伯，二兒子叫劉仲，劉季是老三，另有一位小兒子叫劉交，與三位哥哥不同母，家庭和文化背景也有所不同。伯、仲、季，本是兄弟排行的通稱，劉伯、劉仲、劉季，用我們今天的話來說，就是劉大、劉二、劉三，俗氣是俗氣了一點，與劉大爺、劉大媽的家庭背景倒是協調一致。劉大媽去世得早，劉太公則一直活到高帝十年才去世，沾兒子的光，被加了太上皇的封號，很享了些晚年的清福。

劉邦像

大哥劉伯是老實本分的人，勤勞耕作而家境不乏，很得劉太公的喜愛和厚望。劉伯死得早，留下了大嫂和兒子劉信單獨生活。青年時代的劉季，遊蕩廝混，不務正業，常常帶領一幫狐朋狗友到大嫂家混飯寄食。事多人雜，次數頻繁了，難免惹得大嫂討厭心煩。於是某天，當劉季一幫人又吆三喝四地跨進大嫂家的院門時，只聽得一陣洗鍋聲傳了出來，賓客朋友們於是紛紛散去。劉季掃興，進屋一看，鍋中尚有飯菜，知道是大嫂使的壞，從此怨恨大嫂，不再往來。劉季發跡做了皇帝以後，對於其他兄弟親戚都有王侯的封賞，唯獨對大哥家沒有表示。

後來，劉太公直接向劉邦提及此事，劉邦怏怏說道：「並不是我忘記了，實在是大嫂當年不地道。」經太公一再地說情，劉邦終於礙不過一榮俱榮的親情，追封大哥劉伯為武哀侯，以其子劉信繼封為侯，不過，侯名很特別，叫作羹頡侯。羹者，鍋中飯菜也；頡者，用勺刮鍋也。羹頡侯，就是飯菜刷鍋侯，光亮亮的行頭，偏要給你撕個露醜的口子，安了心糊弄人。大凡人發了跡，周圍都是利害，真心難見，性情的流露，往往顯現在對往事的回憶和對應當中。劉邦對於微時的舊事，是一一記了帳的，一頓飯的恩怨，他要報回來，當年難堪受的氣，如今也要還回去，倒是很有一點天真的性情。

二哥劉仲同大哥劉伯是同一類型的人，也是勤苦耕耘，小康殷實。劉伯死後，太公將劉家的希望，自己未來的依託，寄望在劉仲身上。劉季起兵後，劉仲沒有跟隨出去，一直留在老家侍候供養劉太公，大概後來也同太公、呂后等一同被項羽扣押於軍中做了人質，很是受了些苦，直到高帝五年，楚漢和談成功，才被釋放。劉邦當上了皇帝之後，劉仲改名劉喜，被封為代王，酬謝他看家養老的功勞。

劉喜生產持家是個本分人，實在不是做國王的料。代國在現今的山西省北部，鄰近匈奴。劉喜做了代王不到一年，匈奴兵打來，他就棄國逃到洛陽。雖說沒有被深究定罪，但做國王是不合適了，經過赦免，降級封為郃陽侯，衣食租稅不虞匱乏，安安穩穩地在領地上過日子。劉喜於惠帝二年死去，比劉邦多活了兩年。劉喜碌碌一生，沒什麼可以值得多說的事兒，然而他的兒子劉濞，則是景帝時期掀動七國叛亂的吳王，在歷史上卻是聲名昭著，但這已經是後話了，我們將來再細談。

幼弟劉交，有字稱游。劉交與劉伯、劉仲、劉季不同母。他的母親，大概是劉媼死後太公續娶的妻子，比劉大媽有文化，人也年輕得多。或許是母方的因素使然，劉交名字不俗，也有字號，他在務農置產上雖然沒有值得稱道之事，卻是好書法，多才藝，興趣和才能都表現在文化藝術上。

劉交像

劉交年輕的時候，廣泛交遊，與後來成為著名學者的穆生、白生、申公等人，一同在大學者浮丘伯的門下學習，直到秦始皇焚書時方才散去。浮丘伯，是戰國末年大名鼎鼎的學者荀子的門人，學識淵博，尤其精於《詩經》之學，在學術史上也是很有地位的人物。劉交比劉邦要年少得多，他死於漢文帝元年，已經是劉邦死後的十六年。他大概要比劉邦小十歲以上。

四兄弟中，劉交與劉季的習性也最相近。劉季起兵後，劉交一直跟隨身旁，在這個三哥身邊進進出出，充當聯絡內外的機要秘書，最為親密。劉邦當了皇帝後，劉交被封為楚王，延續青年時代的喜好，以禮賢下士、獎勵學術著稱，這已是後話。

二——出生的神話

劉邦出生的神話，應該是司馬遷在當地採訪時聽來的民間傳說。在表面荒唐的傳說後面，是否也隱含著未知的歷史真實，留待後來的歷史學家去解讀？

劉季的母親劉媼去世得早，有人說是死於劉季起兵反秦的時候，我想是還要早得多，因為《史記》和《漢書》在秦末之亂的事情中完全沒有提到她。高帝五年，劉邦即皇帝位，曾經下過詔書，追尊劉媼為昭靈夫人，除此以外，史書上就沒有正兒八經的像樣記載。不過，劉媼畢竟是高皇帝的生母，生母的一生可以不見經傳，皇帝誕生的瞬間卻是不能不加以渲染的。

俗話說，龍生龍，鳳生鳳，老鼠生兒打地洞。這種說法的本源，就是古來貴族社會的血統論。中國古來的貴族社會，從夏商周一直延續到春秋戰國，到了劉邦的時代算是走到了盡頭。劉邦出生於戰國時代的平民階層，龍鳳血統論的說法，怎麼也和他的身世合不到一起。

前面已經說過，劉邦本名劉季，就是劉老三的意思，做了皇帝以後，這名字委實不雅，經過文人學士的精心推敲，改名劉邦。「邦」就是國，有經邦治國的大名，才可以不負皇帝統治天下的重任，這都是事後的追補。劉邦在世時，從來不文飾自己的出身，他言行質樸，每每提到何以成了真龍天子時，口口聲聲說老子提三尺劍取天下，這皇帝位子是騎在馬上打下來的。到了兒子、孫子、重孫子的時候，都是依靠血統繼承皇位，沒人再有本事騎馬打仗，馬上天下的本源漸漸變質、神化，血統論的輿論不斷被創新、加強。這時候再來回憶高祖、編撰劉邦的傳記，難免要做些符合時代需要的添加，用現代的專業行話來說，歷史總是不斷地被重新解釋和應時修正。

司馬遷著《史記》的時候，已經是劉邦重孫武帝的時代，距離劉邦死去已經有一百多年了。司馬遷撰寫的〈高祖本紀〉說，劉邦出生時有非同尋常的奇事異相。劉邦的家鄉豐邑地勢低平，多湖泊沼澤、池塘水窪。據說有一天，劉邦的母親劉媼在水塘邊休息，困頓睡著了，夢見與神不期而遇，一時天色昏暗，雷電交加。劉太公匆匆跑去看，只見有條龍在劉媼身上盤旋顯現。不久，劉媼有了身孕，生下來的男孩就是劉邦。

用我們今天眼光來看，人龍交配生子，當然是不可信的荒唐事。不過，有趣的是，如果我們查閱《史記》的記事，司馬遷筆下開創王朝的先祖，其出生也多有類似的神話。殷的先祖叫作契，商王朝的興起，奠基於契的功業。契的母親叫簡狄，傳說她到野外林中沐浴洗澡，有玄鳥飛過掉下蛋來，簡狄吞食了玄鳥蛋而受孕，生下了契。棄是周王朝的先祖，姜原是他的母親。傳說姜原到野外去，看見巨人的足跡，她十分興奮，踩踏了巨人的足跡，因而受孕生下了棄。棄從小就繼承了巨人的因子，與鳥獸友善，長於農耕，受帝舜的賞識，成為農耕之神。秦的先祖叫大業，他的母親叫女修。大業的出生，與殷的先祖契相通，說是女修紡紗織布，有玄鳥飛過掉下蛋來，女修吞了玄鳥蛋，受孕生了大業云云。

司馬遷是個重事實跑調查的歷史學家，基本上不太信怪力亂神的，他記敘殷、周、秦先祖出生的神話，所根據的是殷族、周族、秦族古來的記憶傳說，有文獻典籍的依憑。表面看來，這些記憶傳說荒唐不經，留心推究，荒唐不經的裡面卻包藏著歷史的真實。科學地分析殷、周、秦先祖出生的神話，我們可以確認以下這樣的事實：作為遠古以來世代相傳的氏族之殷族、周族和秦族，他們最初的男性祖先可以追溯到契、棄和大業，他們最後的女性祖先可以追溯到簡狄、姜原和女修。在這個事實後面，我們更可以窺探到遠古人類社會變革的資訊：女性當權的母系氏族社會，在殷族結束於簡狄，在周族結束於姜原，在秦族結束於女修，與此相應，男性當權的父系社會，在殷族開始於契，在周族開始於棄，在秦族開始於大業。在母系氏族社會的群婚制度下，人人只知其母而不知其父，世系只能由母系確認。契、棄和大業，是殷、周、秦父系氏族社會的先祖，他們以後的世系，乃由男系確認和排列，他們自己的出生，是只知道母親而不知道父親的。

劉邦的家鄉沛縣豐邑一帶，司馬遷是親自去看去聽去查過的。司馬遷在記敘沛縣出生的幾位西漢開國元老的生平時曾經說道：「我到豐沛一帶采風，訪問當地的遺老故舊，尋觀蕭何、曹參、樊噲、夏侯嬰的故居，蒐求他們當年的逸聞往事，真是聞所未聞，大長見識。」劉邦出生的神話，應該是司馬遷在當地採訪時聽來的民間傳說。在表面荒唐的傳說後面，是否也隱含著未知的歷史真實以留待後來的歷史學家去解讀？

三——訪豐縣龍霧橋

在遠古的氏族傳說中，母親與神怪相結合而誕生英雄，是父系不明的古代婚姻關係的遺緒；在近古的民間傳說中，母親與神怪相結合所誕生的英雄，或許就是婚外野合的結果。

未去沛縣以前，我結識幾位徐州的朋友，都是好古的同行，見面不時議論起劉邦在沛縣的事情。徐州師範學院的王雲度先生在徐州多年，對沛縣山川人物瞭若指掌。他告訴我，沛縣民間，男女風氣開放，野合外婦，是古往今來的常事。劉邦的大兒子劉肥，就是外婦曹氏所生。外婦就是婚外的情婦，劉肥是劉邦與情婦的私生子。劉邦當上皇帝以後，堂堂正正地封劉肥做了齊國的國王，當時當地，沒有人忌諱這種事情，甚至流傳以為美談。以此推想，司馬遷所采錄的劉邦出生的神話傳說後面，可能也藏有劉邦是野合私生的隱事。有道理的見解，動了我去當地的念頭。

二〇〇五年三月間，我循先人故舊的足跡，到豐沛訪古問舊。豐縣縣城東北兩公里的古泡水上，現今的新沙河畔，有龍霧橋遺址，據說就是劉邦的母親與龍相交合的地方。龍霧橋早年建有廟宇，已然毀失，現建有兩座碑亭，為豐縣政府所指定的保護文物。一九八一年，遺址近處的梁樓村出土兩塊石碑，一塊是明代宗景泰二年（一四五一）所刻的〈重修豐縣龍霧橋廟記〉，一塊是清朝康熙五十九年（一七二〇）所刻的〈豐縣重修龍霧橋碑記〉，現都已被重刻，立於龍霧橋碑亭。

〈重修豐縣龍霧橋廟記〉碑的刻主，是景泰年間的豐縣縣令侯孫。他為了求雨而重修龍霧橋廟，在橋旁掘得一宋代石碑，是北宋哲宗紹聖三年（一〇九六）的豐縣令杜某所立。惺惺相惜，侯孫由此而生「物事建築有終窮，神靈精氣不衰滅」的感慨，特撰文刻碑，彰顯漢高祖生於人龍相遇的舊事：「嗟乎！橋祠一物，固有終窮，而其有雲氣者，鍾於神物，雖久而不衰。況其龍也霧也，

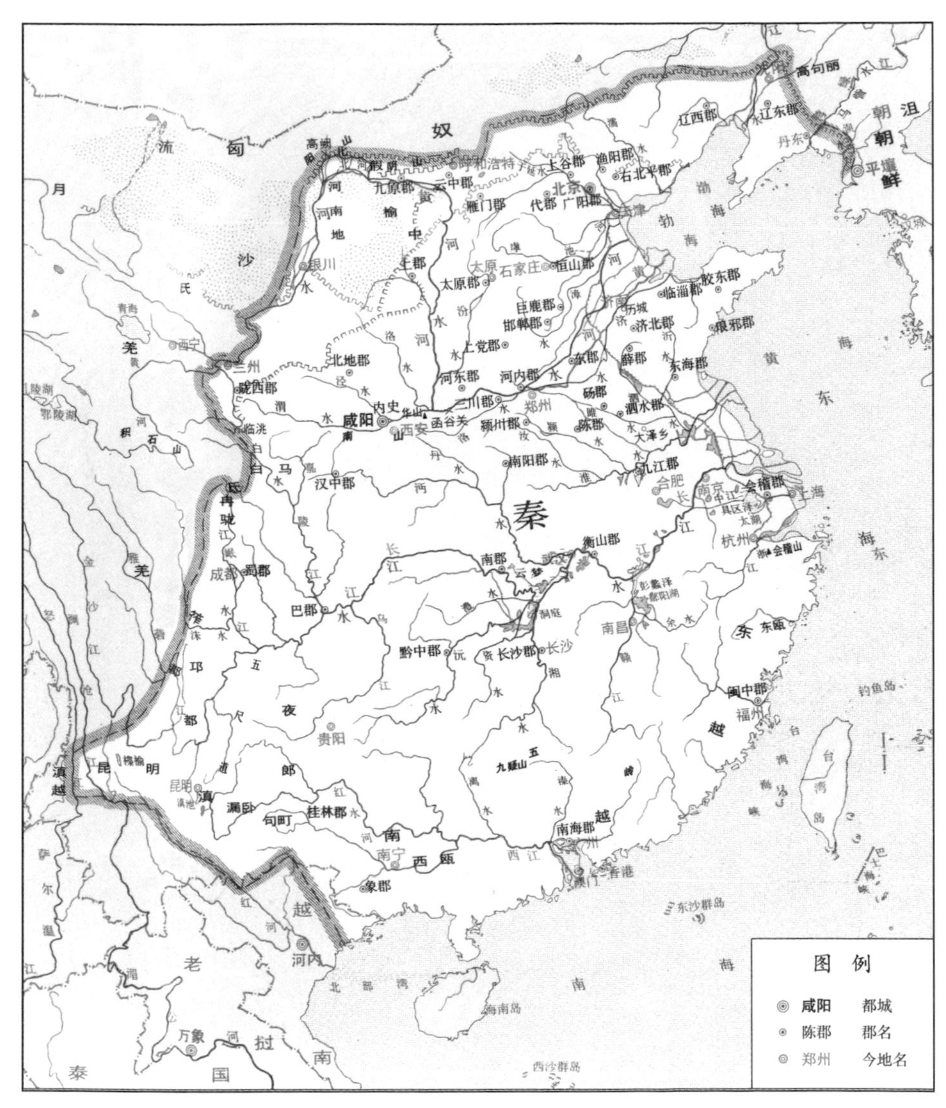

秦帝國疆域圖

錄自譚其驤主編《中國歷史地圖集》（原書為簡體字版）

走進歷史現場

龍霧橋碑亭

2005年3月間，我循先人故舊的足跡，到豐沛訪古問舊。豐縣縣城東北兩公里的古泡水上，現在的新沙河畔，有龍霧橋遺址，據説就是劉邦的母親與龍相交合的地方。龍霧橋早年建有廟宇，如今已然毀失，現建有兩座碑亭，為豐縣政府所指定的保護文物。

我到龍霧橋時，已是夕陽晚照，河畔寂寥，碑亭殘破，有船牽動水波緩緩駛過。身臨其境，睹物生情，感沛縣風土，誠如王雲度先生所言。王先生在徐州多年，對沛縣山川人物瞭如指掌。他告訴我，沛縣民間，男女風氣開放，野合外婦，是古往今來的常事。當年秦始皇東巡，對於楚地男女苟合的淫風，多有指責。如今沛縣地區發現的漢代畫像石上，有男女野合的圖像，視兒女間的情事，為人生美豔。

始皇帝像。據說私生子往往聰明強健，而秦始皇和劉邦都有私生之嫌。

乃天地陰陽之全，變化聚散，皆不可測，是以龍與霧滃，理勢必然，而取以為斯橋之名，斷自漢高初生，母遇交龍而得，後基四百年之帝業，豈偶然哉！」「龍也霧也」，龍就是霧，龍霧橋得名的由來，在於龍、霧的混沌，水氣所聚的天象霧氣，演化為靈氣所鍾的神怪龍景。

龍霧橋，失去靈氣就是濃霧橋。

我到龍霧橋時，已是夕陽晚照，河畔寂寥，碑亭殘破，有船牽動水波緩緩駛過。身臨其境，睹物生情，感沛縣之風土，誠如王先生所言。當年秦始皇東巡，對於楚地男女苟合的淫風，多有指責。如今沛縣地區發現的漢代畫像石上，有男女野合的圖像，視兒女間的情事，為人生美豔。

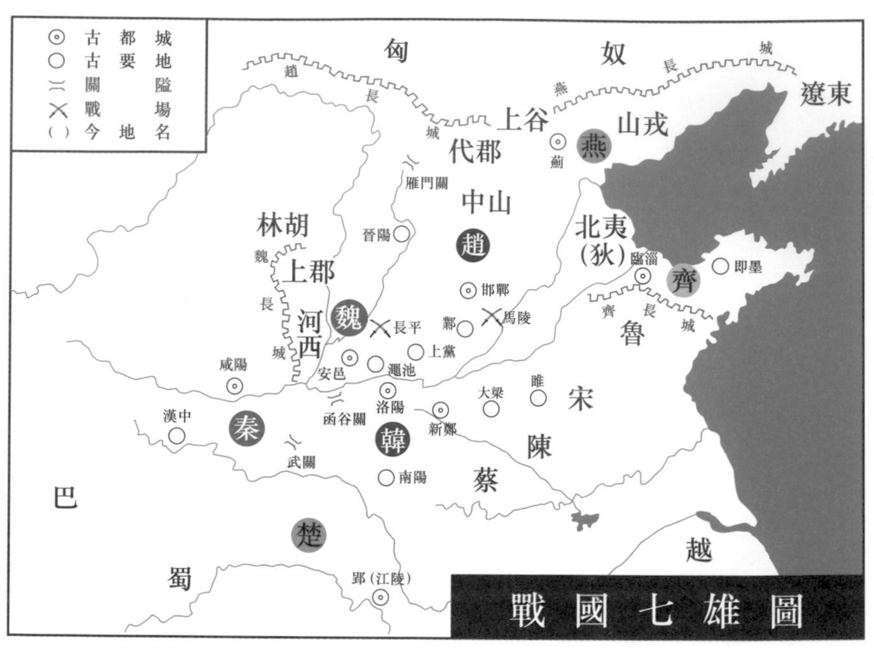

戰國七雄圖

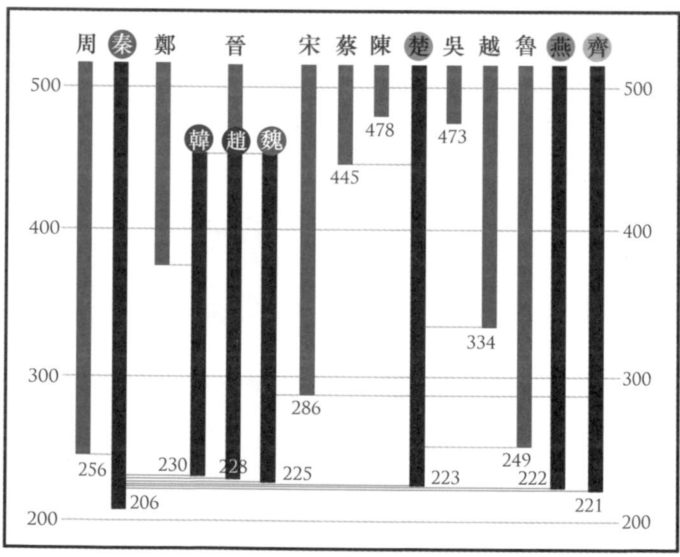

戰國七雄及其他國家之國祚長短表

想像當年，濃霧瀰漫，雷陣雨驟然襲來，有一女一男避雨水塘邊，大樹下草棚裡，天昏地暗，一時天雷勾動地火，情由雷電點燃，野合隨雲雨翻轉。也許是巧合，也許是太公早有風聞，趕來撞個正著，瞧了個明白，遂留下了後世龍霧的話題。

據說，私生子往往聰明強健，因為受精於父母生命激情之時。古今中外的大人物，孔夫子出於私生，秦始皇有私生之嫌。劉邦個性完全不同於大哥、二哥，劉邦發跡以前一直不為父親太公所愛，這些或許都與劉邦的出生曖昧不無關係。劉邦好酒好色，青年時浪蕩鄉里，膽大妄為，活脫脫是個流氓無賴，這種天性的由來，或許不在太公，而在於與劉媼野合的精壯漢子的基因當中？

往事迷茫，古代的事情不得不多多借助於推想。在對劉邦誕生神話的各種解說中，濃霧野合的推斷合於民俗學的研究，容易被有科學觀念的現代人接受。在遠古的氏族傳說中，母親與神怪相結合而誕生英雄，是父系不明的古代婚姻關係的遺緒；在近古的民間傳說中，母親與神怪結合所誕生的英雄，或許就是婚外野合的結果。

溯源歷史，追述先祖，明瞭今我的由來，是植根於人類本性的思路。古代社會，先祖與神明一體，是今我的保護人和精神的歸依。子孫後代追蹤回憶過去，戰戰兢兢，敬敬畏畏，當觸及到與當今的道德意識相逆相悖的往事時，本能無意識地會作委婉的掩飾。曲折的表達，為後代留下需要解說的夢囈。近古以來，文化發展規範本能，為尊者諱，為長者諱，成為文化避免道德尷尬的傳統。偉人英雄的不雅情事，往往不是被隱去，就是被改造。

野合的舊聞演化為神合的美談，司馬遷也許心裡明白，只是不好點破，畢竟是本朝的開國皇帝，說話得留點分寸，敘事需要含蓄。不比兩千年後的歷史學家說起話來自由自在，可以在追究史事的心思上發千古之覆，用科學歷史的方式開啟帝王的隱私，逼近歷史的真實。

四——西元前二五六年前後的戰國世界

西元前二五六年前後的戰國世界，是一強六弱的天下。秦國一強在西，無日或休地東進蠶食，秦國滅亡六國、統一天下的大勢已然成形……

西元前二五六年，是劉邦的生年。這一年，以劉邦的祖國楚國的曆法來計算的話，是楚考烈王七年，以天子所在的周朝曆法計算的話，是周赧王五十九年，如果以後來統一天下的秦國曆法來計算的話，則是秦昭王五十一年。就在這一年，秦國滅掉了西周，天下失去了掛名的天子。這一年，秦始皇剛剛滿三歲，與母親一道躲藏在趙國的首都邯鄲。

當時的中國，正處在戰國時代的晚期。戰國時代，顧名思義，就是列國混戰的時代。當時參加混戰的國家，主要有七個大國：秦國、楚國、齊國、魏國、韓國、趙國、燕國——史稱戰國七雄。

戰國時代，雖說是列國混戰的時代，不過，看來像是雜亂不清的混戰，也是有其來龍去脈的，各國間的離合走向，也並非無章法可尋。大體說來，當時混戰中的列國，有一個基本的離合關係，叫作合縱連橫。合縱連橫的縱，是指南北方向；橫，是指東西方向。合縱，乃為南北聯合；連橫，則是東西串連。合縱連橫，就是南北聯合以割斷東西，東西串連以分化南北，講的是列國間多極外交上的戰略謀略。合縱連橫的關係，千頭萬緒，人事紛紜，絕非三言兩語能說得清楚，不過，如果我們打開當時的中國地圖來看的話，由合縱連橫所表達的天下形勢，大致是可以一目了然的。

秦國：首都在咸陽（今陝西咸陽），以關中地區為中心，兼有四川盆地和甘肅、寧夏部分地區，位於戰國世界的西邊。秦國經過商鞅變法，國勢日益強大。到了秦昭王時，秦國已然成為列國中最強大的國家，咄咄逼人，持續不斷地侵攻周邊國家，步步向東蠶食擴張，是天下的西極，列國中的超級大國。

楚國：以淮河流域和長江中下游為中心，是戰國世界的南極。楚國曾經強大一時，勢力一度擴張到淮北和河南一帶。不過，到了楚懷王的時候，楚國內亂紛爭不已，國勢日漸衰落。西元前二七八年，秦將白起領軍攻破楚國首都鄢郢地區（今湖北宜都、江陵一帶），占領了楚國西部和南部的大片領土，楚國被迫將首都向東北方向遷移到了陳（今河南淮陽）。從此以後，楚國日漸削弱，失去了擴張的勢頭。

齊國：以山東半島為中心，首都在臨淄（今山東淄博），地理上與秦東西相望，算是戰國世界的東極。齊國也曾經強大一時，與秦國東西呼應，各自稱霸稱帝。西元前二八四年，燕國、秦國、趙國、韓國、魏國五國聯軍攻破齊國，齊國國勢衰退，從此一蹶不振，基本上退出了列國間的爭鬥，力求自保。

燕國：以河北北部為中心，兼有遼寧南部，首都在薊（今北京），是戰國世界的北極。燕國在地理上偏處中原的東北，在七國中力量最為弱小。不過，正因為其弱小，單獨成事困難，更需要多利用外交手段來保衛自己的利益，因此倡導合縱連橫的游士說客便常常匯集到這裡來。當時最有名的縱橫家蘇秦，就是在燕國發的跡，齊國被五國聯軍攻破，就是他為燕國施展謀略的結果。

趙國：在西秦、東齊、南楚、北燕之間，有韓、趙、魏三個王國。韓、趙、魏三國，都是從原來的晉國分離出來的，又被稱為三晉。趙國以邯鄲（今河北邯鄲）為首都，領土北及於陝西東北部，兼有山西大部、河北東南部，山東西部和河南北部的部分地區也在其領土內。趙國在三晉當中最為強大。有名的趙武靈王胡服騎射，在趙國率先引進遊牧民族的騎兵技術和裝備服飾，趙國的軍事力量由此稱冠各國，長期與秦國抗衡，勢均力敵。西元前二六〇年，秦國和趙國在長平（今山西高平西北）展開大戰，結果趙軍慘敗，四十萬趙軍投降秦國，被秦將白起活埋。從此以後，趙國衰弱，再也沒有力量和秦國爭奪天下了。

魏國：魏國的首都在大梁（今河南開封），領土主要在今山西省西南部的河東地區和河南省北部的河內地區。魏國國土分散，西接秦，東南接楚，東接齊，北接趙，中間與韓國犬牙交錯，為四戰之國。魏文侯的時候，魏國率先進行改革，國勢一度非常強大。然而，西元前三四二年，魏軍在馬陵之戰中大敗於齊國，從此一蹶不振。西元前二九三年，魏韓聯軍被秦將白起擊敗，二十四萬將士陣亡。爾後魏國的命運，就是不斷地被秦國攻擊蠶食。

韓國：韓國的首都在鄭（今河南新鄭），領土主要在今山西省東南部和河南省中部，國土西接秦國，南接楚國，西北東三面與魏國交錯相連。韓國在三晉中領土最小，國力也最弱，一直困處於周邊大國之間。西元前二九三年魏韓聯軍敗於秦將白起後，韓國基本上淪為秦國的屬國。

總的來說，西元前二五六年前後的戰國世界，是一強六弱的天下。秦國一強在西，無日或休地東進蠶食，秦國滅亡六國、統一天下的大勢已然成形。為了便於東進，分斷六國，秦國分別與六國各個聯盟，對處於守勢的六國實施又拉又打的策略，這就是當時連橫之策的基本方向。六弱之楚國、齊國、燕國、趙國、魏國、韓國在關東，都沒有力量單獨抗衡秦國，為了阻止秦國無厭無止的侵攻，六國組織南北同盟共同抵抗秦國，這就是當時合縱之策的基本方向。當然，各國之間利害關係交錯複雜，合中有分，分中有合，因人成事，因事及人，更為當時的列國關係增添了無量的變數，常常使人眼花繚亂。

五——沛縣山川地理

以泗水郡為中心的這一地區，古稱淮泗地區，就是我們今天所說的黃淮平原一帶。這一地區，古來常是戰場，歷史上決定中國命運的大戰，多次在這裡進行。

劉邦出生的沛縣豐邑中陽里，就是今天江蘇省北部的豐縣一帶。沛縣豐邑中陽里，是秦始皇統一天下後的地名。劉邦出生時，沛縣屬於楚國，劉邦是楚國的臣民。

沛縣地區，本來是宋國的領土。宋國是殷代遺民的國家，西元前十一世紀，周滅掉了殷，為了安定殷的遺民，周王朝分封殷紂王的庶兄微子為諸侯，建立宋國，奉祀殷代的先祖，領土在淮北的睢水和泗水一帶。到了戰國後期，宋國與諸多小國一樣，奄奄一息，苟延殘喘於大國的爭奪之間。西元前二八六年，東方的大國齊國將宋國滅掉，宋國的領土併入了齊國。齊國的勢力擴張，引起其他大國不滿，兩年後，燕、秦、韓、趙、魏五國聯合進攻齊國，齊國首都臨淄失守，幾乎亡了國。齊國所吞併的宋國領土，一部分被西方鄰國魏國攻占，一部分被北上趁火打劫的楚國兼併。沛縣，幾經反覆易手，被併入楚國，直到西元前二二四年，秦軍攻取淮北，沛縣入秦，成為秦泗水郡的屬縣。沛縣歸屬於秦的時候，劉邦已經三十二歲了。他的前半生，都是在楚國的沛縣作為楚國的國民度過的。

沛縣在淮河之北，古泗水之西，地處黃淮平原的中部，境內地勢平坦，西南高東北低，古來多沼澤濕地。劉邦出生的豐邑，是沛縣所屬的鄉，為城鎮型聚落。他的生地中陽里，是豐邑城鎮內眾多的居住區之一。豐邑在沛縣的西北，是沛縣內的大邑，有城牆環繞，能夠設防自守。劉邦生於豐邑，以沛縣為根基取得天下，他做了皇帝以後，將豐邑從沛縣分離出來，設置了豐縣。為了滿足父親劉太公思念故里的鄉情，在首都長安東部，即今西安市臨潼區一帶，另外修建了一個豐邑，完全如同舊豐邑的原貌，稱為新豐，並將舊豐邑的居民一齊遷徙到新豐，與劉太公重作鄰居。劉邦自己偏愛沛縣，將沛縣作為自己的私人奉養地，世世代代免除沛縣人的徭役租稅，又將秦時沛縣所屬的泗水郡改名為沛郡。所以，到了漢代，豐縣、沛縣，都成了沛郡的屬縣，首都長安附近則另有一個新豐縣。當然，這些都是後話了。楚國時代豐沛地區的政區情況，由於史書失載，我們不大清楚。不過，依據秦帝國時代的狀況來作理解的話，大致上是不會相差太遠的。

秦始皇統一天下，帝國郡縣的設置，基本框架是比照六國的區劃。打開秦帝國的政區地圖，泗水郡的北部是薛郡，東部是東海郡，南部是九江郡，西南部是陳郡，西北部是碭郡。戰國末年，泗水郡是楚國的地方，陳郡、九江郡和東海郡也都在楚國的領域內。薛郡本是魯國之所在，孔子的家鄉，西元前二五六年，也就是劉邦出生的這一年，楚國趁秦國和趙國相持於長平大戰時，將魯國吞併，歸了楚國。西北方向的碭郡，則是魏國的屬地。

統而言之，以泗水郡為中心的這一地帶，古稱淮泗地區，就是我們今天所說的黃淮平原一帶。這一地區，古來常是戰場，歷史上決定中國命運的大戰，多次在這裡進行，著名的有楚漢彭城之戰、垓下之戰，秦晉淝水之戰，到了現代，決定國民黨和共產黨勝負的淮海戰役，都發生在這個地區。戰場出英雄，英雄出帝王。秦末叛亂紛起，楚漢相爭持續，其中心地區，就在淮泗一帶，秦末漢初的風雲人物，也多出生於這裡。一千六百多年後，在元末群雄中崛起的另一位英雄——建立明朝的朱元璋，他的祖籍就在沛縣，後來遷徙到濠州（今安徽鳳陽），也不出這個地區，算是劉邦的同鄉。

六——從模範少年到浪蕩游俠

劉邦的這種壓抑，也許與他出生的傳聞有關，也許與他早年被老師過於管教有關？他後來一生蔑視儒生，公然在大庭廣眾之下解下儒生的帽子撒尿，若說他早年沒有受過什麼壓抑，是很難理解的；而儒生高冠，正是師道的象徵。

劉邦的幼年時代是怎麼度過的，我們幾乎一無所知。他大概也如當時萬萬千千家境優裕的鄉鎮少年一樣，在遊戲玩耍、朋友打鬧中成長。

劉邦的童年朋友，我們只知道一位，就是一生跟隨劉邦的盧綰，他後來被封為燕王。有趣的是，秦始皇的童年朋友，我們也只知道一位，就是後來指使荊軻到咸陽行刺的姬丹，他是燕國太子。

盧綰與劉邦是同鄉同里的鄰居。劉太公與盧綰的父親盧太公意氣相投，親近友愛，兩家日常往來，宛若一家人。事情也巧，劉媼有了身孕，盧媼也有了身孕，到了劉邦出生的那天，盧綰也出生了。古來結拜兄弟，對天起誓說，不能同年同月同日生，但願同年同月同日死，視不能同生為友情的遺憾。劉邦與盧綰同年同月同日生，又同鄉同里，父輩相親相愛，里中父老鄉親都以為美事，紛紛牽羊持酒前來道賀，憑添了許多鄉黨之情。劉邦和盧綰從小一塊兒長大，到了十來歲左右，孩子們要開始學習認字寫字了，兩人又同在一起學，也是意氣相投，相親相愛，鄉里更是以為值得讚美鼓勵，再一次牽羊持酒前來道賀，一時傳為美談。據說今日豐縣地方，尚有「馬公書院」遺址，被視為劉邦少年時代與盧綰一道師從馬維先生讀書的地方，不妨算是後世為美談添加的一點花絮。

大體說來，劉邦從出生到童年、少年，他的生活是優裕平凡的，沒有衣食困乏的憂慮，也沒有天災兵禍的苦愁。在這個時期，他與外面的世界似乎也沒有什麼接觸，樂陶陶和融融地生活在豐邑封閉的鄉里社會中。就劉邦所生活的鄉里社會而言，他是受到了盡可能好的教育，尊師向學，讀書識字，親情友愛，被家庭和社會所期待和規範著。在這個階段，劉邦天性中叛逆不安、桀驁不馴的因子似乎尚未顯露出來，被壓抑著，被克制著，或者只是環境尚未成熟，宣洩的渠道尚未成形，宣洩的時機尚未來到而已。

我在整理劉邦的一生事蹟時，有一種姍姍來遲的感受。相對於他人而言，劉邦的一切都是太晚，出仕晚（三十四歲），結婚晚（三十七歲），生子晚（四十歲），起兵晚（四十七歲），做皇帝晚（五十歲），哪怕考慮到生年的誤差，他也是典型的大器晚成。由此生發，我感覺劉邦可能是晚熟的人，他天性中的基本因子，是到成年以後才顯露出來。在他平淡無奇、近乎模範少年的早年生活中，隱隱地承受著家庭和社會的壓抑。這種壓抑，也許與他出生的傳聞有關，也許與他早年被老師過於管教有關？他後來一生蔑視儒生，公然在大庭廣眾之下解下儒生的帽子撒尿，這種行為，沒有早年的壓抑是很難理解的。而儒生高冠，正是師道的象徵。

在劉邦生活的戰國晚期，對於男子來說，十七歲是一生中的重要時點。以當時最強大的國家秦國而論，男子十七歲算是成年，必須開始承擔國家的賦稅徭役，稱為傅，也稱傅籍，就是身為適齡的服役者登記於戶籍的意思。入仕為吏，徵兵從軍，都以十七歲為年齡標準。秦以外的國家，雖然情況不是很清楚，但大致與秦不會有太大的差異。

楚考烈王二十三年，也就是西元前二四〇年，劉邦上了十七歲，告別了順順當當、無憂無慮的童年和少年，進入了成年時代。這一年，在秦國，是秦王政七年，秦始皇做秦王已經八年了。

以劉太公的心願而言，大兒子劉伯和二兒子劉仲都是本分有成的人，結婚生子，成家立業，靠著勤勞耕耘，費心營運，都掙下一份家業，早早地獨立門戶了，老三劉季似乎對於務農經商置業沒有興趣，雖說有些不安分，卻也向學友愛，識字讀書，得到鄉里的稱譽，照此發展下去，通過鄉里的推薦，再通過政府的選拔，如果能夠入仕作鄉縣政府的小吏，倒也是一條不錯的出路。鄉里的推薦，首先必須家境富裕，財產達到一定的標準；同時，被推薦的人要品德優良，聲譽良好。在劉太公看來，這兩個條件，劉季都是具備的；政府的選拔考試，主要是讀寫會算，劉季是從小練就準備了的，也當不成問題。

不知道是什麼原因，十七歲以後進入成年期的劉邦，沒有走上出仕為吏的道路。究竟是沒有得到鄉里的推薦，還是考試失敗，或者另有原因，我們已經無從察考。現在所知道的事實是：進入成年時代以後的劉邦，似乎完全變了一個人，從一個為父母所喜愛、為鄉里所稱譽嘉獎的向學友愛的模範少年，變成了一個遊手浪蕩、聚眾生事的不良青年，既為親人所不喜，亦受鄉里近鄰白眼相看。用當時的話來說，進入成年期以後的劉邦，走上了任俠的道路。他從成年以後到三十多歲的歷史，就是一部任俠的歷史。

七——戰國時代的游俠風尚

戰國時代的任俠風氣，根植於人性中個人的自由放任、不受社會群體約束的天性，是對於法治吏治的反動。戰國時代的游俠風氣，是中國歷史上第一次出現於自由的個人與個人間的友誼，是一種新的價值觀念，一種新的生活方式。

政府法制，總是有力不可及的地方；統治的真空，一定有隱形的力量來填補。這種填補統治真空的隱形力量，就是民間的政治社會。民間的政治社會，是政府政治社會的對立統一體，兩者既互相對立，又互相補充，也可以互相轉化，一切取決於相互存在之條件的變化。用通俗的話來說，政府政治社會是廟堂，民間政治社會是江湖；政府政治勢力是白道，民間政治勢力是黑道；政府政治是明流，民間政治是暗潮，兩者同質異體，本質上都是強制性的人間統治體系。

商周以來的古代社會是世襲氏族社會，一切關係基於血緣氏族。天下是氏族國家的邦聯體制，社會是世襲氏族的宗法社會，政治是分封氏族的世卿世祿，經濟是氏族共同體的井田邑里，一切一切，都在氏族血緣的網絡之中。廟堂與江湖同體，白道與黑道混淆，明流與暗潮共湧，人與人之間，無獨立的個人間的交往關係，獨立於血緣氏族的民間政治社會也不存在。

到了戰國時代，由於列國間戰爭兼併的結果，古來的國家社會崩潰，政治經濟關係瓦解，各國迫於戰爭的壓力，紛紛實行變法改革，全民皆兵，建立官僚政治，以官制法制維繫國家和社會，重新規範人與人之間的關係。在社會的這種新舊交替之中，一部分從舊有的氏族血緣關係網中解脫出來的武士，由於種種緣故，沒有被新的官制法制體系編入吸收，成為脫離於社會主流之外的遊民，他們在新舊社會交替的縫隙間，以自身的行動，尋求新的個人與個人之間的連接關係，開始構築新的民間社會。由此產生的新的人際關係，就是任俠風氣；由此構築成的新的民間社會，就是游俠社會。

所謂任俠，就是任氣節、行俠義，個人與個人之間基於知遇，相互結托，行武用劍，輕生死，重然諾，以感恩圖報相往來。用我們今天的話來說，任俠就是哥兒們的義氣，男子漢間的友誼，大丈夫間的情義。任俠者之間，並無嚴密的組織，合則留，不合則去，也無固定的章程約束，只是憑藉人與人之間的交誼，形成廣泛的社會關係，構築起網絡狀的民間社會勢力。在戰國時代，任俠者往往是強項的遊民，他們不事生產，崇尚武力，在主流的法制禮制、倫理道德之外，憑著放縱的生活、不順從的精神，營造獨自的精神和實力的世界。任俠者之間，有取必與，有恩必報，講的是義；承諾的事，一定做到，救人之難，不避生死，講的是信。對於任俠者來說，人生的目的不在於金錢和享受，也不在於實現偉業，只求結成人情關係，達到義氣的境界而已。士為知己者死的名言，就是任俠者的理想極致。

戰國時代的任俠風氣，根植於人性中個人的自由放任、不受社會群體約束的天性，是對於法制吏治的反動。戰國時代的游俠風氣，是中國歷史上第一次出現於自由的個人與個人間的友誼，是一種新的價值觀念，一種新的生活方式。戰國時代的游俠風氣，從上層社會一直滲透到民間下層，既包括許多非法的亡命之徒，也不乏王公貴人。戰國七雄當中，秦國法制嚴明，對於游俠明令禁止，嚴予鎮壓，關東六國行政相對寬鬆，游俠們在各國間奔走往來，紛紛寄託於貴族門下，促成了各國的養士之風。楚國的春申君，趙國的平原君，齊國的孟嘗君，魏國的信陵君，乃是名重當時的四大公子，以養士著名；他們的府邸，是游俠們集聚的去處。

在劉邦的任俠生活中，對他產生影響的游俠人物有三位，一位是沛縣的王陵，一位是外黃的張耳，還有一位，就是魏國的信陵君。

八——信陵君竊符救趙

信陵君的交遊，不問血緣世系，不問財富職位，看重的是個人的能力技藝，上至經邦治國，下至雞鳴狗盜，都是有所用的一技之長。

信陵君姓魏名無忌，是魏昭王的小兒子，魏安釐王的弟弟。他的姊姊，就是趙國公子平原君的夫人。西元前二七六年，魏安釐王即位，封無忌為信陵君，食邑封土，成為魏國境內的一方諸侯。信陵君貴為公子，卻不以貴冑傲慢待人，他大開侯門，禮賢下士，廣泛結交天下英才。信陵君的交遊，不問血緣世系，不問財富職位，看重的是個人的能力技藝，上至經邦治國，下至雞鳴狗盜，都是有所用的一技之長。風聞傳說之下，各國有能的人士，紛紛慕名前往，爭投於其門下。極盛時期，信陵君門下的食客，號稱有三千之眾。

在信陵君的一生中，最為膾炙人口的故事，也是對歷史影響最大的事件，就是竊符救趙。西元前二六〇年，秦國與趙國大戰於長平，趙國戰敗，四十萬趙軍投降，被秦將白起活埋。次年九月，秦軍乘勝圍困趙國首都邯鄲，趙國危在旦夕。當時的趙王是年輕的孝成王，他的叔父就是趙國丞相、平原君趙勝。趙勝的夫人，就是信陵君無忌的姊姊。為了解救趙國，平原君親自前往楚國求救，平原君夫人不斷派遣使者前往魏國求援。魏國是平原君夫人的娘家，魏安釐王是她的哥哥，信陵君是她的弟弟，趙國與魏國，同出於晉，同樣面對秦國的侵攻蠶食，是一脈相連、唇亡齒寒的鄰國。魏安釐王派遣大將晉鄙領軍救趙，十萬魏軍開拔出動，抵達邯鄲南部的鄴城，臨漳水與秦軍對峙。秦昭王派遣使者警告魏王：「趙國即將被攻滅，諸侯各國膽敢有救援趙國者，待我滅趙以後，馬上移師攻擊。」魏安釐王害怕了，迅速派人前往軍中，命令晉鄙停駐鄴城，觀望秦趙間戰事形勢的發展。

邯鄲被圍困已經有八、九個月，趙國君臣上下，男女老幼，一體同心抗秦。平原君家的妻妾婦人，人人都在軍中什伍之間為士兵炊事縫補，同仇敵愾，無有貴賤之別。趙國軍民之所以能夠殊死撐持，實因心中有援軍到來的希望。魏軍停止不前，平原君不斷派遣使者催促，信陵君多次請求魏王，魏王始終惶恐猶豫，不願進兵。信陵君度量魏王最終不會接受自己的請求，悲憤感慨之下，豪俠情義之中，不願苟且偷生，坐看親姊無助哭泣、趙國絕援滅亡，他決定盡個人的能力，領了門下賓客，發車騎百餘乘，誓死奔赴邯鄲，與趙國共存亡。

信陵君是重情義的人，雖然決斷倉促，出發之前，卻沒有忘了去見多年深交的上客，自己視為師友的隱士侯生。信陵君見到侯生，將赴死秦軍的事情原由詳細相告，彼此朋友一場，如今離國赴死他鄉，特來作最後的辭別。不料侯生淡淡無言，末了只有一句話：「公子勉為努力，恕老臣不能陪同從行。」信陵君心中好生不快。

侯生姓侯名嬴，本是魏國都城大梁東邊的城門（即夷門）的看門人，儘管家境貧窮，在江湖社會、游俠民間，卻有賢達之名。信陵君風聞侯生聲名之際，侯生已經七十多歲了。信陵君以厚禮邀請侯生，被侯生婉言謝絕。於是信陵君在府邸置酒大宴賓客，待客人入席坐定以後，信陵君備馬車，空座席，親自執轡駕馭，由侍從騎士跟隨，一行浩浩蕩蕩前往夷門迎接侯生。侯生聞到信陵君前來，著平常衣冠，也不謙讓多禮，徑直登車就坐，並注意著信陵君作何反應。信陵君宛若迎客的車御，奉客人就坐，執轡駕車越發恭敬小心。侯生看在眼裡，對信陵君說道：「小臣有友人住在商街的屠宰場中，望車騎繞道經過稍作停留。」信陵君駕車引導，車騎一行進入商街鬧市。侯生下車見其朋友屠戶朱亥，兩人親密久談，旁若無人，幾乎不向等待的車騎方向瞧上一眼。當時，信陵君府上，魏國的將相大臣、宗室貴人，雲集滿座，只待信陵君回來舉杯開筵；大梁商街屠市上，庶人商販圍觀，稀奇魏公子車騎入市，執轡待客；跟隨信陵君的侍從騎士，人人低聲竊罵，只有信陵君始終和顏悅色，毫無流露焦急惱怒的表情。久等之後，侯生終於結束談話，辭別朱亥坐上車來。

車騎回到信陵君府上，信陵君引侯生就坐高堂上席，向久等的賓客們一一做了介紹，滿座驚奇，人人詫異。酒宴酣暢中，信陵君起身離座，到侯生座前敬酒祝壽。侯生這才對信陵君說道：「小臣侯嬴，今日羞辱公子也夠了。侯嬴本是夷門看門人，公子駕車率騎，親自迎接小臣於大庭廣眾之中，本來不應當再生枝節，卻故意又去訪問朋友。不過，小臣今天讓公子車騎久在商街等待，是有意成就公子的名聲。來往過客觀望之下，小臣倨傲無禮，公子謙恭有度，人人皆以為侯嬴是小人，公子是長者，能夠禮賢下士。」信陵君豁然，與侯生舉杯快飲。從此以後，信陵君奉侯生為上等賓客，尊為親近師友。

話說信陵君告別侯生，已經走了幾里地，始終悶悶不樂，若有所失，自言自語道：「我禮遇厚待侯生，可謂完備無虞，天下貴賤，家喻戶曉，如今我赴死在即，而侯生沒有一言半語相送，難道是我有所過失不成？」越想越覺不安，於是命令掉轉車頭，再到侯生家中。侯生笑臉相迎，引信陵君入座說道：「小臣知道公子一定會回來的。」信陵君驚奇不解，侯生繼續說道：「公子喜士好客，名聞天下，如今趙國有難，牽動魏國，公子不自量，無端引領您的賓客抵抗數十萬秦軍。如此行事，宛若以鮮肉投擲餓虎，會有什麼功用，如何對得起賓客？公子厚遇小臣，專程前來辭行，小臣失禮不送，知道公子一定會心裡不平而回來。」信陵君知道侯生對於時局已經有所考慮，再次施禮請教。

侯生示意信陵君讓左右退出，低聲湊近說道：「小臣聽說，魏國的兵符存放在魏王的臥室裡面，如姬是魏王的寵妾，受到寵愛，經常出入臥室，竊取兵符最為便利。聽說如姬的父親被仇人殺害，如姬請求魏王，舉國追究兇手三年，毫無結果。如姬無可奈何，涕泣請求公子，公子使手下賓客殺死仇人，將斬下的頭顱獻送如姬。如姬感恩圖報，為公子不惜一死，只是沒有機會而已。公子有所請求，如姬定會應諾。為天下大事計，請公子求如姬竊得兵符，公子持兵符矯王命奪晉鄙軍，北向救趙，西向退秦，如此可以成就春秋五霸之功業。」

戰國時代，軍權掌握在國君手中。國君調兵遣將，用兵符作為憑證。兵符以銅製作，多鑄成虎形，居中一分為二，左半符授與領兵出征的大將，右半符留在國君的宮中。國王調遣軍隊時，書擬王命，同右半符一道交付使者，使者至軍中宣讀王命，將所持右符與將軍所持的左符合符，驗證生效。侯生是通達社會上下的賢達，對於魏國的政情軍情，乃至王室隱私瞭若指掌，竊符救趙的辦法，他自有精心的策劃。信陵君接受了侯生的建議，請求如姬盜得魏王的兵符。

信陵君持兵符，引賓客再次到夷門向侯生辭行。侯生告誡信陵君說：「將在外，君命有所不受，是便於國家的成例。公子至軍合符，如果晉鄙不受命，再次遣使請求魏王復核，事情就危險了。小臣的友人，屠戶朱亥是位力士，公子可請他一同前往。晉鄙聽命，大好事；不聽命，即由朱亥將他擊殺。」信陵君當即潸然淚下。侯生問道：「公子為何哭泣，難道是怕死不成？」信陵君答道：「晉鄙是魏國元勳宿將，功高老成，怕是不會聽從，不得不擊殺了。我是為此痛心，豈有怕死的情事。」

信陵君請朱亥同行，朱亥笑道：「小臣本是市井操刀屠夫之流，而公子居然數次親來問候，我之所以沒有報謝的表示，是認為小禮節沒有什麼用處。如今公子有急難，這正是小臣效命的時候。」於是，信陵君、朱亥一行晝夜兼程，抵達鄴城晉鄙軍中，以兵符傳令取代晉鄙。晉鄙合符以後，懷疑不信。他舉手持符，直視信陵君說：「如今我受王命，統領十萬之眾停駐於國境之上，魏軍精銳悉數在此。換將進兵，如此軍國大事，公子攜虎符單車而來，沒有魏王的命書節仗，如何說得過去？」完全如侯生所預料，晉鄙拒絕移交兵權，準備再次請示魏王。早有準備的朱亥，將四十斤重的鐵椎藏在衣袖當中，隨著信陵君一聲令下，當即出椎擊殺晉鄙。信陵君奪得兵權，整軍宣布王命和晉鄙罪狀，下令軍中：「父子俱在軍中者，父親歸家；兄弟俱在軍中者，兄長歸家；獨子一人的，歸家奉養父母。」由此選得精兵八萬人，誓師進軍擊秦救趙。

當時，楚國的軍隊在將軍景陽的統領下已經出動，楚國和趙國國土並不相連，中間隔著魏國，不得不觀望等待魏軍的動向。信陵君遣使通告楚軍，接著統領魏軍急速渡過漳水，越過趙長城，與楚軍合作，一舉擊破圍困邯鄲的秦軍。秦將鄭安平被魏楚趙聯軍反包圍，領部下二萬人投降。進攻趙國的另一名秦軍將領王齕西向潰退，信陵君指揮魏楚趙聯軍步步緊追，於河東汾城再次大敗秦軍，為魏國收復了河東的部分失地。在魏楚趙聯軍對秦的乘勝追擊中，韓國也加入了合縱的聯軍陣營，趁機收復被秦所蠶食的領土。

信陵君竊符救趙，名震天下。趙孝成王和平原君感激，兩人親自往邊界迎接信陵君。平原君本與信陵君同列為戰國四公子，此時此刻，歸心低首，身背箭袋為信陵君開路導行。信陵君不便再回魏國，於是將魏軍遣還，自己留居趙國。

九——門客侯嬴、朱亥、張耳

門主和賓客，賓客和游俠，一物的兩面，貫穿的都是男兒間的然諾交情，豪俠間的人際交往。

信陵君救趙，依靠的是門客的力量。信陵君門下號稱有三千賓客，在歷史上留下姓名的只有三人：侯嬴、朱亥和張耳。

侯嬴是竊符救趙的主謀，與信陵君結識時已經七十多歲了。從侯嬴的為人行事看，他有相當豐富的人生閱歷，長於謀略策劃。他的交際往來，上至王侯公卿，下及市井細民，是民間社會中有聲望有勢力的領袖人物。結識侯嬴以前，信陵君已經賓客盈門，對於魏國的民間社會，已經有相當程度的掌握。如姬的父親被殺，魏王動用政府的力量尚不能捕獲兇手，而信陵君使喚門客，迅速將兇手的頭顱獻於如姬座下。即便如此，就在首都大梁城門，竟然還有侯嬴這樣的高名隱士不為自己所知曉，怪不得信陵君要大宴賓客，不惜卑躬屈節，親自執轡駕車，深入商街屠市，低心俯首禮遇侯嬴為上客。信陵君網羅侯嬴入門，無異於將魏國民間社會的政治勢力完全收納於自己的掌握當中。

不過，侯嬴極有可能是新近的外來移民，如同當時的游士豪俠，在各國民間活動馳騁，有影響有名望於江湖，一時犯案在身，被某國政府通緝，或者是恩怨報復，被仇家所逼迫，來到大梁避事，做夷門看守以隱居度日。信陵君的到來，對於避事隱居的侯嬴來說，身名已經大白於天下，未來只有兩條選擇，或者出山入於信陵君門下，或者再次逃避隱居。侯嬴年事已高，他選擇了前者，不過，他並沒有如大多數賓客那樣，入居信陵君府上的客舍，按等級享受飲食車馬用度的供應，而是堅守自己看門的職業，作非依附的獨立上客，保持人格和精神的獨立。侯嬴終生修身潔行，不因貧困接受饋贈。信陵君救趙時，侯嬴的人生已經步入暮年，信陵君請得朱亥最後辭別侯嬴時，侯嬴辭謝道：「小臣本是應當跟隨同行，無奈年老不能。公子走後，小臣將計算行程，數到公子至晉鄙軍中的那一天，北向以劍自剄，遙送公子領大軍啟程。」信陵君與眾門客至鄴城軍中，殺晉鄙奪得兵權，大梁有消息傳來，侯嬴北向鄴城方向，伏劍自刎。他用烈士俠義的死，激勵英雄，美麗地結束了自己的人生。

朱亥與侯嬴類似。朱亥是力士，是散落在民間的行武俠客，在市井商街以屠宰為生。古代社會，田獵常常是政府軍隊的戰爭演習場，屠宰往往是民間俠客的棲身職業處。戰國初年，聶政為韓國大臣嚴仲子所禮遇，激情於士為知己者所用，獨自深入相府，刺殺韓國丞相俠累，為嚴仲子報了仇。當初嚴仲子不遠千里而來，備百金之禮結交聶政時，聶政正因殺人避仇而流落於齊國，隱居在市井屠場，以殺狗為職業。戰國晚年，荊軻為燕國太子姬丹刺殺秦王嬴政，功敗垂成。荊軻的友人——筑藝名師高漸離，隱名改姓潛入宮廷，儘管雙眼被矐失明，仍然舉筑撲擊秦始皇，一死以報知音。高漸離與荊軻結為知己時，也是隱居於燕國首都薊城的商街中作狗屠生意。

侯生使信陵君駕車到商街屠市見朱亥，算是為朱亥和信陵君做了引見。事後，侯生向信陵君介紹朱亥，稱朱亥是尚未知名於世間的賢者勇士。信陵君數次邀請朱亥，朱亥都婉言回絕，也不多禮回謝，使信陵君好生奇怪。戰國游俠的風格，重在心領神受，恩怨銘心刻骨，喜怒不形於色，然諾不輕出口。朱亥受信陵君禮遇，點滴之恩以湧泉相報，內心已經以性命相許，只是等待合適的時機而已。所以，當信陵君請朱亥同行前往晉鄙軍中時，朱亥欣然應諾。救趙以後的朱亥，史書上再也沒有記載。他或許是一直跟隨信陵君客居於趙國，或許是再次游離出行他國，皆不得而知。人生一世，能夠在歷史上綻放瞬間的光彩，足矣！足矣！

張耳是信陵君門下另一位知名的門客。他的活動，從戰國末年一直持續到西漢初年，是一位連接戰國和秦漢的歷史見證人。張耳是魏國首都大梁人，信陵君的事蹟，他從小就耳聞目睹，心嚮往之。信陵君竊符救趙以後，不敢回到魏國，受趙王和平原君感謝禮遇，一直僑居於邯鄲。魏安釐王三十年（前二四七），魏國受到秦軍的猛烈攻擊，陷於危機。在魏王的一再請求下，信陵君結束客居趙國的十年流亡生活，回到大梁，接受魏王的任命而成為上將軍，聯絡諸侯各國，組成魏、楚、趙、韓、燕五國聯軍以合縱攻秦，終而大敗秦軍於河東，迫使秦兵退守函谷關。當時秦軍的統帥是蒙驁，亦即後來的秦帝國名臣蒙恬、蒙毅兄弟的祖父。合縱擊秦的成功，使信陵君再一次名揚天下，賓客盈門。當時的張耳，還是一名熱血少年，景仰慕從，如願進入信陵君門下做了賓客，攀附龍尾，直接習染了游俠養士的戰國時風。

古話說，富貴多士，貧賤寡友，不過是人世間的冷暖常情。信陵君死於魏安釐王三十四年（前二四三）。信陵君去世後，門下賓客散去，張耳失主，散落民間，成為游俠。無職無業的張耳，在大梁待不下去了，於是脫籍亡命，離開大梁，流落到外黃縣城（今河南民權西北）。

外黃在大梁東邊二百來里，城裡有一位心高氣盛的奇女子，父親是外黃有名的富豪，而她本人則是外黃的絕色美女。她出嫁以後，發現丈夫是位平庸不堪的凡夫俗子，實在不堪忍受，於是離開丈夫，跑到父親過去的賓客那裡暫時投靠，尋求幫助。這位賓客與張耳相識，他對外黃美人說：「如果一定要另外找好丈夫，除了張耳之外，沒有別人。」聽了賓客對於張耳的介紹，外黃美人同意了，她請賓客為仲介，與丈夫了結夫妻關係，同時，也請賓客為媒人，試探張耳的意思。張耳亡命客居外黃，孤身窮困無援，如今有富家美人願意委身下嫁，真是天上掉下來的禮物，當即同意了這門婚事。

戰國時代民風開放，男女交往比較自由，婚姻嫁娶，沒有儒門道德君子後來搞的那套從一而終的婦德，而是夫婦對等，好說好散，丈夫主動休棄妻子，妻子主動離棄丈夫，都在情理習俗當中。結婚登記，雖說沒有什麼特別繁雜的手續，不過，需要在官府製作單獨立戶的戶籍。張耳的戶籍在大梁，脫籍流落外黃，算是違法亡命，幸好女家是外黃的豪門富戶，一縣上上下下，沒有打通不開的關節。張耳迎娶美人而在外黃安家落戶後，外有女家重金厚財的資助，內有心高美人的期待督促，如魚得水，開始成就事業。

信陵君在世時，張耳入門下做賓客；信陵君去世後，張耳出門下回歸游俠。在外黃得美女財富後，張耳繼承信陵君之流風逸韻，以英雄後人自任，疏財仗義，網羅游士，搖身變為門主，外黃張宅，也成為遠近游俠嚮往的高堂。

門主和賓客，賓客和游俠，一物的兩面，貫穿的都是男兒間的然諾交情，豪俠間的人際交往。張耳在民間社會的影響愈深，勢力愈強，進而一身三變，在妻家及賓客們的聲援下進入政界，被魏王任命為外黃縣令，成為貫通官府和民間、跨越白黑兩道的要人。張耳的名聲，不但超越外黃縣及於魏都大梁，進而超越國界，成為各國間聲聞遐邇的名士。

這時候，張耳的門下有一位人物慕名而來，他就是以游俠自任的劉邦。

十——劉邦的追星歷程

對於游俠少年劉邦來說，信陵君偉大而遙遠，是他身不能至、心嚮往之的偶像，而他本身則是歸心低首的追隨者。用今天的話來說，信陵君是光照世界的燦爛明星，劉邦則是蟄居鄉下的狂熱粉絲。

劉邦家在楚國的沛縣豐邑，沛縣是楚國和魏國間的邊縣，豐邑鄉鎮上，多有魏國的移民，甚至有傳聞說劉邦的祖先就是從魏國首都大梁遷徙過來的。是否真的如此，往事久遠，實在是扯不清楚。不過，從青少年時代起，劉邦的眼光就一直是向著西方的，先是向著魏國，後是向著秦國。

劉邦向著魏國，西望的是魏都大梁，景仰的是信陵君。劉邦向著秦國，西望的是秦都咸陽，景仰的是秦始皇。信陵君和秦始皇，是劉邦崇拜的兩位偶像，是他引以為人生模範的榜樣，也是對他一生影響最大的兩位歷史人物。秦始皇，劉邦是見過的。他成為秦帝國的臣民後，在咸陽服徭役時，觀望過秦始皇車馬出行，感歎如此輝煌的人生才是男子漢大丈夫的追求。秦始皇對劉邦的影響，是在他起兵以後的政治生涯中，我們將來再來談論。信陵君對於劉邦的影響，則是從少年開始，貫穿終生的。

劉邦沒有見過信陵君，當他展開游俠生涯時，信陵君已然去世。人世間物事的真價，常常由身後名來反映。信陵君好賢養士、竊符救趙的事蹟聲譽，生前已經響亮於各國朝野，身後更是廣布於天下民間。就政府廟堂的輿論來說，信陵君是抗君之命、安國之危、從道不從君的拂弼之臣；以民間江湖平議，信陵君是打破門第、以賢能結交天下英才、將游俠風氣推向歷史頂峰的豪賢。

劉邦是鄉鎮少年，他的游俠生涯，開始於豐邑鄉間。在他手下，聚集了一幫無業浪蕩少年，跟著劉邦到處生事閒蕩。劉邦也儼然以大哥門主自居，帶領一幫小兄弟到兄嫂家混飯吃，模仿的就是游俠寄食的風範。他這時候的小兄弟之一，就是出生以來的親友，後來被封為燕王的盧綰。

游俠間雖然沒有嚴密的組織，卻有上下尊卑關係，在上的是大哥，在下的是小弟，大哥照顧小弟，小弟服從大哥。游俠間雖然沒有國籍階級的差異，卻有大致不成文的等級，游俠歸附門主，有下客、中客、上客的分別。品論游俠，可以有國俠、縣俠、鄉俠、里俠的差異。大體而

走進歷史現場

信陵君故宅

2006年8月，我由滎陽經鄭州前往開封。車行東出鄭州，入中牟縣，過官渡古戰場，進入開封市境內。先去大相國寺，是始建於北齊天寶六年(555)的佛寺，據說是信陵君舊宅所在地。我流連於現存的清代建築當中，想見當年信陵君大宴賓客，延請夷門隱士侯生就坐上席的光采。

走進歷史現場

夷門故址

夷門是魏都大梁的東門，以鄰近夷山得名。夷山頂上本建有開寶寺塔，千百年歲月滄桑，洪水反覆淤積，夷山成為平地，山頂的鐵塔也就齊同於地面了。環繞開封的城牆保存完好。經友人指點，我上夷山攀城堞，荒草萋萋，林木掩映之中，遠遠有車馬鈴聲，彷彿是魏公子無忌親自駕車來迎接侯生、朱亥。

言，在戰國的游俠世界裡，最高一級如魏國的信陵君、趙國的平原君、齊國的孟嘗君、楚國的春申君、燕國的太子丹等人，或為王族公子，或是高官豪門，身居國都，別有領地封邑以供養士，手下賓客，來自全國，甚至外國，數量可以千人計，他們是勢力足以敵國的游俠養主，不妨稱之為國俠。次一級的游俠，如張耳在外黃，王陵在沛縣，其人或為土生土長的豪富，或者是與豪富關係密切的游士，身居縣城，饒有資產，一縣之內的游俠，慕名附勢於其門下，人數可以數十百人計，不妨稱之為縣俠。再下一類，大致就是豐邑鄉鎮上的劉邦一類了。他們身居鄉鎮街上，或者家境富裕，或者別有生財之道，可以聚集鄉里少年，三五成群，浪蕩遊閒，人數以數人十人計，不妨稱為鄉俠。至於最下端的游俠，大概就是居住在閭里間，跟著鄉鎮上的大哥吆喝的少年，如同豐邑中陽里的盧綰、沛縣屠市上的樊噲一類人物了，我們不妨稱他們為里俠。

劉邦是鄉俠，在豐邑的游俠少年間是大哥，可以呼風喚雨，招呼一方。不過，出了豐邑到了沛縣街面上，卻是吃不開了。王陵是沛縣的縣俠，家資富裕，仗義疏財，任氣使性，秉性耿直，在沛縣江湖上頗有名望，是公認的領袖人物。在游俠社會的沛縣場面上，劉邦與眾多鄉俠里俠一樣，是歸附在王陵門下，奉王陵為大哥，服侍跟隨著的。

不過，與一般的鄉里之俠不同，鄉俠劉邦是有抱負的人，在他的眼裡，人生的最高境界，就是能夠跟從信陵君作天下遊。對於游俠少年劉邦來說，信陵君偉大遙遠，是他身不能至、心嚮往之的偶像，而他自己本身則是歸心低首的追隨者。用今天的話來說，信陵君是光照世界的燦爛明星，劉邦則是蟄居鄉下的狂熱粉絲。劉邦做了皇帝以後，每每經過大梁，一定要祭祀信陵君。西元前一九五年，他最後一次來到大梁，祭祀以後，為信陵君設置守墓專戶五家，世世奉祀公子無忌，將游俠少年以來的慕從和景仰，做了辭世前最後的寄託。

偶像崇拜，古今中外皆然，在舞台影視尚未問世的時代，口碑文字流傳的政治文化人物，自然成了人心關注的所在。信陵君去世以後，張耳接續信陵君的遺風，在外黃交接天下豪傑，聲名由魏國傳到楚國。劉邦聽說以後，慕名心動，決心前去跟從。豐邑到外黃縣間有數百里之遙，出楚國以後，中間隔著魏國的單縣、蒙縣、甾縣等地。對於少年劉邦來說，這是他第一次遠門出遊。用我們今天的眼光來看，一個二十來歲的無名青年，獨自由江蘇省豐縣徒步到河南省民權縣，餐風露宿，無所依憑，無所他念，只為了想投奔想結識一個自己景仰崇拜的名人，其熱情、意志和決心，不難想見。

劉邦如何見到張耳，張耳如何接待劉邦，其間細節，史書上沒有記載。史書上只是說，劉邦曾經數次從沛縣來到張耳門下做賓客，隨同活躍於江湖，前前後後，在外黃住過數個月之久，可見他們一開始就主從相處得相當融洽，從此延續不斷，終身不渝，共同稱王後，還成為兒女親家。

劉邦跟隨張耳，大約是在劉邦十七歲到三十二歲之間，也就是西元前二四〇年到二二五年之間的戰國末年。以秦國的曆法計，正當秦王政七年到二十二年。西元前二四〇年，劉邦十七歲，而秦王政二十歲，開始親政掌權，加快了滅六國的步伐。前二三〇年，劉邦二十七歲，秦國攻滅韓國，建立潁川郡。前二二八年，劉邦二十九歲，秦軍攻破趙國，俘虜趙王安。前二二六年，劉邦三十一歲，秦軍攻下燕國首都薊城。前二二五年，劉邦三十二歲，秦軍水灌大梁，大梁城壞，魏王魏假投降。秦滅魏國後設置了東郡和碭郡，外黃縣歸屬於碭郡。

秦軍進入外黃以後，開始整頓秩序，打擊民間的不法勢力。不久，游俠名士、故外黃縣令張耳被秦政府通緝。追捕之下，張耳逃離魏國地區，隱姓埋名，在本來屬於楚國的陳郡陳縣潛伏下來。劉邦與張耳的主從游俠關係從此中斷，劉邦的游俠生涯也由此告一段落。時代潮流，一步步進入了帝國。

十一——進退兩難的拂臣

拂臣出現之日，就是君王危殆之時。拂臣以君臣俱傷的非常手段，拯救國家社稷於萬難，不論成敗與否，都失去了在同一君王下共生的天地。

明人唐順之著有〈信陵君救趙論〉，從六國救亡的角度，肯定信陵君竊符救趙無罪有功。他說：「夫強秦之暴亟矣，今悉兵以臨趙，趙必亡。趙，魏之障也，趙亡，則魏且為之後。趙、魏，又楚、燕、齊諸國之障也，趙、魏亡，則楚、燕、齊諸國為之後。天下之勢，未有岌岌於此者也。故救趙者，亦以救魏；救一國者，亦以救六國也。竊魏之符以紓魏之患，借一國之師以分六國之災，夫奚不可者。」行文鏗鏘緊湊，持論切中肯綮，不乏歷史眼光。

長平之戰以前，燕國弱小，齊國衰退，秦國在秦昭王的堅強領導下，先後得到穰侯魏冉和謀士張祿的策劃協助，任用天才軍事將領白起，先擊敗韓、魏聯軍，後攻占楚國的國都鄢郢。前二六〇年，秦、趙長平之戰爆發，秦軍又在白起的統領下，將趙軍主力消滅，天下已經沒有可與秦國抗衡的國家了。秦軍圍困邯鄲，趙國岌岌可危。當此形勢之下，趙國是阻止秦國吞併六國的最重要屏障，一旦趙國滅亡，韓國、魏國和燕國亦將失去後援和依憑，亡國指日可待。韓國、魏國和燕國歸秦，楚國和齊國就直接面臨秦軍的包圍，戰不能勝，守不能保，也只有走上被消滅的命運。從而，以多國間戰略的角度論，援救趙國，就是保衛魏國，也就是保衛六國；以歷史的結果而論，信陵君救趙的成功，使秦國吞併六國的時間，推遲了四十年。大梁不至於早成廢墟，安釐王生前免於成為秦軍俘虜，這些都不可不謂是信陵君的功績。信陵君竊符救趙，大有功於魏國和六國，斷無非議的餘地。

然而，唐文先揚後抑，轉而從君臣論的角度，指責信陵君竊符救趙的行為專重人際間恩信，無視魏王的權力威望，是人臣植黨，背公賣恩。他說：「自世之衰，人皆習於背公死黨之行，而忘守節奉公之道，有重相而無威君，有私仇而無義憤。」唐生此議，以明代君主極權的專制臣道，衡量戰國紛爭時代的君臣關係，失之遠矣！

荀子是信陵君的同時代人，他著有〈臣道〉一文，稱信陵君是社稷之臣，國君之寶，是明君之所尊厚的拂臣。荀子以為，君主有錯謀錯事，即將危及國家社稷之時，能夠救亡圖存、解救國難者，唯有諫、爭、輔、拂四臣。諫臣，就是勸諫之臣。諫臣以禮勸諫君主，用則留，不用則去。爭臣，就是死爭之臣。爭臣以生死強諫君主，用則生，不用則死。輔臣，就是輔矯之臣。輔臣能夠合謀同力，率領群臣強力匡正國君，國君雖然不安，卻不能不接受，國家的禍患由此得以解除，最終得到君尊國安的結果。拂臣，就是拂弼之臣。拂臣抗拒君王的命令，竊取君王的權力，糾正君王的錯誤，安定國家於危難之時，解除君王於失政之辱，最終大利於國家社稷。

信陵君竊符救趙之時，趙、魏唇亡齒寒的大局已明，晉鄙軍出動抵境，魏王中途畏懼狐疑，導致魏軍鼠首兩端，時局陷於非常，失去正常解決的餘裕。非常之時，非常之事，必有非常之人，用非常的手段才能解決。當此之時，信陵君行拂臣之行，竊符救趙，雖然拂逆了國君的權力和意志，卻安定了國家社稷。臣道的根本，是從道不從君，國家社稷在先，君主帝王在後。當此之時，信陵君先諫諍後拂行，違逆然後有功，功成之後，遣軍歸還魏王，自己選擇了客居趙國的政治流亡。他的行為，不顧生死而無私心，忠誠無畏而至於大公，可謂通於臣道之極致，臻於四臣之峰巔。

峰巔極致，也是危險的頂點。拂臣之行，已經抵達臣道的極限，雖然挽救了國家社稷的危難，卻動搖了君王統治的根基，也斷絕了繼續為人臣的後路。信陵君身處戰國，得門客之助，高游俠之行，他明智地選擇了客居趙國的流亡生活，既是高風亮節，也是拂臣的善終。數十年後，項羽抗拒楚懷王之命，殺宋義奪軍救趙，重演信陵君殺晉鄙救趙的故事，再次做了拂臣。不過，項羽事成以後殺懷王自立，選擇了奪權革命，欲行霸王之道，改變危險局勢重建天下，雖然一時成功，最後未獲善終。我整理歷史，觀覽歷代英雄，感拂臣行事艱難，結局險惡，非年輕氣盛、血氣剛烈而置生死於不顧之人不能行之。信陵君竊符救趙時的年齡，想來當在三十來歲。項羽殺宋義渡河救趙，只有二十六歲。兩千多年後，張學良將軍扣押蔣介石發動西安事變，做了現代的拂臣。他當時的年齡，是三十五歲；他的命運，是終身囚禁。

我不禁感慨，歷史以不同的形式重演，歷史有彷彿的相似，類似的結構之下，不變的人性編織大同小異的史劇。荀子稱拂臣是國君之寶，是明君之所尊厚，未免是理想化的設想。歷史上沒有一位君王能夠容忍拂臣，拂臣出現之日，就是君王危殆之時。拂臣以君臣俱傷的非常手段，拯救國家社稷於萬難，不論成敗與否，都失去了在同一君王下共生的天地。

第二章

秦帝國的民間暗流

一　沛縣歸了秦國

劉邦回歸正道，由游俠出任地方小吏，是迫於時局的變動。西元前二二四年，楚國的淮北之地全部被秦軍占領，劉邦的家鄉沛縣也在其中。

劉邦作為楚國人，在楚國的沛縣生活了三十二年，度過了他的前半生。其中，在楚考烈王治下度過了十八年，在楚幽王治下度過了十年，最後四年，是在楚王負芻治下度過的。三十二年的楚國楚人生活，劉邦無緣於仕途，沒有從軍打仗，沒有出任過鄉官小吏，也不曾致力於農耕商販，殖產置業。讀書寫字計算，劉邦是從小學過的，不過，也只是能讀能寫能算而已，至於進一步師從學者求學上進，如同異母少弟劉交一樣，也不是他的喜好。成年以後的劉邦，以游俠自任，無職無業，他外出浪蕩遊歷，上下結交豪傑，不為父兄所喜愛，也不為鄉里社會稱道認可，完全游離於主流正道之外，被視為無賴。無賴無賴，滑頭而不成材。

俗話說，浪子回頭金不換。浪子並非都能回頭，回頭的浪子，各有各的原由。劉邦回歸正道，由游俠出任地方小吏，是迫於時局的變動。西元前二二四年，也就是秦王政二十三年，楚王負芻四年，秦將王翦、蒙武統領六十萬大軍進攻楚國，楚將項燕兵敗，楚國的淮北之地全部被秦軍占領，劉邦的家鄉沛縣也在其中。亡楚歸秦，對於沛縣地方豐邑鄉里來說，算是一次重大的政治革命；對於游俠劉邦來說，也是人生中的一次重大轉折。

秦是法治國家，嚴密的法律和高效率的官僚機構是其戰勝六國、統一天下的法寶。秦軍占領淮北以後，依照多年來推行的政策，摧毀舊有的楚國地方政府，設置泗水郡統領淮北。沛縣作為泗水郡屬縣的編制，也開始於這個時候。新的郡縣政府，迅速按照秦的戶籍什伍制度重新編制鄉里社會，五家一伍，十家一什，與軍隊的什伍編制連動，將集權政府的行政控制徹底落實到家戶人頭上。秦的戶籍什伍制度，以小家庭為單位，登記人口財產，徵收賦稅和兵役勞役，人人固定在戶籍所在的土地上，鄰里之間互相監督連坐，不得隨意脫籍流動。在這種新制度的實行過程中，受影響最大的，就是無業游民了，特別是作為無業游民之代表的游俠，幾乎是失去了生存的餘地。

秦國法治的理論基礎是法家思想。法家以游俠為流民之雄，視之為擾亂國家制度的害蟲，明令嚴加取締。沛縣所在的楚魏交界地區，歷來是吏治鬆弛、游俠盛行的老大難地區，新政權建立以後，對於管區內的游俠不法之徒厲行鎮壓打擊，自是當然的事情。劉邦跟從過的名俠張耳，就曾經長期活躍在魏國大梁外黃一帶，秦軍攻占魏國後，馬上就成了秦政府通緝的對象，隱身逃亡，不知去向。時局變遷之下，游俠劉邦面臨重大選擇，要麼納入新的體制當中，固定居所職業，重新做人，要麼逃亡流徙，成為帝國法外的亡命罪人。

法治國家的秦國，事事處處以法律章程辦事。法律章程，雖然冷酷無情，對於不同地域、不同階層、具有不同社會關係的人來說，卻又是一視同仁而公平的。沛縣歸屬於秦以後，按照秦國的官制，新來的縣令以及縣的主要官僚，都由秦國政府直接任命，不用當地人，屬下的官吏，則在當地人中推舉考選任命。秦國郡縣小吏的選任，有多種途徑，可以由軍隊的軍吏轉任，可以由地方依據一定的財產和行為標準推薦，也可以通過考試選拔。沛縣是新占領的地區，秦軍是外來的軍隊，軍吏的轉任有限，似乎比不上推薦和考試便於施行。通過推薦和考試來選拔小吏，為當地人參與當地政權打開了門戶，也為一般的編戶齊民進入政權開通了機會。

孔老夫子有教導說，三十而立。沛縣亡楚歸秦時，劉邦已經過了三十。年過三十的劉邦，游俠的路被堵死，務農又無興趣，推薦出仕，需要德行和鄉里的稱譽，劉邦別無出路，於是選擇了考試出仕。秦選考小吏，分文武兩途，文吏主要考讀寫計算，武吏則須會劍術武藝。讀寫計算，劉邦是從小就學過的，雖說後來丟生了，重新撿起來並不困難；劍術武藝，是游俠的立身之本，劉邦更是綽綽有餘。大概是秦王政二十四年（前二二三）左右，在諸種因素交錯之下，劉邦參加了地方小吏的選考，考試合格，被任命為沛縣下屬的泗水亭亭長。這一年，劉邦三十四歲。

政權交替，社會動盪之際，正是魚龍混雜、牛鬼蛇神出沒的時機。那些舊日不為社會所稱道認同的流氓無賴，正好獲得新生出頭的機會。畢竟是改朝換代了，舊帳一筆勾銷，弟兄們皆可借革命重新再來一回。亡楚屬秦，對於楚國的貴族官僚來說，是國破家亡的不幸和恥辱；對於市井小民的劉邦來說，卻是換了另一種生計。由游俠到小吏，對於劉邦的人生來說，意義非同尋常，他由體制外進入到體制內，對於對抗和統治兩方都有了切身的體驗。這種正反兩面的體驗，從他的未來來看，可謂是受益不盡的財富。

二——泗水亭長和他的哥兒們

秦末隨同劉邦起兵，後來成為漢帝國開國功臣的一大批人物，多是劉邦在泗水亭長任上結識的沛縣中下級官吏。

亭是秦漢時代政府的末端組織之一，遍布全國，主要設置於交通要津，大致每十里（相當於今天的三公里）設置一亭。亭本來是為軍事交通設置的機構，後來逐漸演變為兼具軍事交通和治安行政的基層政府機構。就亭的交通職能而言，亭有亭舍，負責接待往來的交通使者停留住宿，政府郵件的收發傳遞也由亭傳系統擔當。就亭的地方行政職能而言，亭所在的地區，稱為亭部，亭負責亭部地區的治安，擔當維持秩序、追捕盜賊的責任。用我們今天的話來說，亭是郵政交通站兼派出所。亭一般設有亭長一人，下屬有求盜一人，負責治安；有亭父一人，負責亭舍的開閉掃除管理等雜務。亭是準軍事機構，弓弩、戟盾、刀劍、甲鎧等武器是日常配備的。亭長是武職，或者由退役軍人擔任，或者由選考合格的武吏出任。因為是派出機構，由縣主吏掾，也就是縣政府辦公室直接統轄。

泗水亭

泗水亭在沛縣的東部，地處縣城東郊的要道，故址靠近現在的微山湖。不過，微山湖是後來才有的湖泊，秦漢時代，這裡是多濕地沼澤的低窪地帶。劉邦的生地是在豐邑，豐邑在沛縣的西部，與泗水亭東西相隔百十里路。被任命為泗水亭長以後，劉邦一個人離開老家，晃晃悠悠單身赴任去了。

俗話說，江山易改，本性

難移。人在青少年時期形成的個性習慣，大概一生都難以改變。入仕為吏以前的劉邦，是鄉里游俠。游俠的基本是雲遊四方，結交朋友，講究哥兒們的義氣。如今做了官府小吏，得受為吏之道、官吏之法的諸多管束，宛若美猴王當上了弼馬溫，不得再胡作非為。政府法令嚴密，為吏公務在身，四處浪蕩是不行了，不過，酒還是要喝，朋友還是要交的。

游俠時代的交友，多是民間的兄弟哥兒們，如沛縣的大哥王陵、豐邑的跟班盧綰之類。自從做了泗水亭長，大小算是一地之長，佩印著冠，披甲帶劍，一手持竹簡命令，一手持捆人繩索，手下還有兩三名下屬丁卒供使喚，宛如美國西部電影中的鄉警保安官，實在是有些威風得起來。水漲船高，其勢使然。劉邦的往來圈子，自然地由地痞流氓擴展到沛縣政府的末端屬吏。這些人際關係，又成了他的一大財富。秦末隨同劉邦起兵，後來成為漢帝國開國功臣的一大批人物，多是劉邦在泗水亭長任上所結識的沛縣中下級官吏。

在沛縣官吏中，與劉邦交往最早的，當數蕭何。蕭何，沛縣豐邑人，與劉邦同縣同鄉。劉邦與蕭何的結識交往，可以一直追溯到楚國時代劉姓與蕭姓的鄉里往來。蕭何大概比劉邦年紀稍大，與劉邦是完全不同性格、不同類型的人。蕭姓為豐邑大姓，有宗族數十家，是本地古來的舊族。蕭何是豐邑蕭姓一族的模範人物，為人謹慎有法，辦事幹練，長於管理行政。鄉里內外、上上下下的關係事務，他都一五一十打點得井井有條。

入秦以來，蕭何出仕為吏，由於善於文法吏事，一路受上級主管賞識，升任沛縣主吏掾，也就是縣政府的辦公室主任，負責縣府事務，主持人事，縣下屬吏的考核升遷進退，都在管轄之中。秦帝國政府，對於政府官吏有嚴格的考核制度，年年評定業績，決定獎懲位次。蕭何曾經考核評定為全郡第一，大受泗水郡的監察長官（郡御史）的賞識，以為人才難得，準備推薦蕭何到中央政府供職。後來，經蕭何再三推辭，此事方才作罷。能吏蕭何的定評，沛縣時代早已經成型。

劉邦還沒有做泗水亭長時，多次不法犯事，蕭何看在同鄉的面上，都替他遮掩了過去。劉邦做了泗水亭長，仍然是不時越軌，觸法犯事。蕭何是主吏掾，正是他的頂頭上司，好多事情，又在縣裡替他說情化解。年輕時的劉邦是浪蕩游俠，不為鄉里所喜，泗水亭長的劉邦也完全沒有循吏上進的趨向，依然是貪酒好色，桀驁無禮，狂言妄為。蕭何雖然看不慣劉邦的這些行為，但是，以蕭何之明，他也頗欣賞劉邦敢做敢為、有事能夠擔當的個性。他能感覺得到，劉邦有一種獨特的魅力，下能夠仗氣使人，深入三教九流，在身邊聚集一幫鐵杆哥兒們，上能夠折節低首，遠從張耳，兄事王陵，入仕為吏以來，雖然不循規矩，但卻有力，在沛縣吏卒當中，也是忽視不得的一方人物。在偶然的幾次同席交談中，蕭何發現劉邦表面上雖然傲慢無禮，但是內慧有肚量，哪怕在酩酊醉飲、狂言妄語中，對於有理切中的話幾乎馬上就能省悟，或者默然，或者陳謝請從，斷然變成了另一個人。

在眾多沛縣吏民人物中，蕭何對劉邦是另眼相看的。始皇三十五年（西元前二一二），泗水亭長任上的劉邦去首都咸陽服傜役一年，遠行久在外，有所交際往來的沛縣屬吏紛紛前來送行。

按照慣例，大家都以銅錢三百封一紅包贈送，劉邦打開蕭何的紅包，裡面卻整整齊齊地裝了五百銅錢。秦漢時代，官吏都是按月領取工資，叫作月俸。亭長一類的基層小吏，月俸只有幾百銅錢，多少年難得一次加薪，加十五錢就是皇帝親自下詔書的大恩典了。人送三百錢，已經是與工資匹敵的重禮，蕭何是上司，破例送五百，是特別有所表示。這件事，劉邦終身未曾忘卻，後來打下天下論功行賞時，他特別為蕭何增加二千戶的封邑，明言就是為了報答這二百錢，頗有些滴水之恩當湧泉相報的俠風。

蕭何像

夏侯嬰是劉邦在泗水亭長任上新結識的兄弟夥。夏侯嬰也是沛縣人，劉邦任泗水亭長時，夏侯嬰為沛縣的廄司御，就是沛縣政府馬車隊的車夫，經常駕駛馬車接送使者客人、傳遞文書郵件經過泗水亭。往來多了，夏侯嬰頗感與劉邦意氣相投，每當送完客人經過泗水亭，總是停車下馬，與劉邦歡談長語，忘了時間。夏侯嬰後來也上進，通過了縣吏的任用選拔，正式做了縣政府的小

夏侯嬰像

吏，與劉邦的關係更加親密。

有一次，劉邦與夏侯嬰對劍遊戲，不慎失手傷了夏侯嬰，被人告發了。按照秦王朝的法律，身為官吏傷人，要嚴厲追究刑事責任，加重定罪。為了避免重罪，劉邦否認自己傷害了夏侯嬰，夏侯嬰也作證不是受到劉邦的傷害。此事涉嫌官吏互相包庇，狼狽為奸，被上面深究嚴查，夏侯嬰為此入獄將近一年，被拷問鞭笞達數百次，始終咬緊牙關，拒不供認。由於沒有證據口供，夏侯嬰最終被釋放，劉邦也逃脫了追究定罪。從此以後，兩人成為生死之交。劉邦起兵的時候，夏侯嬰以沛縣令史隨同起兵，一直跟隨在劉邦左右，長年為劉邦駕馭馬車。漢帝國建立以後，夏侯嬰做了漢帝國的交通部長——太僕，側身於中央大臣之列。不過，他仍然喜歡親自為皇帝劉邦駕馭馬車，一如從前，備感親切榮耀。

劉邦在泗水亭長任上有深交的另一位兄弟夥是任敖。任敖也是沛縣人，年輕時在沛縣監獄作小吏。任敖講義氣，為朋友兩肋插刀。二世初年，劉邦棄職亡命，受到官府的追究，夫人呂雉被牽連逮捕，獄中受到不善待遇，任敖大怒，出手擊傷主持呂雉獄事的官吏，保護大哥的夫人少吃苦頭。任敖後來也隨劉邦起兵，爵封廣阿侯，官拜上黨郡守。呂后當政後，念及往日舊事，任命任敖為御史大夫，以副首相主管漢帝國的司法政務。泗水亭長任上的舊日恩怨，到了漢帝國皇帝的時代，似乎都有所回報。

在劉邦早年的交友關係中，我們可以看出幾種不同的類型來。劉邦與張耳、王陵的交往，是下對上的歸心低首，以賓客後進從之遊，這種交往關係，是小弟對大哥的仰慕和敬畏，互相之間是從和主。劉邦入仕前與盧綰，入仕後與夏侯嬰、任敖間的交往，則是上對下的，在這種關係中，劉邦是團夥的中心，糾結一幫意氣相投的小弟兄，相互之間是主和從。劉邦與蕭何之間，則是另外一種關係。劉邦和蕭何，家庭教育不同，品味性情迥異，兩人之間，私下沒有杯酒交結之歡，即使有事同席共飲，彼此間也是有禮有節。他們之間始終保持著一定的距離，互相欣賞，互相戒備，也互相協作。他們彼此欣賞對方所有而自己沒有的長處，他們彼此對對方的毛病看得清楚，也不以為然，他們之間都感覺得到互補的需要。劉邦和蕭何之間的交往關係，是對等的士人之間的禮尚往來，頗有一點淡淡如水的明澈。劉邦早年的這種人際交往關係，影響了他一生，因而也影響到漢帝國建立以後的君臣關係。

三——酒色婚配新生活

劉邦的時代，華夏古風尚存，男兒血氣方剛，輕生重義，尚武豪俠，至於好色貪杯，使酒任氣，也是丈夫之習性自然，絕無魏晉以來敏感文弱、玄學貪生、精氣為文化所消磨的蔫萎氣。

劉邦好酒好色，被稱為酒色之徒。好酒好色的人，往往是激情高產，天性使然，成不成就，就看你遭不遭遇，如何遭遇了。

劉邦的時代，華夏古風尚存，男兒血氣方剛，輕生重義，尚武豪俠，至於好色貪杯，使酒任氣，也是丈夫之習性自然，絕無魏晉以來敏感文弱、玄學貪生、精氣為文化所消磨的蔫萎氣。泗水亭長任上的劉邦，喝酒有兩個常去處，都在泗水亭舍的附近，一家是王大娘酒館，一家是武大媽酒店。都是鄉鎮場上的小酒肆，幾樣家常小菜，自釀的鄉間米酒，常來喝酒的顧客，多是泗水亭附近的熟人。都是鄉里近鄰，知根知底，常來常往，只要進得酒店來，都是座上客，酒醉飯飽起身，有錢付錢了結，無錢就記下帳來，月末年終再來結算。

劉邦在王大娘和武大媽酒店喝酒從來是記帳的。據說，他曾經酒醉橫臥店裡，店裡有種種怪異顯現，王大娘和武大媽都驚喜見過。究竟是什麼怪異，誰都說不清楚，大概都是劉邦發了跡以後的民間傳說。不過，據說每當劉邦到店裡賒酒留飲，兩家酒店的酒菜就特別好賣，銷售額增加數倍，讓王大娘、武大媽格外歡喜，到了年終，都將記錄劉邦酒帳的竹片折斷銷帳。

想來這倒是不假。劉邦是泗水亭長，在泗水亭一帶算是頭面人物，他肯到店裡來，乃是求之不得的好事，怠慢不得的主顧。劉亭長醉臥小店，於王大娘、武大媽，於泗水亭地方，都是實實在在的利益，值得宣傳的美談，經好事者轉述，添加些附會，當屬自然。

劉邦單身赴任，好交結朋友。泗水亭正當交通要道，劉邦是郵政站長，南來北往，公的私的交往，一連串通通帶到愛去的酒店，兩家酒店的買賣，怎能不因劉邦的到來而增加數倍？開酒店的人，最怕的是橫人鬧事，沒有黑白兩道上的關照保護，店是開不順當的。劉亭長又是派出所長，他進出的店面，哪個王八烏龜敢來搗亂？時間久了，熟悉的人都知道劉亭長常常泡在兩家酒店裡，若有事有求，自然是店裡酒飯之間好說好談，又是絕好的生意。王大娘、武大媽雖然不知年方多少，容貌如何，不過，要在鄉鎮道上開酒店的老闆娘，雖然不敢說都是梁山泊的孫二娘、沙家浜的阿慶嫂，至少都是見過世面、八面玲瓏的人物，劉邦這樣的主顧，只怕是八乘大轎都請不來的財神爺，平日記帳算個意思，到了年終，送酒送菜唯恐不及，趁劉亭長興頭，將記在竹簡上的帳單折斷，最是心照不宣，大家都高興的好事情。

劉邦雖說好色，結婚生子卻都很晚。劉邦的大兒子叫劉肥，後來封作漢王朝的第一代齊王。劉肥庶出，是劉邦尚未發跡以前和外婦曹夫人所生。外婦，外遇之婦人，婚妻之外，私通的女人。關於曹夫人，我們幾乎是一無所知，劉邦與曹夫人的交際往來，是在劉邦結婚以前。曹夫人或許是有夫之婦，與劉邦私下有染，生下了劉肥，劉肥是戶口登記在曹家，在曹家長大的。劉邦發跡以後，曹夫人大概已經不在人世了，他將劉肥恢復了劉姓，又為劉肥的母親，追加了曹夫人的稱號，將舊日情緣，完滿續結。

劉邦在泗水亭長任上，完成了他一生中的一件大事，就是結婚。嫁給劉邦，成為劉邦正妻的女性，姓呂名雉，史稱呂后，後來成了中國歷史上事實上的第一位女皇。關於呂后的事情，我們將來還要一一談到。

呂雉的父親稱為呂公，呂公膝下有四個兒女，長子呂澤，次子呂釋之，三女呂雉，四女呂嬃。呂澤和呂釋之，後來起兵跟隨劉邦，立功封侯，呂嬃嫁給劉邦的老戰友樊噲，都是了不得的人物。呂公是單父縣人，單父是沛縣西邊的鄰縣，秦時屬於碭郡，古來是宋國的領土，宋滅亡以後歸了魏國。呂公在單父，大概也是有頭有臉的人物，與沛縣縣令是朋友，相交甚深。後來，呂公在單父因事結了仇，為了躲避仇家的糾纏麻煩，舉家遷徙到沛縣來。呂公新來乍到，最初依附沛縣令作暫時的客居。沛縣令以上賓相待呂公，沛縣風土人物也使呂公感到親切，呂公遂決意在沛縣定居下來。

呂公家居邸宅選定之後，在新邸大開酒宴，酬謝沛縣令的關照，回報沛縣父老的情意。沛縣令親自出席，讓手下大吏即縣主吏掾蕭何主持酒會事務，於是一縣驚動。沛縣的頭面人物，官吏豪傑，風聞傳說，奔相走告，紛紛備禮持錢前去祝賀。當日，收支接待的管理，坐席位次的安排，一切由蕭何打點。蕭何吩咐手下人等說，坐席位次按照送禮多少分等，禮多者上席，禮少者下席，禮錢不滿一千的人，在大堂外側席就座。

劉邦聞說此事，也由泗水亭趕來湊熱鬧。自從做了泗水亭長以後，劉邦對於沛縣屬吏，大致有所接觸，以他的感受而言，多是些提鞋倒水的料，沒有自己服氣的人物。他興沖沖來到呂公新宅門前，眼見得來客送禮的金額一一寫在名冊上，又聽得負責接待的謁者高聲唱說禮錢多少、席位上下，想到自己空手而來，不由得鼻子裡哼了一聲，大聲喊道：「泗水亭長劉季賀錢一萬。」話音未落，徑直往大堂上席而去。一時，門前堂上，賓客謁者，無不目瞪口呆。呂公大吃一驚，當即從大堂上起身下來，親自迎到門前。

以當時的金錢感覺而論，勞動一天的工資大概不滿十錢。劉邦是亭長，月工資只有幾百錢。郡縣基層小吏間，婚喪嫁娶、餞別送迎的金錢往來，大致以百錢為單位。呂公是縣令的貴賓，縣令的級別為千石到六百石，月工資以千錢計數，賀禮過了一千錢，對於縣令一級而言，算是上客重禮，賀禮以萬錢計，已經是將相王侯間的往來數字，沛縣地方，大概是聞所未聞。當時大吃一驚的，何止呂公，可謂滿座皆驚。

呂公為人有城府，喜好看相，仔細打量劉邦相貌，見他高鼻寬臉，鬚髯飄逸，覺得不是等閒之輩，不由立時敬重起來，引劉邦登堂入上席就座。劉邦狂妄，蕭何是主事，又是他的頂頭上司，只好湊近呂公說道：「劉季這個人，大話多，成事少。當不得真，頂不得用。」力圖緩解尷尬。呂公笑而不語，只是注意觀察劉邦。劉邦虛報賀禮坐了上席，毫無自責不安之意，酒席間，意氣自若，取笑客人，頤指氣使，儼然一副上客主子情態。呂公心中暗暗稱奇。

酒席將散，呂公以眼色示意劉邦留下。賓客散去，呂公留劉邦入內小坐，稍作深談以後，呂公對劉邦說道：「我從小喜好看相，為人看相多了，相貴有如劉君的，我還沒有見過，希望你自愛自重。我膝下有一小女，如劉君不嫌棄，請置於家內以作掃除。」劉邦是聰明人，戲言歸戲言，正事歸正事，對於呂公的看重和期許，他是感戴有加、認真回應的，當即應諾下來。劉邦道謝歸去後，呂公夫人憤憤指責呂公說：「你自來看重小女，以為應當許配貴人。沛縣令與你深交多年，一直想娶小女，你不應許，怎麼會枉自將小女許配給劉季這種人？」呂公回答道：「我行事自有講究，這中間的道理不是你婦道人家所能懂得的。」在呂公的一手操持之下，劉邦娶了呂雉為妻，從此結束了獨身生活。

我讀《史記》到這裡，每每有所觸動。劉邦「賀錢萬」的大話，確是令人印象深刻，感到他與眾不同。以一般人的品格而論，他打冒詐要無賴，誠屬厚顏無恥，活脫脫一混混流氓；以役吏的吏道而論，他無視上級不實虛報，實屬不軌猾吏，該拖出去打三百屁股。不過，如果以政治家的素質而論，他實在是卓爾不凡。政治宛若舞台，政治家需要表演做戲，我們現在有個名詞，叫作「作秀」，專門用來指稱政治家的表演。政治家慣有的作秀之一，就是以空言虛語鼓舞士氣，運動群眾，所謂「偉大的空話」是也。空話虛語者需要大言不慚，明知是虛，要用虛以張揚聲勢，明知是虛，要用虛使他人信以為真。作秀的最高境界，就是自己吹噓得自己也信以為實，勿我一體，真假同一。從後來劉邦的政治生涯來看，他的政治作秀演技，堪稱一流。呂公是政治人物，他選中劉邦為婿，確是能夠相面識人。

說到慧眼識劉邦，除了蕭何和呂公以外，後來還有一人，就是張良。

四——韓國貴族張良

張良是王室血統的貴族，聰明智慧的青年，經歷國難家難以後，對於偉大先祖的懷念愈益深厚，對於破滅之祖國的愛戀愈益執著。他內心深藏對於秦國的仇恨，一心一意要為韓國復仇。

就在劉邦於泗水亭長任上廝混著時，張良遷居到了沛縣附近。

張良是韓國貴族的後人，本姓韓，與韓國王室同姓。韓國的先祖出於周天子王室，是姬姓的一支，後代在晉國任官，受封於韓原（今陝西韓城），取封地韓原的韓字為氏，從此姓韓。西元前四五三年，晉國大臣趙氏、魏氏、韓氏三家瓜分晉國，韓國建國，成為後來的戰國七雄之一。

張良的祖父韓開地，在韓昭侯（前三六二—前三三三）、宣惠王（前三三二—前三一二）和襄哀王（前三一一—前二九六）的時候做過丞相，父親韓平是韓釐王（前二九五—前二七三）和悼惠王（前二七二—前二三九）的丞相。

一家父祖兩代輔佐五世韓王做丞相，雖說是古來世卿世祿的遺留，如此越代久任，畢竟是少有，足以見得張良一家與韓國關係的深厚。

張良的父親韓平於悼惠王二十三年（前二五〇）去世，當時，張良年紀還很小。悼惠王在位三十四年，前二三九年去世。次年，韓國最後一位國王韓王安即位，僅僅在位九年就成了秦軍的俘虜。從張良的父親韓平去世到韓國的滅亡，二十來年間，韓國年年歲歲籠罩在秦軍蠶食攻擊的威脅之中，風雨飄搖，苟延殘喘。前二四九年，秦軍攻取韓國的要塞成皋和滎陽，建立三川郡，將韓國攔腰截為南北兩部。前二四六年，秦軍再次攻取韓國

張良像

北部領土上黨郡。前二四四年，秦軍奪取韓國十三座城池。前二三三年，在秦國的強大軍事壓力之下，韓王安被迫表示願意成為秦國的藩臣，納地繳璽，順從秦王政的要求，送王室貴族、法家學者韓非到秦國見秦王。前二三一年，韓國南陽郡代理郡守騰投降秦國。次年，秦國任命騰為將軍，統領秦軍攻破韓國首都新鄭，韓王安被俘，韓國滅亡。

秦軍滅亡韓國以後，設立潁川郡，按照秦國的方針制度處置韓國的遺民。秦滅韓國，韓王安沒有作殊死的抵抗，開城投降。秦對韓國的處置，比較寬容。首先，秦國將被俘的韓王安遷離韓國，移居到陳郡陳縣附近。陳縣在現在的河南省淮陽市，離韓國首都新鄭不遠，本來是楚國的舊都，此時已經被秦軍攻占。秦遷徙韓王安到楚國舊地，目的當然是隔斷韓王與本國間的聯繫，遷徙之地離韓國舊都不遠，又是向韓國遺民，以至向將要征服的其他五國君臣官民表示懷柔寬容。秦國對於韓國的貴族官僚，也沒有作嚴厲的報復，容許他們在故鄉居留，土地財產也予以保留。

然而，韓國人執著於故國、仇恨秦國的民情，始終根深蒂固。前二六二年，秦軍第一次南北分斷韓國，韓國被迫將北部領土上黨郡割讓給秦國時，上黨軍民誓死不願作秦國人，在郡守馮亭的率領下歸降趙國，引發秦趙之間的長平大戰。三十六年後的前二二六年，也就是韓國滅亡以後六年，韓國舊都新鄭爆發大規模的反秦叛亂。新鄭的叛亂雖然被鎮壓，因為波及到韓王安的遷徙地陳縣，進而引發了以陳縣為中心的楚國地區爆發更大規模的反秦叛亂和秦楚之間的新戰爭。在以陳縣為中心的反秦戰爭中，出現了兩位著名的歷史人物：一位是楚國公子昌平君，他長期居留在秦國，被秦王政派遣到陳縣主持當地軍政，懷柔楚人；另一位則是項羽的祖父項燕，他身為楚國抗秦的大將，策動昌平君反秦成功，在陳縣大敗秦軍將領李信所指揮的二十萬攻楚秦軍，避免了楚國早早滅亡的命運。

韓國亡國時，張良已經二十多歲。二十多年間，天天耳聞目睹的，都是秦軍攻城壓境、國勢一天天衰微的苦難和辛酸。他還沒有進入韓國的政界，秦軍已經攻入國都新鄭，身不由己成為亡國遺民。張良是具有王室血統的貴族、聰明智慧的青年，經歷國難家難以後，對於偉大先祖的懷念愈益深厚，對於破滅之祖國的愛戀愈益執著。他內心深藏著對秦國的仇恨，一心一意要為韓國復仇。

新鄭反秦叛亂，張良天生有參加的條件，他有什麼具體行動，我們已經無法考察。不過，他不可能不捲入其中，他深受此事的影響，也完全可以想像得到。張良後來離開韓國，到他鄉遊學任俠，他最重要的停留之地，就是陳縣。我們前面已經談到過，戰國末年，陳縣一直是反秦的熱土，層累著楚國舊都、韓王遷地、昌平君和項燕的反秦據點等種種歷史積澱。進入帝國以來，反秦的暗流也始終在陳縣一帶湧動。據我們有限的所知，魏國的游俠名士張耳和陳餘，被秦政府通緝後，逃到了陳縣作里監門而潛伏下來的；發動秦末起義的首事者之一的吳廣，是陳縣近鄰陽夏縣人，而陳勝、吳廣在泗水郡大澤鄉起義後，迅速西進，直趨陳縣，得到陳縣父老鄉親的熱烈擁護，在陳縣建國定都，都是出於陳縣獨特的地理和歷史條件。張良在陳縣一帶活動，結交了不少反秦的豪俠英雄；陳縣的反秦風土，也加深了他為韓國復仇的決心。

秦滅六國統一天下後，軍事鎮壓和法制建設雙管齊下，逐一平息各國的武裝反叛，以郡縣什伍戶籍制為基礎的帝國化政策在各地步步推行，政權日趨鞏固，統治日趨強化。年輕氣盛的張良，眼見復興祖國的希望越來越渺茫，覺得別無選擇，遂決心以個人之力，刺殺秦始皇以報秦國滅韓的深仇大恨。

古今中外，刺殺既是個人復仇的方式，也是政治鬥爭的手段。作為政治鬥爭的手段，刺殺在兩種情況下是有效的選擇，一是在弱小對抗強大，無法做有組織的對抗時；二是在強大敵人的權力運作集中於個人時。春秋末年，負氣的名將伍子胥由楚國逃到吳國，將勇士專諸推薦給吳國的公子諸光，刺殺了吳王諸僚，使公子諸光做了吳王，出兵攻破楚國，報了楚王殺死自己父親和哥哥的冤仇。戰國年間，嚴仲子與韓國丞相俠累有仇，請動武俠聶政刺殺俠累，在歷史上留下了嚴仲子得人、聶政聶榮姊弟剛烈俠義的千古英名。秦滅韓國後的第三年，燕國太子姬丹派遣荊軻刺殺秦王嬴政，雖然功虧一簣，「風蕭蕭兮易水寒，壯士一去兮不復還」的悲情豪義，至今尚迴盪在人們的耳邊。

亡國後的張良，從貴冑公子淪落為民間游俠。當他的弟弟不幸早逝的時候，家中尚有家僮三百餘人和大量的土地財產。張良草草埋葬了弟弟，將全部家產變賣出售，仗義疏財，廣交天下豪傑，四處尋求可以刺殺秦始皇的勇士。張良先在陳縣一帶活動，後來繼續東去。據說他曾經流落到朝鮮半島，見過東夷君長倉海君。古來燕、趙多慷慨悲歌之士，秦攻取燕國首都薊城，燕國舉國東移到遼東，秦軍東進遼東滅燕，燕人逃往朝鮮半島的不在少數。也許，張良確是追尋燕人足跡到過朝鮮，也許，倉海君只是近海地區的豪士賢人，而張良上窮碧落下黃泉，遍遊天下，終於透過了倉海君而得到一名壯勇的武士，可以揮動一百二十斤的鐵椎。張良開始實施刺殺秦始皇的計畫。

五 —— 博浪沙的一擊

〈博浪沙考察記〉，我多次閱讀，連接《史記》上張良與倉海力士刺殺始皇帝的隻言片語，彷彿身臨其境，觸景生情之歷史體驗，油然而生。

秦始皇是不安分而好動的人。統一天下以後，在種種興功作事之外，他開始大規模巡遊天下，十二年間，五次出行，最後死在巡遊的途中。秦始皇巡遊天下，迷霧重重，牽扯到種種政治和個人的原因，不是三言兩語說得清楚的，筆者打算留待將來再來細說。

秦始皇第一次巡遊，是在西元前二二〇年，也就是統一天下後的第二年。他這次巡遊，走的是西北方向，目的是尋根祭祖，追尋秦人先祖發達的足跡，向列祖列宗報告統一天下的大業已經完成。他由咸陽出發，順著渭河一直向西抵達雍城（今陝西寶雞）。雍城是秦國遷都咸陽以前的舊都，有孝公以前的多位秦公的墓葬和祖廟。秦始皇在雍城告祖祭祀以後，繼續沿渭水西去，來到隴西郡西垂（今甘肅禮縣），第一代秦公襄公和第二代秦公文公的墓葬祖廟，都在這裡。西垂祭祀完畢，秦始皇再折回前往犬丘（今甘肅天水地區）。秦人的先祖，曾經在這裡放牧養馬，繁衍滋生。以喜慶告慰牧馬的先靈以後，秦始皇又翻山越嶺，進入汧水河谷地區，由汧水上游的回中（今陝西隴縣西北）越過隴山，進入北地郡，抵達涇水源頭的雞頭山（今甘肅省平涼市西）。這一帶地方，是秦人被周王召喚、定居稱秦的發祥之地，當然也是秦始皇尋根祭祖的必經之地。從地理上看，雞頭山是涇水的源頭，秦始皇了結尋根祭祖的心願後，由雞頭山返回，沿涇水河谷東南去，再南下回到咸陽。

古代中國，泰山是天下的聖山，登泰山封禪，是人世間偉業完成、告祭於天的大禮。秦始皇將統一天下的偉業，告祭了西方的列祖列宗後，登泰山封禪就成了他第二次出行的目的。西行巡遊的第二年，始皇帝一行由咸陽出發，出函谷關，經過洛陽、滎陽、大梁、定陶，抵達薛郡鄒縣的嶧山（今山東鄒縣南），刻石頌功，著手封禪的準備。準備就緒，秦始皇冒雨登泰山（今山東泰安北），行了封禪告天的大祭。由泰山下來，秦始皇興致勃勃，走臨淄，抵達膠東半島的黃縣（今山東黃縣東），沿海經過腄縣（今山東煙台西），登之罘山（今山東煙台北）刻石記功，東臨成山角（今山東榮城）祭祀海神，繼續沿海西南行，抵達琅邪（今山東膠南南）。秦始皇在琅邪樂而忘歸，遷徙三萬戶人家移居琅邪，修築離宮高台，停留長達三個月之久。

黃海的波濤，琅邪台的奇幻，給秦始皇帶來了難以忘懷的歡愉。遙遠而不可及的海上仙山，仙山上居住有不死的仙人，仙人們採食著不老的仙草，過著天長地久的生活，無憂無慮，無病無苦，何等迷人的極樂世界，誰人能不心醉？回到咸陽不到一年，始皇帝再次踏上了東去的行程，開始第三次巡遊，時在秦始皇二十九年（前二一八）。第三次巡遊東去時，始皇帝走了與第二次完全相同的線路，出函谷關，過洛陽、滎陽，奔大梁而去。想來，也許是希望重溫第二次巡遊時歡愉的舊夢，攜故人走故道溫故情，再見幻影。然而，冷酷的現實破壞了秦始皇的心情和夢想，當浩浩蕩蕩的車馬行列經過陽武縣博浪沙（今河南中牟）時，突然遭到了刺客的狙擊。

陽武縣在三川郡的東部，博浪沙在陽武縣南，正當由洛陽到大梁的東西大道上，戰國時是韓國和魏國之間的地方。張良是韓國人，富於智慧，長於推算，對於韓魏間的交通要道、山川地形，瞭若指掌。他求得力士以後，密切注視著秦始皇的動向，當他得到秦始皇第三次出行的消息及其經過的路線後，判斷秦始皇必定再次經過博浪沙，於是與倉海力士潛伏於此，等候秦始皇車馬行列的到來。

秦始皇一生，遭遇四次行刺。一次在秦王政二十年（前二二七），即有名的荊軻刺秦王事件。荊軻刺秦王，由瀕臨滅亡的燕國的太子姬丹主謀，以國使的名義送荊軻到秦王宮廷行刺，可以說是弱國對強國的國家恐怖行動。荊軻刺秦王之詳情細節，由於有當事者御醫夏無且的口述傳承，《史記・刺客列傳》敘述得驚心動魄，不僅成為歷史敘事的經典，更成為永恆的藝術題材。秦始皇第二次遇刺，是荊軻刺秦王的續篇延續。這次事件發生在秦始皇帝二十六年（前二二一）天下統一以後，刺客是荊軻的摯友高漸離。高漸離是擊筑的名手，與荊軻是燕國薊都時代的知音。荊軻刺秦王，高漸離送荊軻於易水上，那一首「風蕭蕭兮易水寒，壯士一去兮不復還」的千古名曲，慷慨悲歌者是荊軻，撫筑伴奏者就是高漸離。荊軻死後，高漸離為完成荊軻的未竟之業，以筑藝入秦宮，失去雙目得以接近秦始皇。他以重鉛灌入筑中投擲行刺，失敗被殺，以美麗的死回應了荊軻。

秦始皇最後一次遇刺，是在始皇帝三十一年（前二一六）。當時，秦始皇夜裡微服出行咸

秦《編年紀》竹簡。湖北雲夢出土，記載了秦昭王至秦始皇時代共九十年的歷史。

陽郊外，在蘭池遇到刺客，情勢非常危險，有賴隨行四名武士的力量，終於將對方擊殺。秦始皇惱怒至極，下令在關中搜捕刺客同黨，鬧了二十日，民間恐慌，物價飛漲，一石米的價錢漲到了一千六百錢。

博浪沙狙擊，是始皇帝所遭遇的第三次刺殺。這次行刺，發生於秦始皇帝二十九年，完全出於張良個人的苦心謀劃，是六國貴族亡國之恨淤積不散的宣洩。非常遺憾的是，由於沒有當事人的證言，司馬遷對於此事只做了如下的簡單敘述：始皇帝到東方巡遊，張良與倉海力士狙擊始皇帝於博浪，風沙中鐵椎誤中乘輿副車。始皇帝大怒，嚴令天下搜捕刺客，鬧了十日，情勢急迫而緊張，都是為了張良的原故。

古代史往往是掛一漏萬的。過於簡單的敘述，為後人留下了種種疑問和無窮的想像空間。博浪沙其地，我尚未去過，兩千年來，不知故地遺跡尚存否？秦史專家馬元材先生曾於一九三〇年代親臨博浪沙考察。馬先生著〈博浪沙考察記〉說：

> 博浪沙在今河南省舊陽武縣城東南隅。有邑令謝包京立古博浪沙碑尚存。一九三四年十二月，予至陽武，曾特往遊觀。當未至其地時，每疑所謂博浪沙者，必為深山大澤，茂林曲澗之地，可以藪匿逋逃；否則，發笱門，卻笠居，憑力鬥於穴，可倖免耳。不然，則張良何以必於此地狙擊始皇帝？又何以狙擊不中後，竟能大索十日而不可得？及

親蒞茲土，始知除荒沙一大堆之外，殆全為無草木、無山澗溪谷之一大平原，牛羊散其間，可數而知也。……蓋博浪乃當日一地名，其地必多風沙。……大概探知始皇東遊，必經由此道，故與倉海力士預伏於此。又至天幸，始皇車馬過此時適風沙大起，故遂乘此於風沙中狙擊之。此種風沙起時，往往瀰漫空中，白晝如夜，對面不辨景物。不僅陽武如此，予在開封，即已遇有三、四次之多。正惟其狙擊係在風沙之中，故觀察不確，致有誤中副車之事。亦惟其係在風沙之中，故雖狙擊未中，亦無法能從萬人載道之內，將主犯明白認出。及至大索十日之時，則張良等已去之遠矣！

〈博浪沙考察記〉，我多次閱讀，連接《史記》上張良與倉海力士刺殺始皇帝的隻言片語，彷彿身臨其境，觸景生情之歷史體驗，油然而生。歷史無可回轉，但卻可以體驗，現場考察的實感，可以超越時空，再現歷史的影像，誠然信矣！

荊軻刺秦王。山東省武梁祠畫像石拓本。

六——黃石公傳下了兵書

在秦政府眼裡，張良是死罪要犯，宛若今天美國政府眼中的賓拉登；而在六國舊人的眼裡，張良是天地英雄。以黃老智者的黃石公看，英雄張良，宛若璞玉尚需雕琢。

刺殺秦王不果之後，秦政府的追查日益緊急，張良於是改名換姓，東遷到東海郡下邳縣（今江蘇睢寧西北）隱居下來。東海郡大致在現今的江蘇省，過去是楚國的東邊領土，遠離秦的中心地關中地區，山高皇帝遠，是秦王朝統治相對薄弱的地方，也是違法不軌、牛鬼蛇神隱居聚集的樂土。秦末之亂中崛起的英雄豪傑，出於東海及其鄰近地區的不在少數，如韓信是東海淮陰（今江蘇清江西南）人，陳嬰是東海東陽（今安徽天長西北）人。下邳縣是東海郡鄰接泗水郡的邊縣，緊鄰下邳的泗水下相縣（今江蘇宿遷西南），是項氏一族的遷徙聚居地，張良與項氏一族的密切關係，由此生發；張良與劉邦的關係，也是因為東海與泗水相鄰，下邳與沛縣相距不遠的地理牽連。

話說張良在下邳隱居已久，有一天，張良獨自一人在城中漫遊，經過流經下邳城的沂水橋頭時，迎面走來一位身著布衣的老者。老者走到張良的近處，不知是不小心還是出於故意，鞋子

為紀念張良所建的留侯祠

留侯祠另一景

沂水橋故址。當地人稱「橋」為「圯」，故稱「沂圯」。黃石公與張良相約在橋上傳授兵書。

掉到了橋下。老者回頭看著張良說：「小子，到下面去把鞋給我撿上來。」張良是六國貴胄後裔，刺殺始皇帝的主謀，雖說是亡命在逃，也是年輕氣盛、英雄一方的人物。聽了老者的話，張良不禁愕然怒起，恨不得一拳打將過去。只是看在對方年老的份上，強忍下來，下得橋去，將鞋拾取上來。老者毫無感謝之意，伸出腳來吩咐張良道：「給我穿上。」張良心裡有些搗鼓了，既然已經撿上來了，那就穿上吧！於是跪下身來，為老者將鞋穿上。老者坦然讓張良為自己穿上鞋後，站起身來，微笑而去，沒有留下一句話。張良大吃一驚，目送老者遠去。老者走出有五百來步遠，轉身又走了回來，指著張良說道：「你小子可以教得出來。五天以後的平明時分（天亮時），在這裡等我。」此時的張良，知道老者不是一般人，於是跪下來施禮答道：「明白了。」

五天以後的平明，張良如約前往，不料老者已經等在沂水橋頭。老者怒斥張良說：「與老人有約，反而後到，成何道理？」說完轉身離去，只丟下一句話：「五天以後早早來。」

五天以後，張良早了一個時辰，雞鳴時分就趕到橋頭，老者又已經先到了，再次怒斥張良說：「為何還是晚到？五天後再來。」

又過了五天。這次張良不敢有稍許怠慢，未到半夜就出發前往橋頭等待。不久，老者也來了。老者見了張良，高興地說：「這回就對了。」從懷中取出一個絲綢包袱遞給張良說：「這裡有帛書一部，讀通了可以成為輔佐王者的師傅。十年以後興事發跡，十三年後來濟北相見，穀城山下的黃石

沂水橋下一景。這是黃石公丟鞋子到橋下要張良去撿的故事發生地。

走進歷史現場

芒碭山

2005年3月，我西出徐州，橫跨三省三縣， 進入河南永城，道路兩旁，田疇平野，村落木樹，一望無際，茫茫然在陽光下了無變化。在永城芒山鎮下高速，進入芒碭山旅遊區，山地躍然橫起，古廟藏綠蔭，王墓依池塘，完全別是一番景象。

信步芒碭山間，揣度劉邦當年。豐西澤中亭舍犯法釋眾以後，沛縣是不敢停留了。放眼周邊，千里平疇，何處是藏身的去處？芒碭山有山有水有樹林，便於藏身，地區偏僻，屬於統治薄弱的邊緣。芒碭山與沛縣間，雖說隔了郡又隔了縣，距離卻不過二百餘里。正是這種行政的分割和隔離，地理的有利和近便，使芒碭山中的劉邦集團既能躲開沛縣當局的追究，又始終和沛縣吏民保持著聯繫。當天下有事的時候，沛縣吏民能夠想到招他，他也能夠迅速返回沛縣，終於成就偉業大事。

就是我。」話說完，老者轉身離去，再沒有話，也從此不再出現。天亮以後，張良打開包袱，裡面是一部用墨寫在絲綢上的兵書，篇題是「太公兵法」。太公者，周文王、周武王的軍政導師姜子牙也。姜子牙善於兵法謀略，輔佐文王行政強兵，輔佐武王滅殷興周，被尊稱為姜太公，封地就在領有濟北的齊國。《太公兵法》，據說是姜太公的著作，是他一生政治軍事經驗的總結。張良深感奇異，從此將這部書帶在身邊，隨時翻閱揣摩。

贈書教導張良的這位老者，後來被稱為黃石公。黃石公之得名，源於他留給張良的那句話，「十三年後來濟北相見，穀城山下的黃石就是我。」據說，十三年後，張良跟隨劉邦經過濟北郡，果然在穀城縣境內的穀城山下見到了一塊黃色的石頭，張良大為感銘，取下石頭寶貴珍藏，奉時祭祀。張良死的時候，將這塊石頭放在自己的棺槨中一同埋葬，囑咐後人，掃墓祭祀的時候，一定要供奉黃石，如同自己生前。

黃石公與張良的故事，是司馬遷採訪收集的傳說。司馬遷不是迷信鬼神的人，但他以為人世間的怪異神奇是有的。張良本身就是一位神奇的人物，他早年刺殺秦始皇，後來輔佐劉邦平定天下，晚年超脫人世辟穀求仙，一生不同凡響，為人行事，宛若有仙人指引。司馬遷以為，張良見黃石公的事，怪異是怪異，也在人間的情理變異之中，所以特別詳細地記錄下來。

歷史不僅是往事的記錄，也是對於往事的解讀。作為一種歷史學的解讀，張良是信奉黃老道家的人，黃老道家是假託黃帝和老子為始祖的新道家學派。假託黃石現身的老者，大概是戰國末年黃老道家的一位智慧的傳人。黃石公當是齊國濟北穀城人，齊亡以後，避難遷居下邳，雖說是隱居，卻密切關注天下形勢。張良來到下邳，他的身世來由、一舉一動，都在黃石公的眼目中。張良是韓國貴冑後裔，韓滅以後，他主謀刺殺秦始皇，驚天動地。在秦政府眼裡，張良是死罪要犯，宛若今天美國政府眼裡的賓拉登；而在六國舊人的眼裡，張良卻是天地英雄。以黃老智者的黃石公看，英雄張良，宛若璞玉尚需雕琢。刺殺秦始皇，不過是恩怨發於個人的匹夫之勇，而為祖國復仇的大業，其根本在於推翻暴秦，恢復故國。行事偏離根本，逞意氣於一搏，正是年輕氣盛、少年方剛的血氣。若要成就大事，則尚需加以打造磨練。就性情而言，強權暴政之下，首先要能夠韜晦隱忍，等待時機；就行事而言，復國滅秦，一定是有組織的軍政大事，需要相當的智慧謀略，兵法政略的學習正是眼下的要事。黃石公自感年事已高，有意將自己密藏多年的兵書託付於張良。他用忍耐試探，一而再再而三地委屈張良，良苦用心，意在磨練英才。

黃石公交付給張良的《太公兵法》，就是假託姜太公名義的古代兵書系列，至今流傳於世的，有《黃石公三略》、《陰符經》和《六韜》。我通讀三部太公書，感歎有加，張良後來輔佐劉邦平定天下，運籌帷幄之中，決勝千里之外，他的智慧謀略，正是淵源於《太公兵法》。據說張良修得《太公兵法》以後，說與別人聽，都沒有反應，說與劉邦聽，劉邦馬上覺得好，當即一一實行。由不得張良感慨：「沛公殆天授！」從此不願意離去。天授天授，上天所授與也。張良的聰明智慧，是上天所授；劉邦的英斷決行，也是上天所授。上天又假手黃石公和《太公兵法》將二人連接在一起，打造出君主和帝師、主帥和謀臣的天作之合。

我讀《六韜》之〈文韜・文師篇〉：「天下非一人之天下，乃天下之天下也。同天下之利者，則得天下；擅天下之利者，則失天下。」〈武韜・發啟篇〉：「天下者非一人之天下，乃天下之天下也。取天下者，若逐野獸，而天下皆有分肉之心；若同舟共濟，濟則皆同其利，敗則皆同其害。」大有豁然開朗之感。多年以前，我在考察劉邦集團的時候，曾經提出「共天下」的理念，即共同所有、公平分配天下權益的意識，是劉邦集團的原則和共識。劉邦集團之所以能夠取得天下，新建的西漢王朝之所以能夠克服秦始皇的絕對專制皇權，發展出一種新型的有限皇權，其思想根源就在這裡。

劉邦集團「共天下」的理念，是由張良提出來的。西元前二〇二年，劉邦和項羽決戰陔下，張良正式向劉邦提出，只有君主能夠與諸侯臣下「共天下」，才能上下內外協力，擊敗項羽，取得勝利。劉邦接受了張良的建議，與各國約定共同分配天下權益，終於集結諸侯國聯軍，一舉擊敗項羽。當時我考察這段歷史時，致力於共天下理念對漢王朝政權影響的追究，未遑探索共天下思想的來源。眼下如今，當我為黃石公賜書張良再次通讀《太公兵法》時，意外尋跡到共天下理念的思想來源，釋然之餘，得到一種由人及書、由書及人、思想推動歷史、歷史啟發思想的融通關聯。

信哉《太公兵法》，大哉共天下理念，其存在和影響，綿綿不絕於兩千年後的今天。

七 —— 劉邦見秦始皇

在秦末戰國復活的大潮中，劉邦之所以不甘於為王，一心一意要做皇帝，其中的因素之一，就是因為秦始皇是早就建樹於他心中的偶像。他要像秦始皇一樣君臨天下，在萬人觀瞻的車馬出行中體驗人生的滿足。

在秦帝國時代，劉邦不過是區區泗水亭長，同帝國千萬編戶齊民、數以萬計的小吏卒史一樣默默無聞於世。秦始皇獨尊於天下，他當然不曾知道劉邦是何許人也，劉邦的存在也不會對他有任何影響。不過，對於劉邦來說，他每天都生活在皇帝的威嚴權勢之下，秦始皇無時無刻不在影響著他。值得歷史學家格外注意的是，劉邦曾經在咸陽目睹過秦始皇的丰采。這次偶然相遇，不僅給劉邦留下了永遠不曾磨滅的印象，而且深刻地影響了將來的歷史進程。

始皇帝三十五年（前二一二），秦始皇嫌咸陽人口多，宮殿小，於是大興土木，在首都咸陽南郊修建阿房宮。阿房宮工程巨大，秦政府大規模徵調帝國各地民工到咸陽地區服徭役做工。依照秦政府的規定，年滿十七歲的成年男子，都有為政府服勞役和兵役的義務，兵役和勞役不分，每年在本縣服役一月，算是常年有的徭役。除此之外，一生當中，還有一年在本郡本縣服役，一年在外地服役，外地或在首都，或在邊郡，或在他郡。這兩年集中的徭役，算是一生中的大役，特別是一年的外役，背井離鄉，最是沉重。泗水亭長劉季，始皇帝三十五年派上了到咸陽修建阿房宮的徭役，為期一年。因為是長期外役，同僚友好都來送別，紛紛贈送盤纏，慣例人人三百錢，蕭何例外送了五百錢，就是這一次的事情。

秦帝國時代，戶籍制度嚴密，個人的遷移受到嚴格的限制，平民百姓的生活圈子，大都局限於出身所在的鄉縣，不得隨意流動外出。楚國游俠時代，劉邦曾經到過魏國的外黃縣，在名士張耳的門下住過幾個月，入秦以來，沒有遠出過。這次咸陽之行，雖然是差事徭役，對劉邦來說，也是大開了眼界。沛縣東去咸陽兩千餘里，走三川東海大道，出泗水入碭郡，橫穿三川郡，由滎陽—成皋—洛陽一線西去，進入新安、澠池，過崤、函山間，由函谷關進入關中。這次旅行，以戰國舊國論，由楚國出發，經過魏國、韓國到秦國，堪稱是一次國際大旅行，沿途山川景色壯麗，各地風俗民情不同，處處使人感銘。帝國法制嚴密，交通整備，管理高效，也是令人印象深刻。特別是進入關中秦國本土以後，地勢之形勝和經濟之富庶，宮室建築之輝煌壯麗，民風吏治之古樸清廉，更讓關東鄉縣小民劉季感到耳目一新。

關東六國人初次入秦的感受，荀子在其論著〈強國篇〉中有生動的敘述。荀子說：「秦國四面有邊關防守之險要，關中山林茂盛，河川縱橫，原野谷地肥美，物產豐富，是天然形勝之國。入境觀其風俗，百姓純樸，聲樂雅正，服飾素淨，人人敬畏官府而順從，保留著古代的民風。

進入都邑官府，役吏嚴整肅然，人人恭儉敦敬，忠信盡職，毫無不良陋習，宛如古代的良吏。進入國都咸陽，士大夫忠於職守，出私門入公門，出公門歸私門，不因私事行旁門他道，不拉幫結派，不朋黨比周，辦事為人無不明通而為公，可以說是古來的士風。觀察秦國的朝廷，其朝議有序，聽決百事無所滯留，運轉井然宛若無治之治，真是古風的朝廷。可以說，秦四世取勝，並非一時僥倖，而是天時地利，政通人和之結果，是形勢必然之定數也。」荀子大約生於西元前三一二年，死於西元前二三八年，雖然比劉邦年紀大，因為高壽，與劉邦在同一天地下生活過近二十年。荀子出生於趙國，後來周遊列國，在楚國的蘭陵縣（今山東蒼山西南）做過縣令。蘭陵縣在楚國的東海郡，離劉邦的生地沛縣很近。因此，他們初入秦的感覺，不會相去太遠，特別是荀子對秦國山川形勝和民風吏治的讚美，完全可以作為劉邦此次入秦的切身感受。

我們已經多次談到過，劉邦是往事不忘、恩怨必報的人。游俠時代，大嫂洗鍋使壞，不讓劉邦與兄弟夥們混飯，劉邦終身耿耿於懷，做了皇帝以後，還遲遲不封大哥家，實在是挨不過太公的說情，怏怏封大哥的兒子做了羹頡侯。他用飯菜刷鍋侯的惡名，一出當年的怨氣。劉邦入秦服役，沛縣役吏出錢餞別，眾人皆出三百錢，唯獨蕭何出了五百，他在心裡記了帳，做了皇帝封功臣時，特別多封蕭何二千戶，明言就是報答當年的二百錢。秦末之亂中，劉邦首先領軍攻入關中，他約法三章，安撫秦民，曉諭關中各地，保留原有政府機構，親自與關中父老對話，對秦國吏民有格外親切的表示。其中的理由，首先要舉的當然是政治上的考慮，他要為做秦王拉攏民心。不過，劉邦也是性情中人，他初入秦有好感，在關中沒有受虐待吃苦頭，也是不可忽視的情感因素。劉邦擊敗項羽後，曾經一度定都洛陽，很是投合了關東出身的老兵宿將們的鄉情。不過，戍卒婁敬曉喻以關中形勝，秦人可用，立即喚起他西去的思緒；經張良鼓動，劉邦即日起駕遷都前往關中，如此乾脆俐落的行動，除了種種戰略的、理性的考慮之外，初入秦時留下的關中情結，使他在情感上對於遷都毫無抵抗。

劉邦在關中的大部分時間，都是在咸陽郊外的工地上度過的，雖然辛苦，卻也興趣盎然。也就是在此期間，劉邦遭遇了對他的一生有重大影響的一次事件：他親眼目睹了秦始皇的丰采。

關於未來的漢高祖與在位的秦始皇的這次相遇，司馬遷在《史記・高祖本紀》裡如此寫道：當時，秦始皇出行，允許百姓道旁觀瞻，劉邦有幸擠進觀瞻的行列當中，目睹了盛大的車馬儀仗，精銳的步騎警衛，遠遠地仰望到了秦始皇的身影。對於咸陽徭夫、沛縣鄉佬的泗水亭長劉季來說，秦始皇宛若天上的太陽，燦爛輝煌，感光受彩之下，劉邦身心受到極大的震動，他久久邁不動腳步，感慨至於極點：「嗟乎！大丈夫當如此也。」

「嗟乎！大丈夫當如此也。」反反覆覆，只有這一句話。就是這一句話所傳送的感慨，幾乎概括了劉邦一生的政治走向。在秦末戰國復活的大潮中，劉邦之所以不甘於為王，一心一意要做皇帝，其中的因素之一，就是因為秦始皇是早就建樹於他心目中的偶像，他要像秦始皇那樣君臨天下，在萬人觀瞻的車馬出行中體驗人生的滿足。

八——亭長成了亡命徒

從此以後，劉邦等人就在芒碭山隱藏下來，成為秦政府通緝追捕的盜賊團夥。就沛縣官方而言，劉邦是知法犯法的首犯；就沛縣地方鄉親父老而言，劉邦是脫民於難的好漢。

秦始皇三十七年（前二一〇），劉邦已經四十六歲了，一直在泗水亭長任上混著。劉邦結婚晚，雖說早年與外婦曹氏有一兒子，畢竟是非婚的私生子，登錄在曹氏家的戶籍上，名不正言不順，上不得枱面，不得不藏著隱著。與呂雉結婚後，先生了一個女兒，就是後來的魯元公主。這一年，呂雉生下一個兒子，劉邦好生高興，中年得子，又是正妻所生，雖說是平民人家，扯不上什麼爵位產業嫡子繼承之類，戶籍上總算是有了子男，不至於絕了劉季的香火。近五十的人了，亭長任上已經多年，再過十年，五十六歲就該退休了。也不願去多想，能生子，說明我劉季精氣還旺，撞上勾人的夫人，看我不給你生出十個八個來。雖然只能是想想說說而已，劉季心中還是火氣未滅。

這年九月，詔令傳達下來，說是皇帝過世，小兒子胡亥繼承了皇位，稱二世皇帝。二世皇帝詔令天下，稱頌始皇帝功德，昭明承繼大統的惶恐，赦免罪人，減免賦稅，安定民心云云。畢竟是山高皇帝遠的事情，沛縣城裡，還有些默哀的動向議論，到了泗水亭上，大家還是日出而作，日入而息，雖說是換了皇帝，日子還是老樣子。

劉邦得了兒子，依然常常泡在王大娘、武大媽的酒店裡，只是多了些得子的話題。不久，來往的客官漸漸帶來些風聞，說是二世皇帝的即位有些蹊蹺。大兒子扶蘇是嫡長子，被不明不白賜死，受始皇帝命令輔佐扶蘇、威震匈奴的將軍蒙恬和他的弟弟，始皇帝的親信大臣蒙毅，也受牽連被殺。始皇帝死在沙丘離宮，那是從前趙國的武靈王被害的地方；始皇帝的車馬官趙高是趙國人，又是二世皇帝的老師，突然高升郎中令，其間怕是有些貓膩。不久，又有傳說咸陽城裡大開殺戒，二世皇帝將自己的兄弟姊妹，十幾位公子公主殺了個乾淨，先帝的老臣們，也人人自危，面臨著一個個被肅清的命運云云。風聞是越來越多，無風不起浪，真真假假，虛虛實實，劉邦感到，上面大概是有些不穩了。

不久，有命令下來，說是已經停工的阿房宮重新開工，始皇帝的酈山陵園也要加緊完成。沛縣開始徵發長年外出的徭役，擔當酈山工事的服役民工徵發完畢後，命令泗水亭長劉季押解奔赴咸陽，即日啟程，快去快回。劉邦前年才在咸陽阿房宮工地服役一年，回到沛縣家中來也就一年左右，兒子剛剛出生，家事正是繁忙，實在是不想遠出，再去風餐露宿。不過，命令已經下來，劉邦不敢怠慢，只得告別妻子兒女，押解百十號人啟程西行。

劉邦所押解的服役民工，都是沛縣當地徵發的編戶之民，多是農民，也雜有手藝人、商販各色人等，沛縣城裡殺狗掛賣的莽漢子樊噲，也在其中。同是本地人，出門在外是同鄉，從軍出戰是同伍，同生共死，天然一種割不斷的鄉情。大都是有家有口的人，送別時妻子兒女哭泣，老父老母歎息，父老鄉親還口口聲聲拜託了。有什麼辦法，死了的皇帝要修陵墓，活著的皇帝要修宮殿，勞民傷財，苦了的還不是細民百姓。也沒有多說的話，自己也是服役剛剛歸來，馬上又是別妻離子，只有請大家放心了，我劉季也是沛縣一方水土養大的，能擔待的都會扛在肩上。

劉邦押解一行人出得沛縣城西去，途中休息時就跑了幾個，進入自己的生地豐邑一帶，又跑了幾個。到了豐邑西邊的大水塘子，劉邦帶領一行人歇宿於澤中亭亭舍，再一次清點人數，又少了幾個。劉邦心中好生不快，直犯嘀咕，照這樣走下去，到不了咸陽，人都跑了個精光。當今刑法重，服役者逃脫，押解之吏罰作服役，不要說跑了個精光，就是跑了一個，自己都得被判嚴刑。押解的這一幫人，都是鄉親，大家都是莫奈何的苦難事，我劉季何必自苦苦人，乾脆圖個乾淨利索。於是，當晚劉邦在亭舍備下酒菜，召集所押解的服役民工一同飲食，三杯酒下肚，劉邦對眾人說道：「眼下的處境，我們彼此清楚，我劉季不為難諸位，大家各自散去，自謀出路，我也從此遠走他鄉，隱去逃亡。大家好自為之，後會有期。」一眾人好生感激，大多紛紛散去，樊噲等十幾個沒有家口拖累的年輕人，平日就聽說劉季俠義，紛紛表示願意跟隨劉大哥走，有難同當，有福同享。

如此一來，劉邦心定下來，反而覺得爽氣。日子是越來越過不下去了，官逼民反。鳥個泗水亭長，也不過手下兩個兵丁，五、六件刀槍，還得循章守法，上上下下受夾磨，痛快不起來。眼下十幾個兄弟，願意跟隨我劉季，尋覓個官府管不到的去處落草下來，反而自在。劉邦與樊噲等人商量，如今事情犯在沛縣境內，劉季是沛縣吏，眾人是沛縣人，沛縣境內是待不得了。由澤中亭往西，就進入碭郡境內，再往南去，在泗水郡和碭郡的鄰近地區，有一片山地，叫作芒碭山。芒碭山區有大小十多座山岡，連綿數十里，雖說山不高，卻林木茂盛，周圍沼澤密布，是個落草避難的去處。事情緊急，沒有多想的餘地，酒醉飯飽以後，劉邦等人連夜向芒碭山趕去，從沛縣境內銷聲匿跡。

從此以後，劉邦等人就在芒碭山隱藏下來，成為秦政府通緝追捕的盜賊團夥。就沛縣官方而言，劉邦是知法犯法的首犯；就沛縣地方鄉親父老而言，劉邦是脫民於難的好漢。劉邦釋眾逃亡以後，妻子呂雉被拘捕，因為上有蕭何等人庇護說情，下有任敖等兄弟夥死命維護，又是民心鄉情所在，沒有吃多大苦頭，也就釋放了。獲釋後的呂雉，暗暗與劉邦取得聯繫，還曾經到芒碭山去見過夫君劉季。

當時，不僅沛縣一地，關東各地，形勢都漸漸有些不穩。面對有增無減的徭役徵發，各郡縣上上下下都感到困苦難辦。上面催得緊，只有強徵，強徵民怨大，怨聲載道，群情難抑，就難免政令不行，盜賊滋生。服役的民工，戍邊的兵卒，不時有所逃亡，不少如同劉季團夥一樣，聚集山林沼澤，武裝出沒，與官府對抗。碭郡昌邑縣人彭越，聚集亡命，出沒在碭郡、薛郡、東郡間的巨野澤。九江郡六縣人英布，在酈山服役期間帶領一幫刑徒民工逃亡，聚集徒黨，出沒於九江一帶的江中湖泊。天下不安的境況，人人都感覺得到了。

面對如此時局，各級官吏也都上下兩難，只好睜一隻眼閉一隻眼，過一天算一天，等事到臨頭再說。劉邦一夥人，在泗水郡和碭郡間的芒碭山區避難躲藏，兩不管的地方，沒有鬧大事，也沒有受到官府的追剿，久而久之，聚集的人越來越多，成了走投無路者避難的去處。沛縣及其周邊地方的一些不安分少年，也有慕名前來投奔的。不久，劉邦手下，竟然聚集了數十近百號人。

九——劉邦的梁山泊

劉邦率領部分服役徭夫到芒碭山落草，成為政府通緝的盜賊集團，首次建立起了反秦的組織。以此來說，劉邦在泗水亭長任上的活動，相當於宋江在鄆城縣吏上的經歷。劉邦集團的梁山泊，是在芒碭山。

著名的秦史專家馬非百先生對劉邦集團早年的活動曾經感慨非常。他以為，碭、泗之間，豐沛一帶，對於起兵前的劉邦集團來說，宛若《水滸傳》中的梁山泊，還在泗水亭長的時代，造反的形跡就已經明顯，以沛縣小吏為成員的組織雛形就已經出現。

劉邦起兵以後，其組織的基礎，就是沛縣吏民，未來漢帝國的組織核心，也在於此。不過，劉邦加入沛縣小吏組織以前，長期是江湖上的游俠。游俠雖說是沒有嚴密的組織，卻有廣泛的聯繫網路，他由此在民間社會，早早地建立起了人際關係網。反秦前的沛縣官吏組織，是政府組織。秦帝國建立以後，為了擴大政府的民間基礎，沛縣政府組織力圖把劉邦這樣的組織外的破壞力量網羅進來，劉邦的種種不軌浪行，只是個人尚未適應組織的規範，不斷出現不安定的碰撞而已，談不上有組織的反抗。劉邦公然抗拒秦政府，開始於他在豐西澤中亭釋放服役徭夫時。他率領部分服役徭夫到芒碭山落草，成為政府通緝的盜賊集團，首次建立起反秦的組織。以此來說，劉邦在泗水亭長任上的活動，相當於宋江在鄆城縣吏上的經歷。劉邦集團的梁山泊，是在芒碭山。

劉邦早年游俠，游俠用劍施暴，以武犯禁；後來作亭長，亭長行武捕盜，掌管兵卒武器。從以後的經歷來看，劉邦是有武功擅兵器的人，他的組織才能和軍事才能都是第一流的。押送徭夫去咸陽，劉邦是帶了武器的；他釋放徭夫於豐西澤中亭舍，揮劍斬蛇開道，率領眾人到芒碭山，從一開始就是武裝的。跟隨劉邦在芒碭山落草的人，都是青壯年男子，以沛縣人為多，後來也加入了泗水、碭郡間的當地人。他們的數量，在秦末之亂爆發時達到近百人，能夠武力圍困沛縣，內外合應，顛覆秦的沛縣政權。由此可以想見，還在芒碭山時，以劉邦為首領的盜賊集團，武裝已經相當強大，組織已經相當成形。

秦末各地出現盜賊集團，歷史上有名的有芒碭山劉邦集團、巨野澤彭越集團、九江英布集團。以當時彭越集團的情況來作一般推測，劉邦集團成員之間，已經有號令刑法，按照軍事組織的形式編制起來了。集團內上下統屬管轄，有武器後勤、探聽聯絡的種種職務分工。樊噲是劉邦芒碭山集團的知名成員，他往來於芒碭山和沛縣之間，負責交通往來，傳遞消息，宛若情報員。劉邦落草芒碭山後，與豐邑鄉里、沛縣屬吏間一直保持著密切的聯繫。當沛縣出現事變的時候，蕭何就是通過樊噲與劉邦取得聯繫，召喚劉邦帶領部下出芒碭山來到沛縣城的。芒碭山時代的劉邦，率領武裝組織占山為盜，雖然沒有公開樹起反秦的旗幟，武力抗拒政府的行為卻已經昭然若揭。用我們今天的話來說，芒碭山時代的劉邦集團，已經是聚眾造反，武裝割據了。

自秦始皇統一天下以來，中國結束多國並爭的列國時代，進入王朝交替的帝國時代。列國時代，政權交替的動力，多來自於外國，權力在統治階層間平行移動。帝國時代的政權交替，動力主要出於國內民間社會的武裝暴力，權力在統治階層和被統治階層間垂直移動，這就形成了兩千年中華帝國政權交替的基本特點：王朝循環和農民戰爭。中國有句名言，叫作「星星之火，可以燎原」，說的是燎原的大火，起於點點的火星；能夠覆滅統一帝國的農民戰爭，必定是能夠與統一帝國的力量相抗衡的大規模民眾暴亂。這種大規模民眾暴亂的出現，絕非一時一地突然驟起，而是有一個由小到大、由弱到強的發展過程。在這種大規模民眾暴亂的發展過程中，星星點點散布在山間水澤的武裝割據，往往成為一種初始階段。

兩千年來，聚眾造反的武裝割據，與王朝興衰的歷史逆向相隨。王朝強大興盛，割據造反消亡；王朝解體衰落，割據造反蜂起。兩千年來，聚眾造反的武裝割據何止萬萬千千，最後成就了帝業者不過一二，絕大部分，或者被政府消滅，或者被政府招安，或者自然消亡。歷史有動力，歷史無必然，所謂被選擇的成功者，其有幸的成功，當是何等的偶然！

芒碭山區在現在的河南省商丘地區永城市東北部，是一處由十多座小山頭組成的山地，面積有十多平方公里。芒碭山山不在高，海拔最高處只有一百五十餘米。芒碭山之所以能夠有名，成為武裝割據之處，在於它突起於平野，橫亙於行政界地的地理位置。二〇〇五年三月，我先去豐沛，尋訪高祖龍興故地，當晚回徐州住宿，第二天上午，流連於西楚霸王項羽的古都舊跡。下午，西出徐州，走連（連雲港）霍（霍爾果斯）高速公路，出江蘇省，經過安徽省蕭縣，進入河南省永城，兩百餘里的行程，橫跨三省三縣，道路兩旁，田疇平野，村落木樹，一望無際，茫茫然在陽光下了無變化。在永城芒山鎮下高速，出平地進入芒碭山旅遊區，山地躍然橫起，古廟藏綠陰，王墓依池塘，完全別是一番景象。

信步芒碭山間，揣度劉邦當年。豐西澤中亭舍犯法釋眾以後，沛縣是不敢停留了。放眼周邊，千里平疇，何處是藏身的去處？當時，事出突然，怕也是頗有一番躊躇。芒碭山有山有水有樹林，便於藏身，地處偏僻，行政界於芒縣和碭縣、泗水郡與碭郡之間，屬於統治薄弱的邊緣。芒碭山與沛縣間，雖說隔了郡又隔了縣，距離卻不過兩百餘里，正是這種行政的分割和隔離，地理的有利和近便，使芒碭山中的劉邦集團，既能躲開沛縣當局的追究，又始終和沛縣吏民保持著聯繫。當天下有事的時候，沛縣吏民能夠想到招他，他也能夠迅速返回沛縣，終於成就偉業大事。芒碭山武裝割據，不僅是劉邦集團的起點，也可以說是漢帝國的起點。

歷史以成敗論英雄，歷史學以源流論發展。統一帝國以來的兩千年，第一位聚眾造反、武裝割據而成大業的英雄，是興起於芒碭山的劉邦，以後接踵其足跡、成就武裝割據之大成者，無疑是毛澤東的井岡山了。三十年前，我同學少年，赤子朝聖，步行兩千五百里，出廣東，進湖南，入江西，沿綿延三省間的羅霄山脈，直上井岡。井岡山山勢險峻，起伏縱深，不愧為武裝割據的天然良地。「黃羊界上砲聲隆，報導敵軍宵遁。」英雄割據的氣勢，至今尚在我心中迴盪。兩千年歷史，以山川地理而論，芒碭緩淺，豈能比況井岡高峻；以英雄足跡而論，井岡芒碭，都是龍騰虎躍前的消隱潛藏。一旦風雲驟起，天下生變，芒碭山的武裝集團，井岡山的紅色部隊，竟然能夠席捲中國，山河歷史，也有靈氣相通乎？

第三章

大廈將傾的前夜

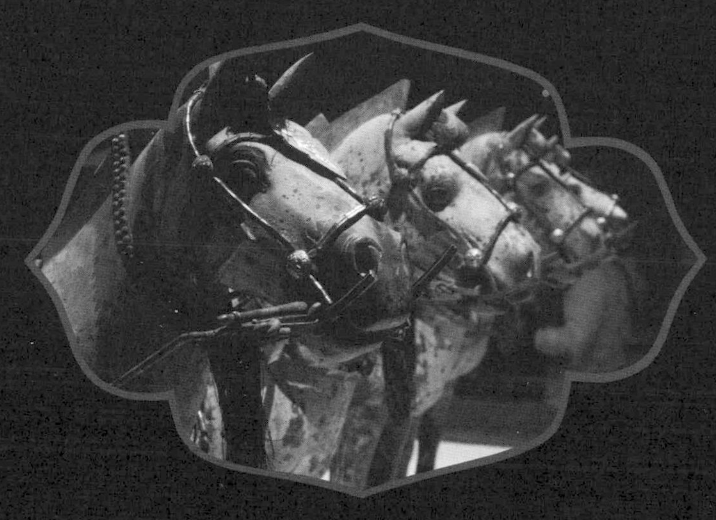

一——秦始皇突然死了

最高權力者的健康，事關國家絕頂機密。病夫治國、瘋傻當政的事情，古往今來，說不清道不盡，大多被遮掩隱瞞。

秦始皇三十七年（前二一〇），始皇帝在第五次巡幸天下的旅途中染了病，車駕行至鉅鹿郡南部的沙丘宮平台（今河北省廣宗縣西北大平台）時，病重不起。七月丙寅這一天，皇帝預感不祥，在病榻前口授遺詔，賜送遠在北部邊境監軍的長子扶蘇。遺詔由中車府令兼行璽符令趙高筆錄，主要內容是「（扶蘇）將所監領的軍隊託付給將軍蒙恬，迅速趕到咸陽主持喪葬。」遺書加封後尚未送出，始皇帝即駕崩，享年五十歲。

始皇帝晚年病理心理均已惡化，在宮廷的核心圈子中是心照不宣的事情。始皇帝統一天下，千年偉業告成，隆重喜慶之後，似乎突然滋生了深沉的失落和不安。始皇帝的失落，是失去政治目標的失落；始皇帝的不安，是對於自然生命的不安。天下尚未統一的時候，舉國上下同力，夙興夜寐勤政，一切為了一個目的，消滅六國，統一天下。功成名就後，海內一統，剩下的都是維持鞏固的餘業。有秦以來，數百年進取出擊的鋒芒，陡然間失去了指向；親政以來，近二十年撲身掀動的戰爭風雲，瞬息間中止平息。第一次巡遊，告祭先祖，如釋重負之餘，眩目人生的濃墨重彩開始褪去，多年來強撐硬持的軀體開始乏力，各種病兆紛至沓來。剛剛四十出頭的始皇帝，突然面臨嚴重的病理和心理健康的問題。

最高權力者的健康，事關國家絕頂機密。病夫治國、瘋傻當政的事情，古往今來，說不清道不盡，大多被遮掩隱瞞。四十歲以後的秦始皇，身體究竟出了什麼毛病，我們已經無從得知。從他晚年自比真人，秘密行蹤，四處訪醫求藥，寄望方士，嚮往蓬萊仙境，渴求長生仙藥來看，他的心境已經困閉於對死亡的恐懼，抑鬱症和妄想狂的精神病兆已經明顯。對於死亡的過早恐懼，大多源起於肉體病痛的長期困擾。有人推測始皇帝有雞胸哮喘。從他突然死於精力旺盛的巡遊途中，我推想他可能有高血壓或腦溢血類的疾病。

始皇帝駕崩，過於突然，除了始皇帝身邊負責侍候的數名近侍宦者外，知情者只有始皇帝的少子胡亥、丞相李斯和中車府令趙高三人。由於事關天下安危，丞相李斯當即作出決

秦十二字磚（磚文：「海內皆臣，歲登成熟，道毋飢人。」）

定，秘不發喪，封鎖消息，將始皇帝的屍體置於通風良好的轀輬車（臥車，有窗，閉之則溫，開之則涼）中，由始皇帝的近幸宦者駕御，定時奉獻飲食，百官奏事如常。飲食的攝取，政事的處理，都由隱藏於車中的宦者秘密代行，一切完全如同始皇帝在世時一般。作此安排以後，車駕迅速西行，直奔首都咸陽。

二——趙高的機會來了

決斷敢行，鬼神尚且退避，行事定然可以成功。趙高宛若出籠的猛獸，濃濃地嗅到了獵物的生鮮氣息。

十二年來，秦帝國像一輛構造精密巨型馬車，在始皇帝一手駕御下高速奔走。始皇帝的突然去世，使這輛馬車頓然失去了駕御，留下了巨大的政治權力的空白。冥冥昊天之下，不安開始浸潤，人世間對於這種不安的感受，基於距離皇帝身邊的遠近，自有早晚和深淺。早早的三位知情者中，最感不安的是中車府令趙高。他在不安的同時，更感到一種機遇的誘惑和渴望行動的興奮。仔細而迅速地計慮之後，他將遺詔截留下來，暫不交付使者。他開始行動，決定首先去謁見公子胡亥。

趙高是胡亥的老師，多年來一直教導胡亥書法和法律，很得胡亥的信任和親近。趙高知道，要想成就大事，必須說動胡亥。根據自己與胡亥多年的交往，他對說服胡亥有自信。趙高謁見胡亥說：「皇帝駕崩，遺詔單獨賜予長子扶蘇，對其他諸子完全沒有提及。扶蘇奉遺詔到咸陽，馬上立為皇帝，貴有天下，公子同為皇子，卻無尺寸之地的封賞，豈不有些過於懸殊無奈？」

胡亥的回答乾脆俐落：「父皇的做法是當然的事情。明君知悉臣下，明父知悉兒子。父皇去世，不言封賞諸子，我作為兒子沒有多話的餘地。」

趙高說：「臣下以為不然。方今皇帝已經去世，天下的權位，懸而未定，以臣下之見，其取捨定奪在於公子、在下以及丞相三人手中，望公子計慮圖取。」

胡亥回答道：「廢棄長兄而立幼弟，乃是不義；不奉父皇的詔令而畏死，乃是不孝；才能淺薄而勉強因人求功，乃是不能。行不義、不孝、不能的事情，違背德行，不僅天下不服，更將帶來自身的傾危，社稷國家也會斷絕不繼。」

趙高繼續說道：「臣下聽說商湯王、周武王殺了自己的主君夏桀王和商紂王，被天下稱頌為義行，並不認為是不忠。衛國國君殺了自己的父親，衛國臣民蒙受其恩德，孔子著錄其事，不認為是不孝。大行不必拘泥於小節，大德不應謙讓退避，地域不同有不同的應對，官職不同有不同的職司。所以說來，顧小忘大，必有後害；狐疑猶豫，必有後悔。決斷敢行，鬼神尚且退避，行事定然可以成功，懇願公子順勢而動。」

胡亥動搖了，喟然歎息道：「眼下先皇未葬，喪禮尚未完成，此時此刻，如何能以這樣的事情去驚動丞相呢？」

趙高等待的就是胡亥的這句話。他知道，只要胡亥心動，事情就成了一半。在奪權的布局中，胡亥是關鍵居中的棋子，說動了胡亥，有了王者的棋局就可以啟動。啟動後之棋局的展開，在於丞相李斯的參與。到了這個時候，趙高益發感到時間和事情的緊迫。他知道，成敗的關口到了，他必須說動丞相李斯。他忍不住出聲喊道：「時機時機，迫在眉睫；整裝出擊，唯恐延誤。」趙高宛若出籠的猛獸，濃濃地嗅到了獵物的生鮮氣息。

三——趙高不是宦官而是全才

趙高是第一流的書法家、文字學家，也是精通法律的專才。他體魄高大強壯，騎術車技精湛，武藝非同尋常，是秦帝國宮廷中不可多得的文武雙全的人材。

趙高是沙丘之謀的主謀，也是未來毀滅秦帝國的主要人物。有關趙高的身世，兩千年來了解甚少而曲解甚多。東漢以後，趙高被醜化為宦閹，其家族也被醜化為宦閹家族，不實的成見一直延續到今天。

我們知道，趙高是有兒女的人。他的女兒嫁與閻樂。閻樂任咸陽令，曾經參與望夷宮政變。這是趙高非宦閹的明確證據。實際上，司馬遷從來沒有說過趙高是宦閹，不僅司馬遷沒有說過，東漢以前的所有史籍中都沒有趙高是宦閹的記載。說趙高是宦閹的誤解，一是出於對「宦」字理解的錯誤，二是基於錯誤的文字「隱宮」所作的醜化曲解。

《史記．李斯列傳》記載說趙高是「宦人」，有「宦籍」。這是趙高被誤解為宦閹的一條材料。然而，根據新出土的「張家山漢墓竹簡」，「宦」，就是在宮中內廷任職的意思。宦人，就是任職於宮內之人，相當於王或者皇帝的親近侍衛之臣。宦籍，就是用來登錄出入於宮門者的登記冊。秦漢時代，不管是「宦人」、「宦籍」，還是「宦官」的用語，都沒有指被去勢的男人出仕宮內官職，也就是後代所謂的「宦官」的語義。當時，被去勢後的男人被稱為「奄（閹）人」，在宮中任職的閹人被稱為「宦奄（閹）」，定義非常清楚。根據這個最新的材料，趙高是任職於宮中的宦人，也就是皇帝的親近之臣，而不是被去勢的宦閹。

《史記．蒙恬列傳》說「趙高兄弟皆生隱宮」。這是趙高被曲解為宦閹的另一條材料。「隱宮」一詞，本來語義不明。東漢以後，一位為《史記》作注解的劉姓人士借題發揮，他將「隱宮」

之「宮」解釋為去勢的宮刑，進而衍申說趙高的父親受宮刑去勢，母親與他人野合生下了趙高兄弟。趙高兄弟冒姓趙，也受宮刑被去勢成了宦官。謊話越編越大，越編越痛快，於是以訛傳訛，到了唐代以後，趙高一家都是宦閹的不經流言，逐漸固定了下來。秦史專家馬非百先生早就根據「睡虎地雲夢秦簡」指出，「趙高兄弟皆生隱宮」的「隱宮」一詞，是「隱官」的誤寫。「張家山漢墓竹簡」出土以後，隱官的意義更加清楚明白。隱官，既用來指稱刑滿人員工作的地方，也用來指稱刑滿人員的身分，與宮刑和去勢完全沒有關係。

著名歷史學家顧頡剛先生有一個非常有名的論斷，叫做層累地形成的古代史。顧先生以為，今天我們所見到的古代史，經過了歷代不斷地改造重寫，已經不是原汁原味，而是添加了歷代所喜好的口味。為了了解真實的古代史，必須清理歷代的添加，復原古代的真相。東漢因為宦閹之禍亡了國，劉氏的曲解投合了當時人痛恨宦閹的心情，大家都樂意傳布亡國禍首起於宦閹的流言。唐代又是宦官專權亂政，古來宦閹亡國的陰魂未散，在類比聲討的風氣下，趙高是宦閹的流言蜚語，自然光大發揚，成了不刊定論。明代，宦閹之禍愈演愈烈，到了清末，大太監李連英還在慈禧宮中肆意擅權，人們對宦官的痛恨無以復加。如此代代層累之下，曲解的歷史也就被當作正史流傳下來，一直到今天。不過，這些都是題外話了，我只是借此感慨人性的軟弱，我們都相信我們願意相信的事情，至於真不真，假不假，倒在其次了。

歷史敘事，是基於歷史事實的敘事。核實歷史事實的真相，是歷史學家所從事的工作的基礎，因為沒有真實，爾後的一切都是流沙上的建築。不過，真假的鑒定，史料的考證，那是需要用論文形式表達的另一種歷史。眼下而今，我們還是回到歷史敘事上，再次切入沙丘之謀前趙高的為人行事上來。

趙是趙國王族的姓氏，趙高的父系是趙國王室的疏族。戰國時代，天下合縱連橫，各國間結盟換約，相互間以王室公子作為人質。這些作為人質的公子，多是國君眾多子女中不受寵愛的被疏遠者，被打發出質後往往長期滯留異國他鄉，不少人貧窮潦倒終生，至死仍不得歸還。趙高祖上，大概是由趙國到秦國作質子的這一類公子，在趙國無寵，在秦國無援，不得意而滯留於秦，後來在秦國娶妻生子，子孫後代流落於咸陽市井當中，成為秦人，與普通庶民無異。

高級軍吏俑，俗稱將軍俑，是秦俑坑中級別最高的陶俑。從陶俑身上或許可以略微側窺和想像文武全才的趙高是什麼樣的形象。(劉家詮攝)

趙高有兄弟數人，都出生於隱官。在歷史上留下姓名者，只有弟弟趙成。趙成後來接替趙高，做了秦帝國的郎中令，曾經參與謀殺秦二世的望夷宮政變，也是一位人物。隱官是政府設置於不引人注目處的手工作坊，用來安置刑滿罪人工作。趙高的母親，因為有罪受過刑罰，赦免後，由於身體有受刑後的殘疾，不便見人，也不願被人瞧見，就一直在隱官勞動生活。

秦代的等級身分規定中，在隱官勞動生活的人，其身分也叫隱官，用現在的話來說，相當於刑滿被釋放人員，地位在普通庶民之下，所能占有的土地和住宅，只有普通庶民的一半。帝國法律注重公正，隱官雖然地位低下，其婚姻卻不受限制，隱官子女的身分也同於普通庶民。趙高的父親，大概是在隱官工作的下級文法官吏，通曉法律，精於書法，在隱官任職時結識了趙高的母親，組建了家庭，生下趙高兄弟。秦是注重世業的國家，子承父業、以吏為師成了帝國的國策。趙高成年以後能夠走文法的道路入仕，成為第一流的書法家和法學家，都與父親的職業和影響密切相關。

趙高生於秦昭王末年，大概是在昭王五十一年（前二五六）

秦銅車馬

前後生於秦國首都咸陽。當時，秦國和趙國間的長平之戰早已結束，趙國首都邯鄲被秦軍長期圍困後剛剛解圍。三年以前，秦始皇出生於邯鄲，此時正與母親一道困處城中，惶惶不可終日。想來也是有趣，秦始皇和趙高基本上是同齡人，他們在歷史上扮演了交換毀滅的角色。秦始皇的父親是秦國的王族，他由秦入質於趙，娶趙人為妻。秦始皇出生於趙都邯鄲，後來消滅了趙國。趙高的祖上是趙國的王族，由趙入質於秦，娶秦人為妻。趙高出生於秦都咸陽，後來毀滅了秦國。另一位同齡人劉邦，同年出生於楚國的沛縣，四十餘年後，他與趙高聯手消滅了秦，不久又繼承了秦始皇的遺業，以秦為根基創建了漢。至於另一位關係秦帝國興亡的重要人物李斯，此時已經成年，大概二十五歲左右，正在楚國作郡的小吏。這些將要推動歷史的人物，尚未碰撞在一起，正散處各地，默默地等待著歷史的召喚。

秦國自商鞅變法以來，以耕戰立國，以法律治國。軍人，最受社會推崇；官吏，最為民人敬畏。秦國男子走上社會的途徑，不外從軍和為吏兩條正道。男子十七歲成年，傅籍開始承擔國家的徭役租稅，或者應徵參軍，殺敵立功，或者入學室學習，通過選考出任官吏。學室是專門培養文法官吏的官設學校，分別設置在首都和各郡。學生多從文法官吏的子弟當中選拔，十七歲入學，學習三年，主要學習識字、書法和法律。學滿三年以後，在所在學室參加資格考試，可以背寫五千字以上者為合格，除授為史，即可以擔當文法事務的小吏，也就是辦事員。除授為史者，進而可以參加中央政府主持的初

（劉家詮攝）

（劉家詮攝）

走進歷史現場

秦始皇陵兵馬俑

西安是我遊蹤最多的古城；驪山始皇帝陵，比比多有流連的足跡。始皇帝陵千古雄偉，兵馬俑坑赫然驚世，在臨潼的山原叢林之間，處處是歷史的遺恨和隱秘。

（劉家詮攝）

等選拔考試。初等選拔考試在各地舉行，各郡的試卷送到首都咸陽，統一由少府屬下的大史審閱判定。判定的結果，提拔最優，處罰最劣。成績最優秀者被任命為出身縣的令史，相當於秘書一類，直接在縣令的手下工作；成績最差者，其所除授的史職將被取消。三年後，出任令史者還有一次高等選拔考試，經過嚴格的考試和審查，選拔最優秀者一人，進入宮廷擔當尚書卒史，以內廷秘書的職務，直接在秦王的左右工作。

由於父親是文法官吏，也是嚴格要求子女的人，趙高兄弟大概從小就在父親的督促下學習讀寫和法律，打下了相當扎實的文法基礎。趙高從小精明強幹，敏捷好學，有恆心，有韌性。他在文法入仕的仕途上，大概是一帆風順。十七歲以文法官吏子弟進入學室，成績優秀，三年後資格考試合格，被除授為史，繼而初等選拔考試合格，以最優秀者出任為令史類的文法官吏。三年後，他參加高等選拔考試，再次以第一名的成績中選，進入秦王宮廷擔當了尚書卒史，直接在秦王身邊從事文秘工作。在秦國萬千的文法官吏中，趙高可以說是出類拔萃的佼佼者。趙高進入宮廷以後，他的能力舉動，開始直接進入秦王嬴政、也就是未來的秦始皇的視野裡。

趙高進入宮廷時，大約二十三歲左右，時間大概在秦王政十三年（前二三四）。這一年，秦王嬴政二十六歲，親政後第五年，開始在政治上施展鴻圖。秦國的官僚制度嚴密完整，文法官吏的升遷多由例行考核，積年累進。趙高算是有幸，他在秦宮的宦任中得到秦王嬴政的直接賞識，從少府屬下的諸多尚書卒史中脫穎而出，被任命為中車府令。

中車府令是太僕的屬下。太僕是帝國主要部省的九卿之一，負責掌管帝國的車馬交通事宜，相當於交通部長，下屬有各類車府官署，苑馬監令。中車府令，同各類車府令一樣，官秩六百石，有副官中車府丞一人，官秩三百石，所屬吏員約有數十人之多。以級別而論，中車府令只算是中級官吏；不過，由於中車府令是宮中禁內的車府令，職務相當於皇帝的侍從車馬班長，負責皇帝的車馬管理和出行隨駕，甚至親自為皇帝駕御，職位至關緊要，非皇帝絕對信任的心腹親近不能擔當。

趙高出任中車府令，是秦王嬴政親自做出的選拔任命。趙高得到秦王嬴政的賞識，除了其考選成績特出之外，他進入秦宮後所展現的個人能力和才智，也是主要的因素。趙高的書法，堪稱第一流，爾後龐大的秦帝國中，除了丞相李斯外，大概無人能出其右了。趙高在文字小學方面的造詣，也極為高深。秦帝國後來的文字改革，他有相當的貢獻。他著有《爰曆篇》六章，是秦帝國官定識字課本的一部分，也是有名的文字學著作。秦帝國是實用主義的法治國家，書法識字，是用來修習行政文書和刑律獄法的工具。趙高文字書法的精美，不過是他修習刑律獄法的準備和結果。在複雜而嚴格的秦帝國法制體系中，趙高堪稱精通法律的專才，是家學淵源的法學名家。晚年的秦始皇將少子胡亥的教育委託於他，正是看中他在文字、書法和法學上精湛的造詣。

史書上說趙高工作勤奮，行事堅韌不拔，果斷敢行，是對他出眾的行政能力的概述，當然這也是他受秦始皇賞識的要素之一。不過，趙高之所以能夠被秦王嬴政提拔為中車府令，還有趙高適合於擔當該職的實在理由。

中車府令是皇帝的侍從車馬班長，對於車馬的駕馭管理、保衛皇帝安全的能力有極為嚴格的要求。根據秦代的法律規定，一般的車馬駕御，車士至少要經過四年的訓練，四年後不能良好地駕馭車馬，教官要受懲處罰款，本人要服四年勞役。合格的車士，要求年齡在四十歲以下，身高在七尺五寸以上；步履矯健，能夠追逐奔馬；身手靈活，能夠上下馳車；車技熟練，能夠駕車前後左右周旋；強壯有力，能夠在車上掌控旌旗；武藝高強，能夠引八石強弩，在馳騁中前後左右開弓。中車府，聚集的是秦帝國車御的精華，對於他們的要求，遠在一般的車御車士之上，用現代的話來說，人人是車馬高手，個個是大內武士。始皇帝陵出土的銅車馬，以二分之一的比例，完全按照始皇帝生前的車駕寫實鑄造，其車御佩劍置弩，束帶著冠，髭鬚飄逸，威武沉穩，正是中車府官屬的形象。中車府令，是中車府官屬的統領，帝國車御精華的頂尖高手。完全可以想像得到，身為中車府令的趙高體魄高大強壯，騎術車技精湛，嫻熟於弓劍兵器，武藝非同尋常，是秦帝國宮廷中不可多得的文武雙全的人材。升任中車府令，對於趙高的一生來說，意義重大。其意義不僅在於職務地位的升遷，更主要在於由此涉足秦國政治權力的核心和中樞，觸摸到舉足輕重之機要，如果機會適宜，可以直接影響天下政局。趙高出任中車府令時，大概在四十歲前後，正當壯年，前程錦繡燦爛。

不過，專制體制下的仕途，等級制度中的官場，君主之下，人人都是身不由己的棋子，更何況天有不測風雲，人有旦夕禍福。正當前程似錦之時，趙高觸犯了法律，犯大罪入獄，始皇帝命令大臣蒙毅審理。審理的結果，趙高被定為死罪，解除官職，剝奪出入宮中禁內的宦籍，聽候行刑。由於涉及皇帝側近，事關重大，蒙毅不敢有所掩飾，將案情及其審理結果直接呈請始皇帝定奪。始皇帝惜才不忍，念及趙高在身邊多年，行事敏捷勤奮，才能特出難得，下令赦免趙高，恢復其中車府令的官職。這件事的詳細情況，來龍去脈，史書沒有記載。然而，由以後的歷史看來，這件事對於趙高的一生，對於沙丘之謀，對於蒙氏家族的命運，甚至對於秦帝國的毀滅，都有不可忽視的影響。關於這一點，我們將來再談。

四——奉行老鼠哲學的丞相李斯

李斯以為，卑賤是人生最大的恥辱，貧窮是人生最大的悲哀。長久處於卑賤的地位，貧窮的境地，反而譏諷富貴，厭惡祿利，以自托於無為來自我安慰和解脫，不過是無能而已，絕非士人應有的情懷。

趙高說動了胡亥以後，馬上開始第二步行動。他清楚地知道，奪權計畫的成功，必須取得丞相李斯的支持。如何說動李斯，趙高是久思深慮過的。

丞相李斯，是老資格的政治家和官僚，在當時的秦王朝政治中，是僅次於秦始皇的權勢人物。李斯的歷史，與秦帝國的歷史始終相隨。

李斯是楚國人，出生於楚國的上蔡縣（今河南上蔡）。上蔡併入秦帝國以來，屬於陳郡。李斯大概生於楚頃襄王十九年，相當於秦昭王二十七年（前二八〇），比秦始皇大二十一歲，比趙高大二十四歲。年輕的時候，李斯在楚國的郡府中做文法小吏，鬱鬱悶悶，很是有些懷才不遇。他一個人住在郡吏的宿舍裡，去廁所時常常遇見老鼠偷吃糞便中的殘物，每當有人或是狗走近，老鼠們驚恐不安，紛紛逃竄，他就覺得可憐，更覺得悲哀。有一天，他有事去政府的糧倉，看見倉中的老鼠個個肥大，住在屋簷之下，飽食終日，不受人和狗的驚擾，境況優遊自在，與廁所中的老鼠有天壤之別。李斯是聰慧敏感之人，就在這一瞬間，他受到了極大的震撼，忍不住高聲感歎道：「人之賢明與不肖，如同鼠在倉中與廁中，取決於置身於不同的地位而已。」

地位決定貴賤，人生在於選擇。他頓悟了，他當即決定，鬱鬱卑賤的生活再不能持續下去，人生必須有一個根本的改變。

戰國是百家爭鳴的時代，眾多的學者先生，紛紛著書立說，爭鋒論辯。道家潛心於宇宙萬物，追究貫通天地人世之原理大道；儒家整齊君臣父子夫婦禮義，致力於道德倫理之建立；陰陽家依據日月起伏、四季變遷而統括國家興替、歷史嬗變；墨家崇尚賢能而提倡節儉，以博愛反戰的精神深入民間；法家最是深刻實用，以法、術、勢規範政治和社會，一心致力於強權的建立；至於名家，既抽象於名辭與實物間的哲理，又嚴格於名目與實際間的差異，超脫於世，早早地進入了邏輯思辨。諸子百家，分門別類，千差萬別，成就了中國歷史上千年不遇的理性之覺醒。這些創新獨白、學有所成的先生們，往往興私學，集弟子，遍遊天下。他們遊說各國權勢人物，或者自己投身政界經世致用，或者送弟子出仕從政，自己在幕後發揮智力的影響。如此世風之下，思想鼓動時代，掀起人才流動的大潮，對於有志向有能力的青年來說，從師遊學，客卿出仕，成為出人頭地的一條輝煌大道。

當時，著名學者荀子正在楚國，他受楚國大臣、以養士著名的戰國四大公子之一春申君黃歇的賞識，被任命為蘭陵縣的縣令。春申君死後，他廢官家居蘭陵，著述教學，聲名遠播各國。荀子是先秦諸子中最後一位大師級的人物，他的學問，集戰國後期各家學派之大成，貫通了道、儒、墨、法、名辯、陰陽各家。荀子的學問，道、禮、法相通相生，著眼於當世而與時應變，最能吸引積極入世的青年。各國的青年學子，紛紛慕名而來，投奔門下。李斯早就耳聞荀子高名，經過認真考慮，他辭去郡小吏，千里迢迢，由上蔡來到蘭陵，入荀子門下做了學生。

李斯來到荀子門下，學習的是經世致用的帝王之術，用我們今天的話來說，就是實用政治學。數年以後，李斯完成了自己的學業，決心學有所用，準備用自己的所學去遊說執政當權者，參政出仕，博取高位祿利，徹底改變自己的處境和地位。此時的李斯，已經不是自比廁中鼠的郡縣小吏，他有了知識和眼光，他要憑自己的能力作倉中鼠。他對當時的國際形勢做了細緻的分析和研究後，決定離開楚國到秦國去。他看準了秦國的強大，將來的天下是秦國的天下，到秦國可以有所作為，可以建功立業。他對老師荀子說道：「弟子李斯聽說過這樣的話，機會來臨的時候，萬萬不可怠慢。眼下是各國爭雄的時代，遊說之士主持各國政事。秦王有意吞併天下，稱帝而治，這正是平民布衣縱橫馳騁的時機，學者游士博取收穫的機會。人處卑賤之位而不思變，正如圈養的禽獸，只能張嘴等食，不過徒有一張人臉，兩腿可以直立行走而已。所以說來，卑賤是人生最大的恥辱，貧窮是人生最大的悲哀。長久處於卑賤的地位，貧窮的境地，反而譏諷富貴，厭惡祿利，以自托於無為來自我安慰和解脫，不過是無能而已，絕非士人應有的情懷。我決意西去秦國，遊說秦王。」

在荀子的眾多弟子當中，最為有名的有兩位：一位是李斯，另一位就是後來成為集法家之大成的學者韓非。韓非比李斯年紀稍大一些，他們同時在荀子門下學習，算是同學。不過，韓非是韓國的王族子弟，因為口吃不善言談，走了著書立說的路。李斯出身於下層平民，急於改變自己的命運，選擇了入秦從政求仕的路。作為老師，荀子了解弟子李斯的心情，也賞識他的能力。不過，李斯將祿利視為人生最大目的，這種極端功利的人生觀，荀子以為危險不祥，最終可能會招來不幸，所謂物極必反，道家之所忌諱也。

李斯入秦，大概是在莊襄王三年（前二四七）。莊襄王是秦始皇的父親，他在趙國做了多年的人質，後來得到邯鄲鉅賈呂不韋的幫助回到秦國，做了秦王。李斯來到秦國的時候，正趕上莊襄王去世。當時，李斯大概三十四歲左右，新即位的秦王政還只是個十三歲的少年，政務多由丞相文信侯呂不韋主持。

呂不韋當政的戰國末年，正是豪門養士、游俠鼎盛的時代。各國權勢政要，禮賢下士，王族公子，侯門競開，皆以祿利網羅人才。魏國有信陵君，楚國有春申君，趙國有平原君，齊國有孟嘗君，號稱四大公子，名重天下。呂不韋入秦主持政權期間，一方面繼承秦國的富國強兵路線，積極對外擴張；另一方面，他羞愧於政治軍事大國之秦國在文化方面的落後，著手文化的振興。他比照關東四大公子，以祿位厚利招納天下人才於門下，開始編撰《呂氏春秋》。

《呂氏春秋》是百科全書性質的匯總編撰，呂不韋使門下賓客各人著錄自己的所學所聞，集結各家學說，合而成為雜家的大著。呂不韋是衛國人，他多年在各國間經商，在趙國發跡。他見多識廣，交遊及於各國各色人等。荀子是趙國人，他周遊各國，名揚天下，交遊也及於各國各色人等。呂不韋與荀子之間，或許有面識交往，或許只是彼此聞名。呂不韋招納天下學者編撰《呂氏春秋》，荀子當然也是被禮聘的首選。不過，此時的荀子，年事已高，沒有應聘西去而再次入秦，他大概是推薦了李斯。李斯是荀子的得意門生，學問貫通古今，通達諸子百家，又是當時第一流的文學家、文字學家和書法家，一直懷有入秦施展抱負的願望。當此時機，荀子推薦李斯到秦國參加《呂氏春秋》的編撰，想來是合情合理的事。

不過，李斯是入世求功利的人，學以致用，參政入仕、博取高位富貴才是他的人生終極目標；學問書法，技藝文論，都只不過是達到目的的手段。入呂不韋門下，李斯得以直接面見呂不韋，積極將自己的書法、文學和政治才能顯露出來。呂不韋極為賞識李斯，把李斯推薦到秦王宮廷做了郎官，成為秦王嬴政身邊的文職侍從。進入宮廷的李斯，逐漸得到年輕的秦王的信賴，他的政見策畫，一一被秦王採納實行。不久，他被秦王任命為長史，成為秦王宮廷的秘書長，開始直接參與秦國政治。在以後長達三十餘年的秦國政治生活中，李斯以他傑出的政治才能和機警的政治智慧，一帆風順，步步高升。

長史之後，他被任命為廷尉，相當於司法大臣，成為政府的主要閣僚之一。在廷尉任職期間，李斯積極參與了消滅六國、統一天下政策的制定和執行。秦帝國建立以後，李斯的治國之才得到了更大的發揮。秦帝國強化和鞏固統治的各項政策，幾乎都出於李斯的策劃。大概是在秦始皇三十年（前二一七）左右，李斯被始皇帝任命為左丞相，封為列侯，成為帝國政府中僅次於皇帝的權勢人物。李斯有子女多人，長子李由出任秦的三川郡太守，執掌連接關中關東要地的封疆大任，其他的兒子皆娶秦的公主為媳，女兒也都嫁與秦的公子為妻。此時的李斯，可謂位極人臣，顯赫榮耀之極。

物盛而衰，顯赫榮耀的極至，正是憂患滋生之始。李斯清楚，自己本是楚國的布衣平民，原本不過是卑賤的廁中鼠，入秦三十餘年來，官至丞相，爵封列侯，大富大貴，豈是倉中鼠所能比況。然而，所有這一切，根基都在於皇上的信任和賞識，一旦皇上的信任動搖變動，所有的榮華富貴，都不過是沙石上的建築，隨時可能崩潰。高處感寒，愈是高位愈是不安定的危機感，李斯是越來越多地感受到了。

李斯出任丞相後，長子李由從三川郡守任上歸省回到咸陽。李斯高興，在家設酒宴慶賀。咸陽城內，政府百官雲集，丞相府邸前聚集的馬車，超過一千乘。面對如此空前盛況，李斯榮耀滿足之餘，不禁滋生出物盛而衰、何以收場的傷感來。他對李由喟然長歎道：「我記得先師荀卿說過，『物禁大盛』。我李斯乃是上蔡出身的布衣，居住於里巷的平民，承蒙皇上賞識，拔擢至於如此。當今天下，以人臣地位計量，沒有居於老夫之上者，可謂富貴之極了。物盛則衰，未來吉凶難測，眼下好戲不知何以收場啊！」隨著時間的推移，李斯的不祥預感漸漸接近現實成真。

秦始皇三十五年（前二一二），始皇帝遊幸咸陽郊外的梁山宮，登山遠眺，正好望見丞相李斯的車馬行列經過，盛大華麗，十分壯觀。始皇帝當即沉下臉來，頗有不以為然的表示。事後，陪同始皇帝在場的侍衛官員將消息透露給李斯，李斯惶然警惕，馬上將自己的出行車馬做了相應的減損。李斯的本意，是以自我約束消除始皇帝的不滿，減輕高位榮華所帶來的危險。殊不知始皇帝再次看到李斯的車馬行列時，馬上察覺到丞相車騎前後減損間的內在關聯，他勃然怒道：「是誰洩漏了我的話，通報了丞相？」嚴厲追究之下，沒有人承認。始皇帝震怒，將當時所有在場的侍衛人員全部處死。事情的結果，完全出乎李斯的意料之外。追究雖然沒有及於李斯，但高處不勝險、不知樓閣何時崩塌的危機感，已經是寒徹及於肌骨之間了。

始皇帝去世時，李斯大概已經七十一歲了。始皇帝的突然去世，給李斯帶來相當大的衝擊。自己是應該先走的人，卻留在了後面，來日不多的預感，使他有生命短暫的悲哀。不過，李斯畢竟是積極入世的人，實幹的政治家，在他的悲哀之中，更多的是對於時局和前景的憂慮。他清楚地知道，伴隨始皇帝的去世，帝國和自己的未來，都將因為新皇帝的即位而有重大的變化。

皇帝制度下的臣民，個人身家性命，無不繫於主子一人。一朝天子一朝臣，今日的一人之下、萬人之上，難保明日不成階下囚、刀下鬼。

五——趙高與李斯的博弈

趙高深信，利益所在，就是人生的選擇所在。自己如此，胡亥如此，李斯也是如此。他深信自己能夠說服丞相李斯。

趙高來見李斯的時候，已經有了相當的自信。他審時度勢，將眼下的權力博局分辨得徹底透徹；他權衡利害，將三人共局的得失算計得滴水不漏。始皇帝死後留下的瞬間政治真空，可以由自己、胡亥和李斯三人來搶注填補。帝國是車駕，胡亥是車主，自己是車御，李斯是參乘，三人共局，大權在握，可以強行驅動整個帝國機器的運行。三人奪權共局，胡亥以無緣帝位的幼子身分入繼大統，李斯以擁立皇帝的新功繼任丞相，自己則可以居於皇帝和丞相、宮廷和政府之間左右政局，這對於三人而言，皆是有百利而無一害。胡亥既已說動，見李斯已經有了二對一的優勢。打皇子胡亥的牌，出示的是未來皇帝的威懾力量；自己與李斯有近二十年的往來，以李斯的為人和眼下的處境而論，不由他不聽從。趙高深信，利益所在，就是人生的選擇所在。自己如此，胡亥如此，李斯也是如此。他深信自己能夠說服丞相李斯。

寒暄之後，趙高單刀直入：「皇上去世前，有詔書賜送長子扶蘇，速回咸陽主持喪葬，立為後嗣。詔書尚未發送，皇上駕崩，事情沒有外人知道。現在，遺詔以及皇帝符璽都在胡亥手中。決定太子的事情，只在丞相與趙高的一句話而已。如何行事，望丞相計量？」

李斯勃然作色，驚斥道：「亡國之言，何從談起。這種事情，不是為臣者所應當談論的。」

趙高平靜地說道：「在下魯鈍，驚動丞相。權且換個話題：丞相您想想，您自己可以與蒙恬相比較嗎？功高勞苦能不能與蒙恬相比？謀遠不失能不能與蒙恬相比？無怨於天下能不能與蒙恬相比？與扶蘇關係之新舊，被扶蘇所信賴的厚薄，能不能與蒙恬相比？」

李斯有些遲疑，思量後答道：「以上五條，老夫確實都比不上蒙恬。不過，此時此刻，趙君用政事的欠缺來指責老夫，不也過於唐突了嗎？」

趙高是機敏的人，他體察出李斯心動的方向，順勢說道：「我趙高不過是內廷的勤雜而已，自從有幸以刀筆文法進入秦宮以來，管事已有二十多年。二十多年來，沒有見過被罷免的丞相功臣有封賞延及第二代的，幾乎都被問罪誅亡。始皇帝有子女二十多人，都是丞相所知道的。長子扶蘇剛毅而武勇，既能取信於人，又能激勵用人，即位以後，必定任用蒙恬為丞相。如此君臣政局之下，丞相您最終不能懷列侯之印安歸故里的結局，難道還不明顯嗎？在下受詔教習胡亥學習法律政事，數年以來，未嘗見胡亥有所過失，未嘗對胡亥有不安之感。胡亥仁慈篤厚，輕財重士，明辨於心而木訥於口，禮義周全而敬重士人，秦的諸位公子當中沒有人比得上他可以立為繼嗣的。望丞相您計量決定。」

李斯惶惑，不願深談，起身相送說：「趙君請回！我李斯奉主上之詔令，聽上天之成命，計量決定，何從談起？」趙高不動，回覆說：「安可以轉危，危可以轉安，不能自力定安危，豈能順天有貴聖？」

李斯說：「我李斯乃是上蔡閭巷之平民布衣，仰皇上恩寵，得幸被拔擢為丞相，受封為列侯，子孫後代皆位尊祿重。今主上將國家之存亡安危囑託於臣，豈可以有所辜負？避死而求僥倖，不是忠臣之所為；苦勞而蹈危機，不是孝子之行事。臣下人子，各守其職責而已。趙君不用多說，老夫將要得罪了。」

在趙高聽來，李斯的話，語在雙關。得罪之指向，若在趙高，則是逐客出門，斷念絕意；得罪之指向，若在李斯自身，則是上軌道入計畫的開始。趙高堅定地引導談話的方向說：「聽說聖人遷徙無常，順應變化而與時俱進，察見微末則能感知根本，觀測動向則能明瞭歸終。趨時應變，乃是物事固有的本性，哪裡有守成不變的道理？眼下，天下權柄之命運繫於胡亥；胡亥之成功，又繫於在下能夠通達丞相，連接內外。政權營運，從外制中謂之惑，從下制上謂之賊。由上方控制下部，由中樞控制周邊，乃是執政之道。秋霜降而草花落，水搖動而萬物作，末由本定，乃是必然的道理。以丞相之明鑒，難道不能及早有所察驗？」

李斯欠身坐下，說道：「我聽說晉獻公更易太子，晉國三世不得安寧；齊桓公兄弟爭位，公子糾死於內亂；商紂王殺比干，囚箕子，不聽勸諫，社稷傾危，國都成為丘墟。以上三事，逆天違理，使宗廟不得血食永祀。我李斯為人，要在順守為臣之道，豈能干預繼嗣？」

趙高是佩劍行武、強壯堅忍的人，他逼近李斯說：「天下事在人為。上下和同，可以長久；中外若一，事無表裡。丞相若是聽高之計，定將長有列侯之位，世世有封君之稱，壽如喬松，智如孔墨。丞相若釋此不從，禍患將及於子孫，足以寒心。善處世的人因禍為福，請丞相您擇善決斷。」

李斯矛盾，李斯惶惑，李斯驚恐，他無法說服自己，也無法抗拒趙高。在為臣之道和保身固寵之間，在安定國本和攫取權益之間，他始終搖晃。這時候的李斯，年過七十，已經是垂暮之年，行事多為晚年子孫計，他垂淚歎息：「嗚呼哀哉，落日黃昏，遭遇亂世，身不能隨先帝去，命將何處依託哉！」仰天長歎之後，他接受了趙高的提議。

六——沙丘密謀背後的糾葛

政治上的分合對立，有綱有線有怨。政見上的分歧是綱，人事上的站隊是線，政見和人事之外，還有個人間的恩怨攙雜其間。

秦始皇有子女二十餘人，其中兒子十五人，長子是扶蘇，幼子是胡亥，另外知道名字者，尚有公子將閭和公子高；女兒十人，史書上曾經提到過的，有李斯的兒媳，也就是李由等兄弟的妻子。史稱扶蘇為人剛毅而武勇，信任下屬，既能取信於人，又能激勵用人，奮發致力於政事，最為始皇帝所器重，也為朝野上下所服膺。始皇帝晚年，獨裁加深，行政日漸苛酷。三十三年，焚書毀禁百家之言；三十五年，坑儒活埋諸生方士。對於焚書坑儒，公子扶蘇有不同看法，他勸諫始皇帝說：「天下初定，遠方的百姓尚未能安集，諸生都是誦讀孔子、因循守禮的人，父皇以重法嚴懲，兒臣恐怕天下不安，望父皇明察。」晚年的秦始皇，大概是已經聽不得不同的意見，當即大怒，發落扶蘇出京到上郡，去蒙恬所統領的北部方面軍中出任監軍。

始皇帝晚年有一大疑政和失政，就是沒有立太子，明確皇位繼承人。扶蘇是長子，賢明而為皇帝器重，是朝野上下公認的繼承人。扶蘇的離京外放，對於皇帝的繼承問題和始皇帝晚年的帝國政局，不可不謂有重大的影響。

焚書一事，出於丞相李斯的建議。李斯是法家，他反儒反分封，對於先王之政和仁義道德都不以為然。坑儒嚴懲方士諸生，他當然也是推波助瀾的人。扶蘇反對焚書坑儒，為儒生說話。他在政治主張和政策上，自然與李斯對立起來。李斯在始皇帝死後的不安，其政治上的根源，可以追溯到這裡。

坑儒谷

李斯與蒙恬之間，在政見上也有對立。秦統一中國以後，整個北部邊境，直接鄰接強大的匈奴，騎馬民族南下的威脅，遠至遼東，近及首都。始皇帝自視為天下唯一的君主，不能容忍對等和對抗。當他準備攻擊匈奴、占領匈奴南下的進出基地——河套地區時，李斯曾經呈述不同的意見，反對進兵。李斯勸諫始皇帝說，游牧民族和農耕民族之間，有生活方式的根本差異，匈奴非定居而無城郭，逐水草而居，如同候鳥遷徙，很難控制得了，草原騎戰和城守攻堅之間也有很大的差異。秦軍輕裝深入，軍糧難以接濟；攜輜重深入，則無法機動對應。占領匈奴的地方無法常駐，捕獲匈奴的軍民無法役使，耗費大而收穫小，不是長久之策。始皇帝沒有接受李斯的意見，他任命蒙恬為大將，統領三十萬大軍進攻匈奴，占領了河套地區，設置了九原郡。蒙恬是進攻匈奴的主帥，北進政策的推進者。李斯與蒙恬的政見分歧，由此留下根子。

扶蘇到上郡監軍，與大將蒙恬共事，關係融洽，一體同心。蒙恬的弟弟蒙毅，受寵於始皇帝，多年以來，一直在始皇帝的身邊擔當樞要重職。扶蘇是皇長子，皇位的第一繼承人；蒙恬是帝國北部軍大將，兼任首都地區的軍政長官——內史；蒙毅是內廷中樞政要，始皇帝最親信的侍從大臣。扶蘇與蒙恬共事，內有蒙毅的支持，皇長子與蒙氏兄弟在政治上攜手聯盟，成為始皇帝之下最大的政治勢力。扶蘇繼承皇位之布局，也由此形成。

晚年的李斯，游離在扶蘇與蒙氏的政治聯盟之外，政見上有分歧，人事上不同線。始皇帝在位，李斯因始皇帝的信賴而偏安，一旦扶蘇上台，首當其衝的政治變動，無疑就是李斯。李斯物盛而衰的危機感，有相當部分是來源於此。趙高是久在內廷深處的人物，是習慣於在黑暗中窺探的鴟梟。他對權力極為敏感，體察得極為真切。他有自信說服李斯，正是因為他透徹地了解這種局勢，也了解李斯的為人。

政治上的分合對立，有綱有線有怨。政見上的分歧是綱，人事上的站隊是線，政見和人事之外，還有個人間的恩怨攙雜其間。李斯與扶蘇和蒙恬有政見上的對立；而在人事上，因為扶蘇與蒙氏聯盟的關係，他也自然是站在了對立面。趙高是胡亥的老師，為了擁立胡亥，必須消滅扶蘇。他與扶蘇之間，是政治上的不能相容。趙高與蒙氏之間有嫌隙，主要是個人間的私怨。

我們在前面已經談到過，趙高在中車府令任上時，曾經犯有大罪，交由蒙毅審理。蒙毅是奉公守法的人，不敢有所怠慢，依法判處趙高死刑，剝奪其官職，削除其出入宮內的門籍。由於事關始皇帝身邊近臣，蒙毅判決後交由始皇帝復審定奪。始皇帝惜才不忍，赦免了趙高，不久，官復原職，繼續擔任中車府令。關於這件事的來龍去脈和詳情細節，由於史書沒有記載，已經無法知道。不過，以人情推論，判死刑，是體驗了死；得赦免，是死裡逃生。對於人生來說，沒有比死而復生更大的刺激。這件事以後，趙高脫胎換骨，宛若再生。他從此兢兢業業，供職辦事益發勤勉；他從此小心翼翼，為人處世益發謹慎。他再次取得始皇帝的信任，皇帝出行，不僅車馬由他提調打點；皇帝的璽印，也由他掌管；始皇帝進而將幼子胡亥的教育，也委託給了他，可謂是看重有加。不過，這些都是表象的一面，死裡逃生以後，在趙高的內心深處，根植下了對於蒙毅及蒙氏一族的仇恨。復仇啊復仇，成了他撿回來的生命之呼喊。

對於已經死過一次的趙高來說，他對於人世間的一切綱常倫理、生命道德已經無所顧忌。他渴求的只是權力，權力在手，可以復仇；權力在手，可以為所欲為。死裡逃生以後，深層裡面的趙高，是執著於權力、不惜鋌而走險的亡命之徒。趙高遊說李斯到最後，已經擺出了魚死網破的脅迫，年邁的李斯，不得不聽從。趙高說動了胡亥，將要說李斯之前，曾經忍不住出聲喊道：「時機時機，迫在眉睫，整裝出擊，唯恐延誤。」他之所以如此深刻地感到時間和事情的緊迫，是因為正好在這個時候，一直跟隨在始皇帝身邊未曾離開過的蒙毅，臨時受始皇帝委託，外出祭祀尚未歸來，留下了千載難逢的機會。

七——帝國繼承人扶蘇之死

如果扶蘇不自殺，不管是再請復核，還是抗命拖延，秦帝國的命運將完全改觀，歷史將轉向不同的方向。

趙高說動李斯以後，與高采烈來見胡亥。他向胡亥匯報說：「臣下奉太子之明命通報丞相，丞相豈敢有不奉命之心。」胡亥大為高興，三頭政治同盟結成。

三頭政治同盟結成以後，胡亥、趙高、李斯聯手，展開了奪權的政治行動。奪權的首要，在於消滅最大的競爭對手扶蘇。扶蘇的背後有蒙氏和三十萬秦北部軍，不可力取，只能謀奪。李斯是老練的政治家，趙高是宮廷政治的高手，他們迅速銷毀始皇帝賜送扶蘇的書信，另外制定遺詔，以丞相李斯承受皇帝遺言的方式，立胡亥為太子，同時賜書扶蘇、蒙恬，譴責賜死。偽造的遺詔具文如下：「朕巡遊天下，禱祀名山眾神，以求延年益壽。今扶蘇與將軍蒙恬領軍數十萬屯駐邊疆，十餘年間，不能前進，士卒多耗，無尺寸之功，反而多次上書誹謗朕之所為，因為不能回歸京城為太子，日夜怨望。扶蘇身為人子不孝，賜劍自裁。將軍蒙恬輔佐扶蘇居外，知其謀而不能匡正，為人臣不忠，賜死。屬下軍隊，交由副將王離統領。」文書封口加蓋皇帝璽印後，由李斯手下的親信舍人和胡亥手下的門客共同持送上郡。

送走使者後，李斯和趙高宣稱始皇帝繼續巡遊，北上視察帝國北部邊防。沙丘在鉅鹿郡南部，巡幸車馬由沙丘出發，西北向進入恆山郡（今河北石家莊一帶），由井陘關進入太原郡（今山西太原西南一帶），再由太原郡北上，經過雁門郡（今山西大同西部一帶）進入雲中郡（今內蒙呼和浩特西南一帶），一直往九原郡（今內蒙古包頭一帶）方向西去。當時，扶蘇與蒙恬統領三十萬大軍防衛北疆，九原、雲中、雁門以東一直到遼東，都是北部軍的防區。北部軍司令部設在上郡（今陝西榆林南部一帶），北部軍統帥蒙恬本職為內史，即首都地區的最高軍政長官，同時負有防衛首都地區的重任。李斯、趙高和胡亥，用轀輬車密載始皇帝遺體，瞞天下巡遊千里，大體上圍繞上郡環行，其用意，乃是配合遺書的發送，製造皇帝出巡北疆的行動，鎮撫北部軍隊，威懾在上郡的扶蘇和蒙恬。始皇帝死時，正值夏天，驅屍巡行，遺體腐爛發臭，於是命令車載百斤鹹魚，以擾亂屍體的臭味。死人為活人服務，獨裁者死不得安寧。可憐千古一帝秦始皇，晚年苦求長生不得，死後的遺屍亡魂，還要為政治服務，不也是人生的悲哀？

胡亥和李斯的使者抵達上郡，扶蘇接旨受命，開封讀始皇帝賜書落淚，入內舍準備自殺。蒙恬勸阻扶蘇說：「陛下在外巡遊，沒有冊立太子，遣派臣下統領三十萬大軍鎮守邊疆，委任公子為監軍，關係到天下的安危，國本的穩定。眼下有使者攜書前來，馬上自殺，何以知道是真是假？望公子上書請求復核，復核無誤後再自殺，為時不晚。」成敗決定於一念之差，悔恨鑄成於瞬間之誤。對於身處高位、左右國政的人來說，瞬間的選擇，往往決定了歷史的動向。蒙恬受始皇帝信任重託，是多年統兵在外的大將，憑他對當前政治局勢的了解，對皇帝賜書的真偽有相當的懷疑。當年信陵君竊符救趙，殺大將晉鄙奪軍權，正是使用詐稱使者王命的手段；如今皇帝高齡多病在外，突然有詔書使者來，要皇長子和大將自殺交出兵權，實在蹊蹺。蒙恬的判斷和勸告，合情合理而又明智。然而，我們永遠難以理解的是，扶蘇竟然沒有因蒙恬的勸告而有所省悟，他當即自殺了，留下了一句「父賜子死，何能復請」的話。後人有稱道他仁孝者，有批評他懦弱者，我想他可能是過於剛烈自負，不能曲折委婉。不管怎樣說，他不是能夠在政治上周旋馳騁的人物。

如果扶蘇不自殺，不管是再請復核，還是抗命拖延，秦帝國的命運將完全改觀，歷史將轉向不同的方向。扶蘇自殺，蒙恬失去依托，被置於極為被動的境地。他無奈之下，只得將兵權交與副將王離，但拒絕自殺，被軟禁在上郡陽周縣。李斯手下舍人出任護軍都尉，代替扶蘇，監控北部軍。

扶蘇自殺的消息傳到九原，緊張不安的胡亥、李斯、趙高大喜。他們馬上由九原連接咸陽的直道急速南下，進入首都咸陽，發喪，公布遺詔，立胡亥為太子，繼位，遵始皇帝生前旨意，號稱二世皇帝。李斯繼任丞相，主持政事。趙高升任郎中令，躋身於政府主要大臣之列，負責宮廷警衛。三頭執政的二世新政權，正式成立。

走進歷史現場

九原秦長城

秦始皇三十二年(前215)，蒙恬被任命為大將，統領三十萬秦軍攻擊匈奴，奪取河套地區，設置了九原郡，進而連接戰國時期秦國、趙國、燕國的長城，修築從九原直達首都咸陽的軍用高速公路——直道，將整個秦帝國的北部邊防牢固地統括起來。然而，儘管長城常在，北騎胡馬南下之患卻從來沒有止息。崇山峻嶺中的長城，其存在的意義，或許已經不在軍事的防禦，而在邊界的標示，游牧和農耕以此為界，中原和北邊由此畫線。至於長城阻止人們自由移動的功效，可謂是專制主義極權帝國自我封閉的象徵。作者身後背景即是九原秦長城的遺址，如今還有許多遊客前往憑弔。

八——蒙恬與蒙毅

二世有意釋放蒙氏兄弟，繼續起用。然而，蒙恬與李斯是政敵，蒙毅與趙高有私仇，在消滅蒙氏的問題上，李斯、趙高二人利害一致。

二世皇帝即位以後，對於扶蘇的舊黨，首先是蒙氏的處置，成了政治上的首要課題。

蒙氏祖上是齊國人。蒙恬祖父蒙驁，由齊國來到秦國，走客卿入仕的路，官至上卿，先後仕於秦始皇的曾祖父秦昭王、祖父孝文王、父親莊襄王。蒙驁富有軍事才能，統領秦軍征討各國，軍功卓著。秦昭王時伐齊，莊襄王時攻韓、擊趙、侵魏，他都是主要將領之一。秦王嬴政即位，蒙驁以四朝老臣宿將，繼續活躍在秦軍東進侵攻韓、魏的戰場上，死於秦王政七年。蒙武是蒙驁的兒子，仕於秦王嬴政時代，在攻滅楚國的戰爭中，蒙武先配合青年將軍李信攻楚；秦王政二十三年，出任老將王翦的副將，隨王翦擊殺楚軍大將項燕，平定楚國，繼續南下，略定百越，戰功赫赫。

蒙恬與蒙毅兄弟，是蒙武的兒子。蒙氏兄弟，如同當時欲走仕宦道路的官宦子弟一樣，從小學習識字書法、法律章程，以文法之吏步入仕途。秦代是全能官吏的時代，文職武職之間並無截然的界限，文法吏要從軍作戰，軍功吏也可轉任文法吏。秦王嬴政二十六年，王賁被任命為大將，率領秦軍由燕南地區進軍，攻取齊國。秦王嬴政考慮到蒙氏家族由齊入秦，世代為將，在齊國有影響，於是任命蒙恬為將軍，協助王賁攻齊。滅齊以後，蒙恬被任命為內史，出任帝國首都地區的軍政長官，成為政壇上的新星。

秦始皇三十二年（前二一五），蒙恬被任命為大將，統領三十萬秦軍攻擊匈奴，奪取河套地區，設置了九原郡，進而連接戰國時期秦國、趙國、燕國的長城，修築從九原直達首都咸陽的軍用高速公路——直道，將整個秦帝國的北部邊防牢固地統括起來，首都咸陽也由此而解除了北騎胡馬長驅南下的安全之患。蒙恬的弟弟蒙毅，精通法律章程，行政幹練有能，深得始皇帝賞識信任，一直在始皇帝身邊協理政務，位至上卿。始皇帝出行，蒙毅常常隨車驂乘；始皇帝入宮，蒙毅每每在御前聽事，集寵信尊貴於一身。對於蒙毅的官職，史書失載，由他身為上卿，多年在宮中侍候於始皇帝身邊的情況來看，我推想他出任郎中令，多年來是始皇帝的內廷總管和侍衛大臣。蒙氏名族，三世功臣宿將，蒙恬擁重兵威震北疆，蒙毅懷帝寵參謀機要，兄弟文韜武略，忠信歷代傳家。在始皇帝時期的政壇上，沒有可與蒙氏兄弟比況爭鋒者。

始皇帝遣派皇長子扶蘇到上郡，事情固然起因於扶蘇勸諫忤意，多嘴煩心，不過，上郡在內史北面，離咸陽不遠，是帝國最重要的軍事基地，北部軍的總部所在，也是拱衛首都的要地。扶蘇到上郡監軍，與大將蒙恬共事，直接參與軍政，掌握軍事，得蒙氏兄弟內外相助，形成不可動搖的接班態勢，又未嘗不是始皇帝苦心安排繼嗣的布局。扶蘇自殺後，蒙恬被囚禁於上郡陽周縣。蒙毅在巡遊途中，受始皇帝委託外出祭祀，被就地囚禁於出使地代縣（今河北蔚縣）。

二世與蒙氏兄弟間並無嫌猜。扶蘇自殺後，二世有意釋放蒙氏兄弟，繼續起用。然而，蒙恬與李斯是政敵，蒙毅與趙高有私仇，在消滅蒙氏的問題上，李斯、趙高二人利害一致。李斯和趙高擔心蒙氏一旦復權，將會威脅自己的權力地位，對二世的繼承問題也會留下隱患，所以他們極力反對此事。趙高進言二世說：「臣下聽說先帝早就有意舉賢立陛下為太子，而蒙毅反對。蒙毅知賢而阻斷，使太子經久不得立，是為臣不忠而惑亂主上。以臣下之見，對於這樣的亂臣，不如誅殺，以免將來生亂。」二世不得不打消起用蒙氏的念頭，繼續囚禁蒙氏兄弟。

二世正式即位以後，安葬始皇帝，大赦天下。蒙氏兄弟的處置，再一次成為二世政權施政的焦點。在郎中令趙高和丞相李斯的極力主張下，二世皇帝終於決定蒙氏兄弟不在赦免之列，予以誅殺。就在這個時候，一位神秘而重要的歷史人物，二世的從兄嬴嬰站了出來。

嬴嬰私下面見二世勸諫說：「臣下聽說，趙王遷誅殺良將李牧而起用顏聚為將，燕王喜私用荊軻之謀而背棄和秦之約，齊王建殺戮舊臣而用佞幸後勝，這些耳熟能詳的事情，皆是驟然變更人事，導致國家滅亡、主上身首異處的教訓。蒙氏世代大臣，三世有功於秦，是國家的棟樑，主上剛剛即位就將他們無故誅殺，臣下竊以為不可。臣下有所耳聞，慮事輕率的人難以治理國政，一意孤行的人不可以輔佐主上。誅殺忠臣而重用無廉行節操的人，這是內使群臣懷疑而外使將帥離心的事情，望陛下熟慮。」但是，二世皇帝聽不進這樣的忠言。

九——最後一位秦王的神秘身世

「子嬰」是始皇帝的弟弟長安君成的兒子，二世皇帝的從兄，他的名字應當叫作嬴嬰。

嬴嬰其人，一般人稱「子嬰」。他是秦末政局中重要的歷史人物，最後一位秦王。有關「子嬰」的身世，二千年來一直困惑著史學界。有人說他是秦始皇帝的弟弟，有人說他是二世皇帝的哥哥，也有人說他是二世哥哥的兒子，莫衷一是。實際上，這些都是站不住腳的說法。「子嬰」應當是始皇帝的弟弟長安君成蟜的兒子，二世皇帝的從兄，就是堂兄。「子嬰」的名字應當叫作嬴嬰，「子嬰」是誤讀，誤將「兒子叫作嬰」的寫法連讀為名字了。

始皇帝嬴政有兄弟四人。兩位幼小的弟弟，是其親母帝太后與面首嫪毐所生，秦王政九年，被嬴政下令撲殺處死。除此之外，始皇帝還有一位弟弟長安君成蟜，與嬴政同父異母，年齡相近。

嬴政生於趙國首都邯鄲。他的父親子異是秦昭王的孫子，王太子安國君嬴柱的兒子，長期在邯鄲作人質，得到大商人呂不韋的資助，娶呂不韋家的舞姬為妻，生下了他，算是長子。嬴政剛剛出生，秦軍進攻趙國，圍困邯鄲，子異與呂不韋逃脫出城，赴秦軍回到秦國，留下嬴政母子孤零零滯留趙國八年之久，吃盡了人世間的種種苦頭。子異回到咸陽時，年方二十五歲，正式做了安國君的繼承人，另外娶妻生下兒子，這就是二男長安君成蟜。八年後的西元前二五一年，做了五十六年秦王的昭王死去，王太子安國君繼承王位，是為孝文王，子異成為孝文王的太子。此時，秦國與趙國和解，九歲的嬴政與母親一道由邯鄲回到咸陽，成為王太子子異的繼承人。孝文王即位時，已經五十三歲，正式即位三天後死去，子異即位為秦王，是為莊襄王。莊襄王在位三年死去，只活了三十五歲，留下了嬴政和成蟜兩個兒子。

西元前二四七年，嬴政十三歲即位，政權由諸位太后與諸位大臣攝管。嬴政長大成年，逐漸開始親政掌權。圍繞權力的爭奪，秦國宮廷內發生一系列的政治變動。秦王政八年，王弟成蟜監領秦軍進攻趙國，受國內政局驟變的影響，在前線叛秦降趙，史稱成蟜之亂。翌年，秦國發生嫪毐之亂，嫪毐矯太后詔令起兵，發動政變，咸陽發生大規模內戰。內戰的結果，嫪毐被誅殺，帝太后被遷徙軟禁，相國呂不韋被罷免，不久自殺，嬴政開始掌握秦國政權。

成蟜之亂和嫪毐之亂，是秦國王室和宮廷內不同政治派系間爭奪王權的政治鬥爭。這一段歷史，過於曲折複雜，未曾解明的疑團很多，我準備留待將來再來一一論說。成蟜出生之時，嬴政母子在圍城邯鄲生死不明，成蟜從出生之日開始，就是秦王嬴政作為嫡長子的威脅。他被捲入王位之爭投降趙國以後，被趙國封為長安君，授與封地饒，就在現在的河北省饒縣。從此以後，他就一直生活在趙國，再也沒有回到秦國來。

成蟜投降趙國的時候，年紀不到二十歲，留下一位兒子在咸陽，年幼尚在襁褓中，被稱為「嬰」，就是初生兒的意思，當時大概只有一兩歲。以嬰生於秦王政七年（前二四〇）計數，始皇帝統一天下時他二十歲。二世元年（西元前二〇九），也就是他勸諫二世不要誅殺大臣時，他三十二歲，正是成熟穩重的年齡。成蟜嬴姓，他的兒子嬰應當叫作嬴嬰。史書上稱嬴嬰為「始皇帝弟子嬰」，正確的讀法，就是「始皇帝弟弟的兒子名字叫作嬰」。

十——殺蒙氏兄弟

始皇帝統一天下以來，從未誅殺功臣，也不無端株連大臣。二世殺蒙氏，開無過誅殺大臣的先例，在咸陽朝廷的百官中，不安的情緒開始滋生。

秦二世以幼子殺長子搶班奪權，十幾位兄長皆是帝位可能的威脅，自然成了猜忌誅除的對象。當時形勢下，諸公子人人惴懼不安，保身唯恐不及，對於國政大事，不敢有隻言片語。嬴嬰是旁系他支，不在帝位繼承紛爭之內。二世即位時，嬴嬰年紀三十有餘，在非繼承嫡系的宗室中，最為年長親近。他憂慮國政，站出來勸諫二世，最是自然合理，不會引起意外的猜忌。由嬴嬰的勸諫來看，他對趙高和李斯的做法與人品，都是頗為反感的。二世最終沒有接受嬴嬰的勸諫，決定依從李斯和趙高的意見，誅殺蒙氏。

二世派遣御史曲宮為使者，乘傳車抵達代郡，宣詔蒙毅道：「先主欲立太子而你阻難其事，丞相參劾你不忠，罪當誅滅宗族。朕不忍，准賜你一死，恩遇有幸，你自己決斷。」蒙毅自感冤屈，不肯自殺，回覆使者說：「今指責臣下不能得先主之意，然而，臣下年少就仕宦於先主，多年蒙恩，幸得信任，直到先主去世，未曾有所逆忤，可以說是知曉先主之意了。今又指責臣下不知太子之能，然而，先主巡遊，獨有太子跟從，其親近較諸公子絕遠，臣下盡知而無所疑異。先主舉用太子，不是一時之轉念而是多年之積慮，臣下何曾敢有過勸諫，何曾敢有過謀慮！臣下非敢巧飾言辭、強辯奪理以避死，擔心情事不實而羞累先主之令名罷了。懇願使者大夫能夠有所顧慮，使臣下死得明白。況且，順情成全，為道所尊貴；不實刑殺，為道所棄絕。從前，秦穆公殺三位良臣以殉死，以不實之罪處罰大臣百里奚，死後有惡評，得了『繆公』的謚號。秦昭襄王殺武安君白起，楚平王殺伍奢，吳王夫差殺伍子胥，皆為重大失政，招來天下的非議，而他們昏庸不明之惡名，狼藉流布於各國。所以說，『治國有道者，不殺無罪，不罰無辜。』希望使者大夫明察留心！」使者曲宮知道二世以及李斯、趙高的意圖，並不聽從蒙毅的辯解，於是誅殺蒙毅，而後覆命。

二世又派遣使者到上郡陽周，宣詔賜蒙恬自殺：「你的弟弟蒙毅有大罪，已經誅殺，你也有罪當伏法。」蒙恬道：「我蒙氏祖上父子，三代忠信，有功於秦。臣下將兵三十餘萬，多年駐守北邊，眼下雖然被囚禁，但勢力仍在，足以舉兵生亂。之所以自知必死而信守大義，是不敢辱沒父祖之遺教，不敢忘懷先帝之恩遇。蒙氏宗族，世代忠貞而無貳心，竟然招致如此結果，定然是出於奸臣逆亂，讒佞傾軋。臣下之所以作如此之言，無意求活免咎，只是以死進諫，願陛下為萬民著想，治國以道，也願使者大人傳達上聞。」使者回答道：「臣下受詔令行法於將軍，不敢以將軍的話聞達於上。」蒙恬喟然長歎道：「上天明鑒，我有何罪，為何無過而死？」感歎之餘，慢慢說道：「我蒙恬也是罪有應得，西起臨洮東至遼東，築城萬餘里，其間豈無截斷地脈、斷絕生命之根的事情？或許，這就是我蒙恬的罪過啊！」於是吞毒藥自殺。

秦是重功勞閥閱的國家，將帥計功升遷，官吏積勞累進，法治之下，吏治賞罰分明，井然有序。始皇帝統一天下以來，從未誅殺功臣，也不無端株連大臣，吏治穩定，政權內部安穩。二世殺蒙氏，開無過誅殺大臣的先例。在咸陽朝廷的百官中，不安的情緒開始滋生。

十一——殺骨肉至親

專制獨裁政權之下，所有的人沒有生存的制度性保障。至於罪名的羅織，從腹謗心誹到莫須有，不過是欲加之罪何患無辭而已。

誅殺蒙氏，動力在於李斯和趙高。他們內外同心協力，施壓說服二世皇帝，剷除了自己的政敵。三駕馬車的二世新政權，外有丞相李斯主持政務，安撫群臣；內有郎中令趙高警衛宮廷，控制內衛；二世皇帝居中垂拱，中外若一，事無表裡，一時間也安定下來。待到始皇帝下葬完畢，宗廟祭祀大定，黔首安集，地方穩定以後，二世皇帝決定仿照始皇帝舊事故例，巡遊天下。

二世元年春天，二世皇帝在以丞相李斯和郎中令趙高為核心的百官陪同下，離開咸陽出關中東去，追尋始皇帝巡行刻石紀功的路線，由三川東海大道轉而北上到碣石（今河北昌黎北），再到遼東，沿海返回，並走海道南下，經歷泰山、之罘、琅邪、朐縣（今江蘇連雲港南），渡過長江，抵達會稽郡。四月，走南陽武關道返回咸陽。

二世皇帝的這次巡遊，順利無事。即位之際，各地或者有隱隱不穩的消息，賴皇帝出巡鎮撫，海內威服。不過，事無外憂，必有內患。胡亥以幼子行陰謀殺長兄搶班即位，宗室大臣之間頗有疑問。特別是十幾位兄長的存在，潛藏著爭位的隱患，使二世皇帝不得安寧，始終如芒在背。

胡亥深居宮中，與宗室大臣疏遠，李斯年高在外，心事唯有趙高可以就近傾吐商談。他將自己的不安心情說與趙高聽。趙高說：「臣下早有同感，只是未敢先開口而已。現在陛下既然問到，請允許臣下一一道來。沙丘之謀，諸公子及大臣們都心存疑問。諸公子盡是陛下的兄長，大臣們都是先帝的老臣，陛下即位，諸公子面從心誹；臣趙高居中任事，大臣們怏怏不服。臣趙高宦事主上，日夜戰戰慄慄，無時不擔心腋下生變。如此情況下，陛下哪裡能夠有安寧可言？」二世問道：「怎麼辦才好呢？」趙高回答說：「首先請陛下剪除先帝舊臣而提拔新人，使貧窮者富裕，使卑賤者高貴，如此一來，親近臣下莫不是受陛下恩德之人，蓄謀舊奸無不被堵塞清洗。骨肉之間，逼近為敵。願陛下疏遠宗室，根絕覬覦帝位者。陛下再嚴法重刑，有罪者株連宗族，急迫興獄事日日無所止息，使人人苦勞於憂死自救，無暇滋生為亂之謀。」趙高的建議，一是越級提拔新人，製造感恩的新貴取代居功的老臣，即所謂後來者居上的人事方針；二是無情地製造反罪冤獄，使人人自危，上上下下陷於表忠自救的恐懼中，自顧不及，無暇滋生謀亂的餘念，即所謂連續不斷地進行政治迫害運動。趙高不愧為權力鬥爭的高手，他的極權二術，不僅讓二世連連稱是，下令如是實行，而且千古流布，成為獨裁者實施專制極權之通用伎倆。

於是趙高網羅罪名，將秦公子十二人戮死於咸陽，公主十人矺（分裂肢體而殺之）死於杜縣，財產一律沒收，親近多所株連。公子將閭兄弟三人被軟禁於宮內，最終被定以「不臣」之罪判處死刑。所謂「不臣」，就是失臣下之禮義，引申就是對主上的不敬，再引申就是妄圖謀反了。公子將閭最是謹慎重禮的人，他實在是冤屈不服，對傳達判決的使者申辯道：「朝廷的禮節，我從來不敢不服從；朝廷上的序位，我從來不敢不遵守；接受上命而有應對回答，我也從來不曾有過失辭欠禮，何以叫作不臣？只求明瞭自己的罪名而死。」使者只是說自己是奉詔書行事，催促將閭服罪。專制獨裁政權，君要臣死，臣不得不死。一人之下，所有的人沒有生存的制度性保障，至於罪名的羅織，從腹謗心誹到莫須有，不過是欲加之罪何患無辭而已。可憐將閭兄弟三人呼天不應，含冤引劍自殺。

在殺戮的恐懼之中，公子高曾經打算逃亡，又擔心株連他的家族，走投無路之下，上書二世請求讓自己為始皇帝殉葬。二世准其奏，賜錢十萬築墓陪葬於始皇帝陵，就沒有株連公子高的家族。史書所載公子高上二世皇帝書說：「先帝無恙的時候，臣下入內則被賜與飲食，出外則使乘坐車馬；御府的衣物，中廄的寶馬，臣下都有受領。先帝仙逝，臣下應當從死而未能速行，這是身為人子而不孝，身為人臣而不忠。不孝不忠，無以立名於世，臣下請求從死，願意陪葬在驪山腳下。切切懇求，願主上恩幸，哀憐准許。」皇子王孫日暮途窮之哀鳴，至今讀史尚迴盪耳邊。

二世即位以來，恐怖和迫害像瘟疫一樣擴散開來，群臣人人自危，百姓們也驚恐不安。短短不到一年的時間，山雨欲來的氣氛，已經瀰漫整個秦帝國。用星象家的話來說，大廈將傾，前兆顯明。

十二——來自墳墓的遠古消息

最不可思議的是遺物，實實在在地穿越時空出現在我們的眼前。這些遺物既屬於當今，可以把玩觸摸，又屬於既往，可以牽連回想，傳達給我們的資訊，最為可靠而有實感。

西安是我遊蹤最多的古城，驪山始皇帝陵，比比多有流連的足跡。始皇帝陵千古雄偉，兵馬俑坑赫然驚世，在臨潼的山原叢林之間，處處是歷史的遺恨和隱秘。驪山腳下，始皇帝陵園內西北，有甲字形陪葬大墓一座，規模等同王侯級別，地角締交靠近始皇帝陵封土，考古學者以為墓主當是皇室宗親，可能就是公子高的墓，他被迫殉葬，得賜錢十萬埋葬於此。由始皇帝陵封土東行里許，出陵園之外，有村落名上焦村，村外河道邊，石榴杏柿果木下，有十七座甲字形陪葬墓，坐東向西，南北縱列，面向始皇帝陵展開。其中八座墓葬已經發掘，墓皆不大，均有棺槨壁龕，金、銀、銅、鐵、陶、玉、貝、骨的陪葬品中，有秦少府工官製作的御物，自然使人聯想到墓主與皇室宮廷的關聯。關於埋葬的墓主屍骨，考古學者有報告書如下：

第七號墓，墓主為男性，年齡在三十歲左右，頭、身、四肢分離。

始皇帝陵園外東行里許之上焦村，是被秦二世戮死、矺死的諸公子、公主墳墓所在處。

第十號墓，墓主為男性，年齡在三十歲左右，頭、身、手、足骨分離，倒置於槨室頭廂內。

第十一號墓，墓主為女性，年齡在三十歲左右，骨骼完整，仰身直肢，上下頜骨左右錯動。

第十二號墓，墓主為男性，年齡在三十歲左右，頭骨置於槨室頭廂蓋上，肋骨及其他骨骼置於頭廂內。

第十五號墓，墓主為男性，年齡在三十歲左右，頭、身、四肢分離，置於槨室頭廂蓋上，頭骨在槨室外亂土中，頭的右顳骨上插有銅鏃一支。

第十六號墓，墓主為男性，年齡在三十歲左右，上半身屍骨在槨室內，頭骨在槨室頭廂的蓋上，下肢骨在填土中。

第十七號墓，墓主為女性，年齡在二十歲左右，頭、身、下肢分離，左腳與脛骨分離，兩臂伸張作趴伏狀。

第十八號墓，有銅劍一把，未見人骨。

八座墓中，出土七具屍骨，五男二女中，六人身首四肢分離，顯然是被酷刑肢解而死，一人屍骨完整但上下頜骨錯位，顯然是被繩索縊死，不由不使人想起諸位秦公子和公主被二世戮死、矺死的那段悲慘往事。戮死，處死後陳屍示眾；矺死，分裂肢體而死，都是秦的酷刑，正可以由七具屍骨的慘狀驗證。

著名考古學家袁仲一先生是八座墓葬的發掘者之一。他推斷其事說，秦始皇生於西元前二五九年，死於西元前二一〇年，享年五十歲，他的子女，年齡正當二十到三十歲左右，與七具屍骨的年齡相符。諸位公子和公主，是在西元前二〇九年同時被殺，也與十七座墓葬同時修築埋葬的情況相合。諸公子和公主被殺的時令，是在二世元年春天，秦曆當在一至三月的寒冷時

上焦村又一景

候，發掘中發現有修墓人烤火的炭跡，又是一條確鑿的旁據。諸公子和公主都是二世的兄弟姊妹，屬於宗室顯貴，雖然被殺，仍然給予棺槨葬具，集中於始皇帝陵東側陪葬，也是合乎情理。至於只有銅劍一把、未見人骨的第十八座墓葬，有人推斷可能是長子扶蘇的衣冠塚，他當年受遺詔賜劍，自殺於北疆上郡，所以只留下一座有劍的空墓，令人感到神奇而有無窮盡的回味。

歷史是昔日往事，是在時間中過去了的存在。當今的我們之所以能夠知道歷史，是因為往事留下了資訊，我們可以根據資訊回憶和復原往事的映象。往事的資訊有口述，有文獻，有遺物。最不可思議的是遺物，實實在在地穿越時空出現在我們的眼前。這些遺物既屬於當今，可以把玩觸摸，又屬於既往，可以牽連回想，傳達給我們的資訊，最為可靠而有實感。

我曾經為尋求歷史的蹤跡去過上焦村一帶。落日黃昏之際，山陰地冷之時，颼颼然間彷彿有鬼哭神泣，不散的千年冤魂，浸染得月冷星寒。有詩人感慨得好：「奈何家天下，骨肉尚無恩。」天地人世間，對於生命來說，最緊密的莫過於親情。人世間的統治，要由骨肉相殘來維繫，當是何等的悲哀。親情的淪喪，對個人而言，是人性的喪失；對家族而言，是承傳的斷絕；對團體而言，是內部的崩潰；對國家而言，是失序的毀滅。親情尚且不能容忍，還能包容他人乎？親情淪喪的統治，能不速亡乎？親情淪喪的統治，宗廟祭祀能不斷絕乎？親情淪喪的統治，子孫後代能不絕滅乎？

秦帝國之滅亡，直接株連於遠古以來的親族親情。

第四章

天下亂了

一——阿房宮和始皇陵

阿房宮已經比照天極，始皇陵則要比照帝都。始皇帝統治著遠古以來未曾有過的大帝國，始皇陵也被擴建成古往今來最大規模的陵園，宛若秦都咸陽的縮影。

唐人杜牧著有〈阿房宮賦〉，淋漓鋪陳阿房宮之瑰偉壯麗，賦文說，「始皇帝滅六國而海內一統，伐盡蜀山林木修建阿房宮。宮室錯落疊壓三百餘里，阻斷眼前天日，建築起自驪山之北，折向西去連接咸陽，有渭水、樊川兩河，溶溶流入宮牆之內。五步一樓，十步一閣，遊廊環曲宛若麗人折腰，房檐整列好像群鳥下啄，地勢高下自持，結構鉤心鬥角，曲曲盤盤，宛若蜂房水渦，高低矗立的庭園，不知幾千萬落。」何等光亮輝煌的傑作！

阿房宮的修建，開始於秦始皇三十五年（前二一二），集始皇帝多年修建宮室的大成。始皇帝攻擊列國，每攻滅一國，就在咸陽北郊原上仿建該國宮殿，顯彰功業，誇示天下。天下一統後，仍然大事興作，土木不休，一年甚於一年。從統一天下到病死沙丘的十二年間，始皇帝五次巡遊天下，修馳道，建長城，鑿靈渠，築驪山陵，連年不斷。三十年前後，派遣五路大軍征伐南越。三十二年，派遣三十萬大軍北擊匈奴，指使方士入海求仙取藥。三十三年前後，再次派遣大軍征伐南越。三十四年，徵發五十萬男女戍守五嶺以南，焚燒諸子百家之書。三十五年，開通直道，將首都咸陽與九原北部邊境用軍用高速公路連通，用法誅殺找不到仙藥的方士。始皇帝愈發煩躁不安，他嫌咸陽都城人多，先王以來的宮殿狹小，難以匹配上古以來未曾有過的皇帝之聲威，於是下令在渭水南岸大興土木，修建阿房宮。

關中地區，經過歷代秦王數百年的經營，宮殿廟堂，離宮別館，苑囿庭園，星羅棋布，連綿矚望不斷。大體說來，西起雍城（今陝西寶雞）東過驪山的關中一帶，宮觀數量以三百計數，著名者有甘泉、興樂、望夷諸宮，以咸陽宮為正宮，都是先王時代的遺留。關中地區以外，分布於各地的行宮，數量更在四百左右，北之燕、趙有沙丘行宮，東至遼東有碣石行宮，並海有琅邪行宮，多是六國舊有的建築。

暴發成功的人，沒有滿足的幸福，永遠在欲望的驅使下折騰翻滾。人到晚年，難免想留下超越短暫生命的恆久，始皇帝沒有德行文章可以久傳於世，功業建築也許成了他對恆久的寄託。阿房宮的設計構想，仿照天象星宿，追求古今天下第一，威勢磅礡，壯麗輝煌。龐大的工程，由前殿開始，前殿東西長七百五十餘米，南北寬近一百二十米，八萬平方米以上的寬廣正殿，數層建築環繞分築，可以容納萬人席坐，屋簷高敞疊連，可以並列十一、二米的旗幟。

阿房宮在渭水南，咸陽宮在渭水北，始皇帝以渭水比況天漢，以阿房宮比況天極，以咸陽宮比況營室，在渭水上修築複道連接兩岸，比況為出天極渡天河抵達營室。天漢又稱天河，就是分斷長空的銀河。天極，又稱北極紫宮，就是北極星，是天帝泰一的居所。營室，又稱室宿定星，即飛馬座α、β兩星，屬二十八星宿的北方玄武。複道，就是上下兩層的通道，宛若空中走廊。依據占星家的解說，天帝出行，由北極紫宮出發，渡過天漢銀河，抵達室宿定星。按照新的建設規劃，始皇帝居阿房宮，出行北上，由空中廊道渡過渭水抵達咸陽宮，正可比照天帝外出，星辰運行。

阿房宮周圍，又修築閣道環繞。閣道，就是長廊通道，上有頂簷，兩側有圍欄。阿房宮東西北三面，築有圍牆，南面開敞，從前殿一直到南山築有閣道相連，匠心獨運，意在取景南山之巔以作宮城門闕，虛圖遠山應近景，既是風水也是理念。始皇帝又聽信方士們的真人之說，行蹤秘不示人，用複道閣道連接咸陽四周的宮觀苑囿，方圓兩百里範圍，複道行空，長橋臥波，有宮車經過，如雷霆乍驚，轆轆輪聲可以遠聽，渺然身影不知所蹤。

阿房宮之設計構想，巧奪天工，神奇精妙，然而，由於始皇帝的突然去世，阿房宮開工不到三年就中斷停止，帝國的人力物力，一時全部集中於始皇帝陵園。

始皇帝陵園的修建，開始於西元前二四六年，也就是秦王嬴政剛即位不久的時候。這時的嬴政，剛剛才十四歲。十四歲的少年，正急於盼望長大成人，何曾預期過自己的死，何曾有興趣關心葬身的墓室。不過，即位開始之日，就是修建墳墓之時，是古來的制度，連接著古來的傳統。比照先王先公的規矩成例，始皇帝陵園修建之初，規模不大，也沒有過多的鋪張裝飾。

然而，統一天下以後，一切發生了重大的改變。西元前二二一年，臣下們議論秦王的稱號說，古來的王號已經不能稱應天下一統的偉業，五帝的尊號也無法比及海內歸一的成功，古來有天皇、地皇、泰皇，泰皇最為尊貴，請陛下上泰皇稱號。秦王嬴政尚未能滿足，他下令取三皇之皇、五帝之帝，定稱號為「皇帝」。皇帝皇帝，統治人間神界的上帝，功業超越三皇五帝，意志凌駕人間，指使鬼神，煌煌然追及天高地厚。天高不可及，地厚似可掘，天空地上地下，始皇帝要作貫通的比照。阿房宮已經比照天極，始皇陵則要比照帝都。皇帝統治著遠古以來未曾有過的大帝國，始皇陵也被擴建成古往今來最大規模的陵園，宛若秦都咸陽的縮影。

始皇帝陵園，究竟有多大，至今沒有最終邊際的肯定結論。多少年來，考古學家們找啊找啊找啊找，挖啊挖啊挖，似乎越找越大，越挖越多，根據最近的發掘調查結果，大致可以為始皇帝陵描繪一幅示意的草圖。

始皇帝陵園，比照秦都咸陽建築，上下有兩層，內外分三重，東西南北十五里見方，總面積達五六．二五平方公里之巨。地下層是冥城地宮，地上層是內城、外城和外城外的陵域。冥城地宮在地表墳丘之下，比況始皇帝居住的皇宮修成。冥城周邊，由一道地下城牆環繞，城牆南北長四六〇米，東西寬三九二米。冥城內是一地下宮殿，南北長一四五米，東西寬一七〇米，地下宮殿的中央是墓室，墓室由石灰岩築成，南北長五〇米，東西寬八〇米，高十五米，四周築有厚達十六到二十二米的圍牆。始皇帝的棺槨遺體，就安置在這裡。《史記》記載始皇帝陵冥城地宮說：「挖通驪山，深及地下水排堵的極限，槨室以黃銅裝飾鑲嵌，四周象徵性地建有宮室別館，金銀珠玉滿藏，珍寶重器具列。彩繪日月星辰於地宮天穹，又以水銀仿築百川江河大海，高低起伏以機械驅動，可謂上具天文，下具地理。以魚油製作燈燭照明，希求永久不滅，命工匠製作弩機暗箭，防備盜賊侵入。」據文可以想像，那是何等奢侈的極樂世界！

冥城地宮之上是墳丘封土，高一一五米，南北長五一五米，東西寬四八五米，形狀如同一個倒放的斗，凜然聳立於驪山腳下的平野當中，成為陵園的地上標誌。墳丘在內城南部，內城比況咸陽宮城修成，南北長一三五五米，東西寬五八〇米，周圍築有十米厚的城牆，牆垣巍峨，有長廊環繞。內城西、南、東三面各有一門，北面有二門，門闕聳立，以曲閣相連。內城內築有寢殿，為墓主魂靈起居生活的公館；又築有便殿，為墓主魂靈休息閑宴的場所，一切比照始皇帝生前，將宮城內院，摹擬於其中。

內城之外是外城，外城南北長二一六五米，東西寬九四〇米，周圍環繞六至七米厚的城牆，四面各有城門一座。外城比況咸陽都城修建，城內築有百官府寺，武庫倉儲，膳食廚府，又築有珍禽異獸苑，百戲娛樂場，始皇帝出行所用的車馬儀仗，也折半縮小，以青銅鑄成，掩埋於此。外城西側北側，有武備守衛，相當於衛尉廬舍環繞宮牆駐防。

外城外的陵域，宛若秦都咸陽郊外的關中。兵馬俑在陵域東，龐大的軍團，摹擬的是駐守關中、守衛秦都的中尉京師軍；青銅水禽坑在陵域北，栩栩如生的飛鳥，當是御用苑囿的寫照；至於數以百計的馬廄坑，無疑是京郊的皇家馬苑。陵域西北有官邸，當為奉侍園陵之官吏的居所。更遠有酈邑，特為奉侍始皇帝陵而修建的新城，有數萬移民。

始皇帝下葬之時，二世下令秦始皇後宮沒有子女的妃嬪全都殉葬。又聽從人言，怕工匠洩漏陵墓裡的機關秘密，待葬事結束，下令封閉陵墓裡神道外門，將工匠全部活埋其中。

二——馳道和直道

秦帝國的五大交通幹道，皆因始皇帝的巡遊出行而整備興作。五大幹道之外，尚有北邊道和直道，都是為用兵匈奴而修建的。

始皇帝是喜好旅遊的人，歷代皇帝巡遊天下，由他開風氣之先。從西元前二二一年統一天下算起，他一共做了十二年皇帝。十二年當中，他五次巡遊，西到隴西北地（今甘肅寧夏陝北一帶），東到膠東琅邪（今山東半島），北到九原遼東（今內蒙古、遼寧），南到會稽、長沙（今浙江、湖南），行程數萬里，足跡遍及帝國各地名山大川，直到西元前二一〇年死於第五次巡遊途中，方才停止馳行的腳步。

古代交通，天上無飛機，地上無鐵道，路面無瀝青水泥，馳行無空調大巴。百姓出行，背負盤餐行李，兩條腿走路。皇帝巡遊，乘輿馬車，雖說是飲食使喚，呼擁迎送，可以極盡帝國奢侈之極限，然而，泥土修築的道路，木材製作的馬車，雨雪風霜，寒冷炎熱，一路都是塵土飛揚，顛簸晃蕩，至於沐浴方便，更有種種難處。用我們當今的旅遊標準來衡量，始皇帝巡遊也絕對稱不上是舒適的出行，如果沒有強烈的欲望動力，斷然難以頻繁遠行。

天下統一以後，為了巡遊出行，始皇帝開始對秦帝國的交通進行大規模的整備修建。他下令用馳道將全國主要地區連接起來。馳道，是不同於普通道路的高速行車道。大體說來，各地路況不一，最完美的馳道路寬五十米左右，高出地面，由多層夯土築成，寬闊平坦。馳道是三車道，中間道是皇帝專用道，未經特別許可，他人不得擅自使用，兩邊為旁行道，可供吏民使用。馳道兩旁植有樹木，用青松楊柳、槐柏榆檜，綿延間隔，壯觀秀美通暢。

馳道以首都咸陽為中心，溝通帝國東西南北，與其他道路輻射連接，西去有隴西北地道，東進有三川東海道，南北有河內廣陽道，東南有南陽南郡道，瀕臨渤海黃海東海，又有遼西會稽道，四通八達，縱橫交錯。

隴西北地道。由咸陽沿渭河西去，過雍城進入隴西北地（今甘肅東部、寧夏陝北一帶）。

支道可以抵達西垂和犬丘。越過隴山，可至涇水源頭之雞頭山，再沿涇水河谷回到咸陽。西元前二二〇年，始皇帝第一次巡遊，走的就是這條道。這一帶地區，是秦人先祖養馬生聚的祖地；雞頭山一帶，是秦人受周王召喚、定居稱秦的發祥地。始皇帝統一天下後，專程前往發祥祖地，將偉業之成功，告慰先祖。

三川東海道。由咸陽沿渭河東出函谷關，並黃河南岸行，經三川郡洛陽，走陳留（今河南開封東南），過碭郡，經泗水郡彭城（今江蘇徐州），一直抵達東海郡朐縣，大體走今天隴海鐵路的方向，是貫通帝國東西的交通大動脈。西元前二一九年，始皇帝第二次巡遊天下，就是沿三川東海道一路東去，途中北上東行，抵達泰山封禪祭天。三川東海道上的函谷關是進出關中的門戶，滎陽是控制關東的要塞，至於彭城，則是連接魏、楚、齊間的要衝。

南陽南郡道。由咸陽東郊沿灞河東南行，走藍田，入商洛，出武關，經南陽郡宛縣（今河南南陽），南下穿越江漢平原，抵達南郡江陵（今湖北荊州）一帶。大道至此，再沿長江東下，水陸交錯，過衡山郡和九江郡，可以一直抵達長江下游的會稽，將帝國的東南連接起來。西元前二一〇年，始皇帝第五次巡遊，就是沿南陽南郡道抵達雲夢（今洞庭湖一帶），再東下渡江，抵達會稽，在會稽山（今浙江紹興南）刻石紀功而還的。

河內廣陽道。河內郡地處黃河、漳河之間（在今河南新鄉、焦作、安陽一帶），由河內北上，走安陽（今河南安陽），到邯鄲，過恆山郡東垣（今河北石家莊），至廣陽郡薊縣，大道南北縱貫華北平原，東西與太行山平行，大體沿今天京廣線的方向，延伸東去右北平郡之無終（今天津薊縣），進而抵達碣石一帶。河內廣陽道是帝國南北交通的主幹道，這條道上的薊縣是燕國故都，邯鄲是趙國故都，安陽是魏國要地，沿道由河內渡過黃河進入三川，直接連接帝國的東西交通大動脈——三川東海道。戰國以來，魏國、趙國、燕國之間的往來，多由該道。西元前二一五年，始皇帝第四次巡遊天下，或許就是先走三川東海道，然後再沿這條路線北上，抵達遼西郡的碣石，訪燕、趙，觀滄海，刻石紀功而還。

遼西會稽道。始皇帝五次巡遊天下，其中四次至海，往往沿海岸線周行，行跡北至碣石，南至會稽山。遼西會稽道大體沿始皇帝行跡，北起遼西郡南部，南下經過右北平、漁陽、廣陽、鉅鹿、濟北、臨淄、琅邪、東海諸郡，一直抵達會稽郡，大體沿渤海、黃海、東海海岸線，經過今天的河北東部，山東半島，南貫江、浙海岸。由遼西往東，道路可以連通遼東，抵達秦帝國的東北邊極；由會稽南去，可以進入閩中越境。這條道上的碣石、琅邪山、會稽山，都有始皇帝紀功的刻石。

秦帝國的五大交通幹道，皆因始皇帝的巡遊出行而整備興作。五大幹道之外，始皇帝的交通建設，尚有北邊道和直道，都是為用兵匈奴而修建的。始皇帝統一天下後，連接秦、趙、燕國長城構築新的北疆防線，西起臨洮東至遼東，綿延萬里。因為施工與布防的需要，沿長城修建了貫通東西的軍用交通要道，史家稱為北邊道。西元前二一五年，始皇帝第四次巡遊天下，抵達碣石，回程巡視北部邊防，經漁陽、上谷、代郡、雁門、九原，由上郡回到咸陽，走的就是這條道路。

九原郡地處蒙古草原，秦軍攻擊匈奴占領河套地區以後，成為帝國的邊防要地，長年駐有重兵。始皇帝三十五年，也就是阿房宮修建的同一年，始皇帝命令大將蒙恬修建直道，用軍用高速公路連接九原和首都咸陽。直道由咸陽北郊的甘泉宮（今陝西淳化北）起，走子午嶺，穿越陝北高原，經過鄂爾多斯東部，抵達九原郡治九原縣（今內蒙古包頭西），全長一千五百餘里。秦始皇三十七年，始皇帝病死於巡行途中沙丘，胡亥、李斯、趙高車載遺屍繞道北上，由恆山、太原、雁門、雲中進入九原，最後由九原經上郡過甘泉抵達咸陽，利用的就是直道。

三——亡國的前兆

始皇帝晚年的秦帝國，宛如一輛不斷加速奔馳的賓士馬車，已經失去了控馭；又宛若一張繃得越來越緊的弓弦，已經失去了制衡。

國之將亡，必有前兆。

歷來史家論及秦帝國的速亡，無不指出其勞民過度是首要原因。始皇帝和秦二世酷使民力，最受詬病的就是阿房宮和始皇陵，純粹是為君王私欲之滿足。直道之建設，出於國防軍用，姑且不論。至於為巡行出遊而修建馳道，則是公私兩論皆有。公務論者說，始皇帝的巡行出遊是外出鎮攝四方，安定新建的帝國；私欲論者說，始皇帝的巡遊外出是遊山玩水，求藥尋仙。這些或許都有道理。然而，家天下個人專制獨裁的體制下，君王的個人行動和國家的政府行為，往往是分不清、劃不開。朕就是國家，皇帝的私欲也就是王朝的意願。阿房宮的修建，既是始皇帝的個人喜好，其取代咸陽宮以作朝議正宮的考量，也是秦王朝朝廷的遷移；始皇陵是秦始皇個人的陵園，其承接先公先王陵園的餘緒，也是王朝國家祭祀的要所。不過，不管公也好，私也好，君王欲念也好，王朝意願也好，國防軍用也好，修建阿房宮、始皇陵，整備馳道，建設直道，如此前所未有的龐大工程，其所消耗的鉅額財力，其所徵發的鉅額人力，無公私之別，都是民脂民膏，都要由秦帝國的人民來承擔。

為修建阿房宮、驪山陵，為整備馳道、直道，秦帝國總共動用了多少人力物力，我們已經無法知道。司馬遷說，秦帝國曾經動員七十萬人，一部分用來修建阿房宮，一部分用來修建驪山陵。至於馳道、直道，沒有具體的數字。根據最新的研究，從秦始皇三十五年開始修建阿房宮起，直到二世元年周文軍抵達驪山陵為止的四年間，阿房宮和驪山陵的工地上，常年有七十萬人勞作。七十萬人，多是青壯年男子，其中一部分是服刑的犯人，他們無休止地在工地上勞作；一部分是服役者，由全國各地徵發而來，一年定期輪換。秦帝國時代，勞役與兵役等同，做工者按照軍隊編制，七十萬工人常年勞作，相當於七十萬軍隊常年屯駐。

七十萬人屯駐做工，七十萬人生活吃飯，七十萬人的糧食供應，都要從函谷關外的關東地區轉運。古代社會，生產工具簡陋，一切依靠人力畜力，遠距離運輸的效率極為低下。以運送距離六百公里計，要維持一個人的糧食供應，需要十五個人專職負責運輸，效率僅為百分之六・七。關中有渭河連接黃河漕運，距離短效率高。假設以百分之二十的高效率論，要維持一個工人的糧食供應，也要五人專門負責，七十萬人的糧食供應，需要動用三百五十萬人作後勤轉運。秦帝國時代，一個家庭大致有五口人，阿房宮、驪山陵的七十萬工人，又關聯到全國各地二百八十萬人的生活生計。三百五十萬專職運輸者的勞作，又影響到一千四百萬人的生活生計。當是何等巨大的數字！

馳道、直道之修築，想來主要由經行的各地負責，長途轉運之苦，或許不及驪山陵、阿房宮，但大規模的財力投入和人力動員，則是毫無疑問的事情。司馬遷實有所感，他說：「我到北疆考察，由直道歸還長安，沿途觀看蒙恬所修築的長城亭障，斷山填谷所開通的直道通途，痛感秦之酷使民力。」捨此感慨不論，與修建阿房宮驪山陵、整修馳道直道並行，始皇帝派遣大軍攻擊匈奴，連接長城，三十萬戍卒常年屯駐北邊，又派遣大軍攻擊南越，五十萬戍卒常年鎮守嶺南。分布在帝國南北兩疆的八十萬軍隊，後勤供應要由內郡遠距離轉運，動員的人力，按照高效率計，要四百萬人專門負責。八十萬軍人，涉及三百二十萬家屬；四百萬轉運勞工，涉及一千六百萬家屬，這又是何等巨大的數字！秦帝國的人口，估計在四千萬左右，根據上述的計算，僅阿房宮、驪山陵、長城、南越兩疆的人力動員，數量已在九百萬，連累家屬，已經超過四千萬，幾乎牽動帝國的全部人口。

草草如此算計，僅由此極不周全的數字，已經可以勾畫出一幅秦帝國因為酷使人力物力而面臨崩潰的圖景。兩千兩百年前的中華大地上，南到北越五嶺，北至長城沙漠，西達隴西臨洮，東抵黃海東海，四千萬芸芸眾生，宛若勞蟻工蜂，往來不停地奔走在縱橫交錯的道路上，勞作死鬥於星羅棋布的據點中。關中咸陽的阿房前殿高台上，皇帝高高舉旗，指揮宛若蜘蛛網般密布於全土的官僚機器，操縱著帝國臣民的一舉一動。皇帝揮旗往西，千萬人西去，皇帝揮旗往北，千萬人北行，皇帝揮旗往南，千萬人南下。皇帝旗幟的揮動越來越頻繁，四千萬人的運動越來越劇烈，移動距離越來越拖長，道路交通壅塞，守備空虛失衡，民人疲憊不堪。官吏驅趕吆喝的威壓，引來庶民躲避逃亡；政府執法刑戮的鎮攝，引來民眾反感抗拒。

始皇帝晚年的秦帝國，宛如一輛不斷加速奔馳的賓士馬車，已經失去了控馭；又宛若一張繃得越來越緊的弓弦，已經失去了制衡。馬車何時墜毀，弓弦何時斷裂，只是時間的早晚和機會的引發而已。

—清・袁耀《擬阿房宮圖》(南京博物館藏)

走進歷史現場

阿房宮

人到了晚年，難免想留下超越短暫生命的恒久，始皇帝沒有德行文章可以久傳於世，功業建築也許成了他對恒久的寄託。阿房宮的設計構想，仿照天象星宿，追求古今天下第一，威勢磅礴，壯麗輝煌。龐大的工程，由前殿開始，前殿東西長七百五十餘米，南北寬近一百二十米，八萬平方米以上的寬廣正殿，數層建築環繞分築，可以容納萬人席坐，屋簷高敞疊連，可以並列十一、二米的旗幟。阿房宮之設計構想，巧奪天工，神奇精妙，然而，由於始皇帝的突然去世，阿房宮開工不到三年就告停工。

和革命的力量。

貧困遊民，最容易攪亂穩定，破壞既存的組織秩序。他們一旦武裝起來，往往成為叛亂、造反

四——陳勝吳廣反了

秦二世元年七月（秦以十月為歲首，下文時間據此），一支前往北方邊境的部隊困駐在泗水郡蘄縣大澤鄉（今安徽宿州市東南）。夏秋之交，大雨滂沱不止，河道漲水，湖泊沼澤氾濫，土築的道路泥濘不堪，阻斷不通。

這支部隊約有九百人，是從帝國中南部各郡徵調的戍卒，受命前往帝國的北部邊郡漁陽（今北京密雲一帶）駐防屯守。這支部隊，由兩名軍官統領，他們被稱為將尉，是相當於縣尉一級的武官，用我們今天的話來說，類似於縣武裝部長。按照帝國的軍制，軍隊由什伍制編成，士兵五人編為一伍，設置伍長一人統領；兩個伍編為一什，設置什長一人統領；五個什約五十餘人編為一個屯，設置屯長一人統領；兩個屯約百人編為一個百人隊，設置百人長一人統領；五個百人隊約五百人編為一個五百人隊，設置五百人長一人統領；兩個五百人隊約一千人編為一個千人隊，設置千人長統領。這支九百人的隊伍，大約相當於兩個五百人隊；兩位將尉，相當於兩個五百人

長。在他們手下，約有近十名百人長和近二十名屯長。陳勝和吳廣，是這支部隊中的兩名屯長。

陳勝是南陽郡陽城縣（今河南方城）人，吳廣是陳郡陽夏縣（今河南太康）人，都是家境貧窮的農民。他們被徵入伍，實在是有些異常。帝國以武力立國，軍隊是國家的根本，從軍立功是帝國國民人生出路的主要途徑，與個人的土地財產、地位榮譽等直接相關。從軍是光榮的事情，帝國的兵士主要從家境小康的中等人家中選拔徵發。有恆產者有恆心，中產階級有穩妥的進取心，對於家庭和國家責任心強，最利於組織的健全和穩定；另一方面，帝國士兵的武器盔甲等裝備由政府提供，一般的生活用品則要由服兵役者自己負擔，因此沒有一定資產的家庭，從軍會有相當的困難。多年以來，帝國以軍隊建設為中心，形成了一套完整而嚴密的制度，培育了一個數量龐大的擁有土地財產、有爵位有尊嚴的中產階層，確保了軍隊有穩定而優秀的兵源，這是帝國之所以強大無敵的極重要原因。也正因為此，無產的貧窮人家，一般不在帝國徵兵的對象當中。

帝國的法律和制度，確實合理而且公平，有效地維繫著秦帝國這架巨大的機器，使之有條不紊地運轉。不過，到了始皇帝的晚年，這架機器的運轉，已經過於急促，頻繁不斷的徭役和軍務的徵發使國民困苦不堪，國家和人民共同陷於超負荷的泥潭。二世皇帝即位以後，曾經一時停止了過重的勞民徵調；然而，短短不到半年，舊事重開，其勢頭比先帝晚年有過之而無不及。遵循二世皇帝的旨意，先帝的舊業不但不能停止怠慢，還得加強加緊，驪山陵要快快收尾，阿房宮要大幹快上，匈奴要嚴防，長城要完備，南方遠征軍的兵源糧草要補充，皇帝出巡的道路要修築，

現代畫家以農民起義為表達內涵所繪的陳勝吳廣起兵圖（北京中國歷史博物館藏）

無不需要大規模的人力徵調。中等人家的徵調，幾乎已經窮盡，無奈之下，下等貧家的徵發，也是不得已而為之。當時的貧窮人戶，被稱為「閭左」。古時以富強為右，貧弱為左。所謂「閭左」，居閭里之左也，用今天的話來說，相當於貧民區。

閭左當中，夾雜有不少流竄的遊民。陳勝、吳廣所在的這支九百人的隊伍，就是來自閭左。大規模徵發閭左從軍入伍，實屬罕見異常，相當於置帝國國民於全面動員的緊急狀態。以帝國的實態常情而論，不能自立的窮人，難以承擔從軍的經濟負擔；被強徵編入軍隊以後，自己困苦，軍隊也不安穩。大規模地徵兵，不循正

陳勝、吳廣起事地點大澤鄉，位於今安徽宿州市東南，今建有起事紀念碑（上圖、左頁圖）。

道的浪人、不安分的遊民就大量流入軍隊。貧困遊民，最容易攪亂穩定，破壞既存的組織秩序。他們一旦武裝起來，往往成為叛亂、造反和革命的力量。

陳勝其人，關於他起兵以前的往事，記載很少，只知道他年輕的時候，曾經受雇為人耕田，對於貧窮有切膚的痛感，當是無田的雇農、不在徵發之列的無產貧戶。陳勝既不能殖產，也不能出仕，在為人耕田休息的時候，常常悵恨感慨。他曾經對一起種田的窮哥兒們說，將來如果發達富貴了，不要互相忘記啊！種田人多是安分的人，大家笑話他說，為人耕田取傭，吃飯活命而已，談什麼發達富貴。同是種田人，心志迥然不同。陳勝歎息道：「嗟乎，燕雀安知鴻鵠之志哉！」陳勝是不滿於現實的人，他的志向，是想要改變現狀。吳廣，其個性與陳勝不同，但在貧窮而不安分上，與陳勝是一脈相通的。不安分的人聚會到一起，往往容易生事。

陳勝一行抵達漁陽的日期，是比照徵調軍隊的規定預先指定的。根據帝國的法律，軍隊不能按照預定時間抵達指定地點，將受到軍法「失期罪」的指控。如果指控成立，犯失期罪者將被斬首處死。大雨不止，道路泥濘不可通行，日期一天天逼近，大家越來越不安。陳勝和吳廣不是順天安命的人，他們私下商量對策認為，預期抵達漁陽已經無望，為了求生只有逃亡。不過，棄軍逃亡也是死罪。與其逃亡死，不如乾脆舉事造反。死是同樣的死，與其死於逃亡受刑，不如死於大事國事。走投無路之下，陳勝和吳廣決定起兵反秦。

陳勝對吳廣說：「天下長久苦於秦政的苛暴。我

聽說二世是小兒子，不應當立為皇帝，皇位的繼承者是公子扶蘇。扶蘇因為多次勸諫的原故，始皇帝讓他到邊疆監軍將兵。現在有人聽說扶蘇無罪而被二世誅殺了。大多數老百姓都知道他很賢明，還不知道他已經死了。項燕是楚國的大將，軍功卓著，愛撫士卒，楚國人懷念他。有人以為他已經戰死，也有人以為他逃亡在外。如果我們利用扶蘇和項燕的名義號召天下，一定會得到廣泛的回應。」吳廣深為贊同，遂決定以秦公子扶蘇和楚將項燕的名義舉事。

凡舉事，必須有名目。舉大事國事，須有大義名分。陳勝，雖說是出身下層貧民，但從他為舉事所策劃的大義名分來看，他不但對當時的政治局勢有密切的關注，而且有相當的政治頭腦。始皇帝以暴力滅亡六國，統一天下，秦政長期失於苛暴。始皇帝死，百姓曾經有所期待，盼望主張溫和路線的公子扶蘇即位，暴政得到緩和。殊不知扶蘇不明不白被殺，少子胡亥即位，暴政不但沒有緩和，反而是變本加厲，有過之而無不及。高壓困苦之下，借助於對仁者的懷念，對暴君作隱喻的抗爭，正是民情國情所在。以扶蘇的名義舉事，反暴政而不反秦政，不僅順應舉國民情，而且利於對秦政府和秦軍的動搖瓦解。

陳勝出身於南陽郡陽城縣，吳廣出身於陳郡陽夏縣，兩地過去都是楚國的領土。以舊國而言，陳勝和吳廣都是楚國人，故里依然是舊日楚國的鄉音習俗，記憶裡楚國人的歸屬意識依然濃厚。大澤鄉在泗水郡蘄縣，過去也是楚國的領土。十四年前，楚國大將項燕統領楚軍保家衛國，在這裡與秦將王翦率領的六十萬秦軍激戰，結果楚軍戰敗，項燕自殺，楚國由此而亡。蘄縣，成了項燕及其數十萬楚軍的國殤之地，楚國人對於項燕的懷念，至今綿延不斷。身在蘄縣，同行都是出身於舊楚國地方的戍卒，走投無路之下，借助記憶中的英雄，恢復故國山河，最能集聚人心，激發鬥志。

大義名分確定，二人心裡仍然有所不安，悄悄找到卜者算命。卜者是明白人，占卦吉祥，說道：「二位的事情皆會成功。不過，二位何不卜問於鬼？」卜者的話，往往是一語雙關，鬼是死者的精魄，問於鬼，死事也。鬼又逼人，問於鬼，以鬼威逼人也。雙關語的理解和選擇，在於聽者的意圖和解讀。陳勝、吳廣聞言竊喜，心中落定，順著自己的心情揣摸卜者的話意，決定借助鬼神以脅迫眾人。他們用朱筆在帛布上寫上「陳勝王」三字，放入打撈上來的魚腹裡，混在炊事兵買來的魚中。士兵們開膛看到帛書，很是有些驚怪。晚上，吳廣又偷偷潛入駐地近旁神祠中，點燃篝火，模仿狐狸的叫聲，作「大楚興，陳勝王」的呼喊。秦漢時代，鬼神占卜盛行。白天現怪異，夜裡鬧鬼神，眾人驚恐不安。天亮以後，戍卒們見到陳勝，往往目視他而悄聲私語。

吳廣素來善待人，很得部下之心。大概是在第二天吃飯的時候，兩位將尉也心煩，喝得醉醺醺。吳廣故意數次挑起逃亡話題，惹得將尉大怒，命令當眾鞭笞吳廣。吳廣不服，將尉拔劍威嚇，吳廣借勢挺身奪劍，在陳勝的配合下，將兩名將尉殺死。混亂當中，陳勝和吳廣召集眾人道：「大家遇雨失期，失期當處斬刑。即使有幸不被處死，支邊戍守，十有六七也是死。壯士不死而已，死要死得大義堂皇。放眼當今天下，王侯將相，寧有種乎！」一切合於預期策劃，同行

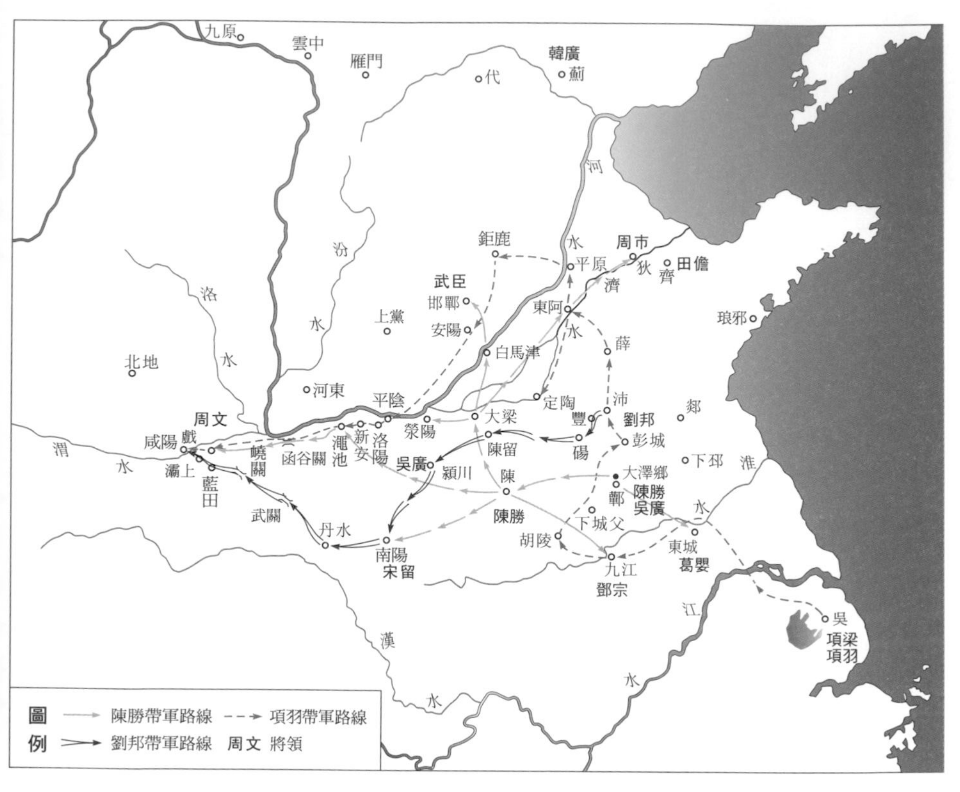

秦末反秦武裝勢力爭戰形勢圖

的戍卒都願意跟隨陳勝、吳廣舉事反秦。於是，眾人以兩名將尉的首級作為祭祀的犧牲，設壇結盟，九百人袒露右臂，起誓復興大楚，宣稱呼應秦公子扶蘇和楚將項燕。

秦帝國的天空下，一場風暴驟然降臨。

五——張楚政權的建立

張楚政權建立後，陳勝起義軍與秦王朝間的鬥爭有了質的改變。由屯戍兵引發的兵變變成了國家之間的對抗，以復興的楚國對抗暴虐的秦國。

大澤鄉起義，最初只是帝國屯戍兵的兵變。帝國軍隊的編制，以郡為基本單位組建獨立的軍團。郡是軍政合一的軍事行政機構，郡守稱將軍，全面統領一郡之軍政和民政。郡守下面設有一名或者數名都尉，作為副將專門負責軍務。郡軍團，由郡所轄各縣的縣軍組成。縣也是軍政合一的軍事行政機構，徵兵的基本單位。縣軍徵發集結後，由全面負責一縣軍政的縣令長，或者專門負責縣軍務的縣尉統領，組成縣分軍團，編入郡軍團中。帝國有重大軍事行動時，以郡軍為單位，集結數個或者數十個郡軍團作戰，戰爭結束後各歸其地解散。陳勝、吳廣奪取了部隊的領導權後，九百人的屯戍兵，迅速按照帝國的軍制重新組織起來。他們將原本相當於縣軍規模的部隊擴大編制為郡兵軍團，以陳勝為將軍，以吳廣為都尉，開始進攻所在的郡縣。

陳勝軍首先攻占了駐地大澤鄉，進而攻占了大澤鄉所在的蘄縣城。蘄縣過去是楚國的領土，也是楚國大將項燕領軍抗秦、激戰身亡的戰場。在民眾苦於徭役和暴政的時候，陳勝、吳廣以項燕和復興楚國的名義起兵蘄縣，可謂占了天時、地利和人和，蘄縣民眾積極回應和支持陳勝軍。攻占蘄縣以後，陳勝軍得到了第一個可以作為依憑的據點，徵兵擴軍，整編策劃，一一順利進行。在蘄縣，陳勝軍做了東西分進的軍事部署，以符離（今安徽宿州南）人葛嬰為將，統領部分軍隊向蘄縣以東和以南的地區發展，陳勝和吳廣統領軍隊主力向西方進攻。西進的陳勝主力軍沿澮河進軍，首先攻克蘄縣的西北鄰縣銍縣（今安徽宿州西南），沿河繼續西北行，進入碭郡境內。進入碭郡以後，陳勝軍攻占了酇（今河南永城西），再折向東南，攻占譙縣（今安徽亳縣），西向進入陳郡，攻占苦縣（今河南鹿邑）、柘縣（今河南柘城西北），乘勢揮師南下，向陳郡郡治陳縣進攻。當時，事出突然，陳郡郡守和陳縣縣令都不在任上，陳郡副長官陳郡守丞統領秦軍進行了抵抗，守丞戰死，陳勝軍

今天的大澤鄉（本頁及次頁二景）透露著十足的寧靜氣息，與兩千多年前陳勝、吳廣起兵時的風起雲湧，恰成對比。

進入陳縣城。

陳縣是陳勝軍攻下的第一座郡治大城，故地在今天的河南省淮陽市。陳縣交通南北，貫通東西，連接黃河水系和淮河水系的鴻溝，就經過這裡，是中原地區的一座重要城市。西周春秋時期，陳是陳國的國都，戰國時成為楚國的領土，戰國末年曾經一時做過楚國的首都，秦滅楚以後設置陳郡，將郡治設在陳縣。

正如我在第二章〈韓國貴族張良〉的敘述中已經詳細談到過的，陳縣這個地方，從戰國末年以來，就一直是反秦的熱土，層累著楚國舊都、韓王遷地、昌平君和項燕的反秦據點等種種歷史積澱。進入帝國以來，反秦的暗流也始終在陳縣一帶湧動。魏國的游俠名士張耳和陳餘，被秦政府通緝後，是逃到陳縣作里監門潛伏下來的；張良離開韓國，開始反秦串連時，他的第一個長期停留的地

滎陽古城遺址

滎陽黃河岸

方，也是陳縣。與陳勝一道領導大澤鄉起義的吳廣，出身於陳縣近鄰的陽夏縣。九百名首事的戍卒中，陳縣附近的人當不在少數。正是出於獨特的地理和歷史條件，陳縣成了陳勝軍首先奪取的目標。進攻陳縣時，陳勝軍已經擁有六、七百乘戰車，一千餘名騎兵，步兵數萬人。此時，距離大澤鄉起兵不過一個月左右。

攻占陳縣以後，陳勝延請陳縣地方的父老豪傑、有影響的人士，共同協商今後的反秦大事。這次協商會議，吸引了各方人士的廣泛參加。會議上，陳縣的地方父老們建議陳勝迅速建立政權，稱王復興楚國，以復興後的楚國名分號召天下，推翻秦王朝。陳勝和吳廣採納了陳縣父老的意見，以陳縣為首都，建立了張楚新政權，擁立陳勝為王。陳勝所建立的張楚國號，取「張大楚國」的意思，表示楚國由此復興，更由此而張大。

張楚政權建立後，陳勝起義軍與秦王朝間的鬥爭有了質的改變。由於有了王國政權，由屯戍兵引發的兵變就變成了國家之間的對抗，以復興的楚國對抗暴虐的秦國。有了張楚的旗幟，天下響應，人心歸之如流，關東各國各地各階層各等人士，或者遠道來歸，親赴陳勝麾下，或者就地起兵，呼應張楚的名分。孔子的後人孔鮒，帶著孔氏的禮器來歸附陳勝，做了張楚的博士官。魏國王室後裔魏咎、楚國的封君蔡賜、魏國的名士張耳和陳餘等等人士，也都紛紛匯集到張楚陳勝麾下。兩三個月內，以楚國地區為中心，秦嘉、朱雞石等人起兵於淮北，項梁、項羽等起兵於江東會稽郡，劉邦等起兵於沛縣，英布、吳芮等起兵於番陽（今江西波陽東北），陳嬰等起兵於東陽，都以張楚為號召，共同復楚反秦。

建都陳縣的張楚政權，迅速作出了主力西進攻秦、分部四面出擊的軍事部署：一，秦控制關東各地，滎陽（今河南滎陽）是最重要的軍事基地，陳勝以吳廣為假王，即代理楚王，統領楚軍主力沿三川東海大道西進，直趨滎陽，伺機西取關中。二，南陽郡西部的武關（今陝西丹鳳東）是出入關中的南大門，陳勝以宋留為將軍，領兵東南攻取南陽（今河南南陽一帶），伺機攻取武關，指向咸陽；三，以武臣為將軍，領軍北上渡黃河，攻取燕、趙地區；四，以周市為將軍，北向碭郡和東郡，攻取原魏國地區（今河南東部、山東西部一帶）；五，以鄧宗為將，領軍向九江方向（今安徽、江西一帶）進攻；六，以召平為將，領軍攻取廣陵方向（今江蘇揚州一帶）。爾後秦、楚之間軍事形勢的發展，大體沿襲了上述方向。

六——項氏叔侄起江東

百足之蟲，死而不僵。項氏一族，雖然淪落為尋常百姓，楚國貴族、王侯將相的意識未曾消失，依然矜持地維持著戰國分封的流風逸韻。

秦二世元年九月，項梁和項羽起兵於江東地區，史稱項氏江東起兵。

長江滾滾，西來東去，至江西九江以後，折向東北流抵安徽蕪湖，過蕪湖以後，幾乎成正北向流往南京，南京以後，又折向東去，匯入東海。古往今來，長江兩岸，以南北劃分；唯九江至蕪湖，特別是蕪湖至南京一段，以東西劃分，長江以東的江蘇南部和浙江北部一帶，由此被稱為江東。江東地區，古來是吳國和越國的土地，越王勾踐臥薪嘗膽、滅亡吳王夫差的故事，就發生在這裡。楚懷王二十三年（西元前三〇七），楚國滅亡越國，從此，這裡成了楚國的領土。秦始

項羽古畫像。

項王故里紀念館中「英雄蓋世」的項羽塑像

皇滅亡楚國後，在江東地區設置了會稽郡。會稽郡郡治在吳縣（今江蘇蘇州），下轄丹徒、曲阿、江乘、秣陵、丹陽、婁縣、陽羨、海鹽、由拳、烏程、鄣縣、餘杭、錢唐、山陰、歙縣、黟縣、句章、諸暨、烏傷、大末等縣，是人口眾多、經濟發達的地區。

項氏一族，是楚國的名門貴族。祖上是楚國的王族，分枝下來，世世代代出任楚軍將領，有功受封於項，建立封國，取地名作為氏名，一族遂稱為項氏。項氏的封地項國本在潁水南，就是現在的河南項城一帶，以秦的政區而言，就是陳郡項縣。項縣本是楚國的領土，戰國中後期以來，楚國受到秦國東進的壓迫，領土被蠶食侵奪，節節向東方後退。項氏一族，為了躲避秦軍的威脅，也隨同東遷。他們大概首先遷徙到了泗水郡西部的相縣（今安徽淮北）；後來再向東，遷徙到了泗水東岸的下相縣，也就是現在的江蘇省宿遷一帶。項、相音同，陳郡項縣—泗水相縣—泗水下相縣，自西而東，或許就反映了項氏一族的家世變遷和遷徙路線。

項羽，名籍，字羽，於楚幽王六年（前二三二）生於下相縣。他的祖父，是楚國名將項燕。西元前二二四年，項燕統領楚軍，大破入侵的秦軍；次年，秦舉國攻楚，項燕被秦將王翦圍困於泗水郡蘄縣，兵敗自殺，

項王故里下相故城址，如今已然蓋起連棟的現代樓房。

楚國也由此而亡。項燕死時，項羽只有九歲，由叔父項梁撫養長大。項梁是項燕的第四個兒子，關於他早年的行狀事蹟，我們知道得不多。始皇帝統一天下以後，曾經遷徙六國王族和貴族，或者到僻遠之地，或者到關中咸陽附近，項氏一族，大概是沒有被遷徙，繼續居住在下相故地。不過，同所有的六國貴族一樣，項氏一族失去了舊有的封地特權，成為帝國治下的編戶齊民。

俗話說，百足之蟲，死而不僵。項氏一族，雖然淪落為尋常百姓，楚國貴族、王侯將相的意識卻未曾消失，依然矜持地維持著戰國分封的流風逸韻。戰國時期的六國貴族，正當古來的貴族社會和新興的平民社會交替之際，舊傳統和新風氣交匯融合。他們在朝出仕帶兵，執政出使，沿襲古來世卿世祿的傳統；在府則招聚賓客游士，不問門第出身，俯身低首，交接新興的平民下士。君臣之間，是同族親屬，由血緣姻親相維繫；主客之間，是恩信俠義，由個人間的然諾義氣相連接。六國滅亡以後，各國貴族執政出仕的途徑斷絕了。懦弱無能的人，意氣消沉，或者種田，或者放羊，脫胎換骨，變成了普通的平民百姓；強項不屈的人，隱身於民間社會，交接不軌志士，游俠任氣，一心一意要恢復故國舊土，變天復辟。項氏一族，屬於後者。

楚國滅亡以後，項梁成了項氏一族的主心骨和頭面人物，撫養項羽，由他一手操持。項梁遊蹤遠，交接廣，下至閭里民間，上至縣郡官府，所及之處，上上下下，裡裡外外，編織起一道嚴密的關係網。這道關係網，不僅關係到項梁的一生，對於秦末之亂的歷史，也有不可忽視的影響。

項梁曾經到過關中地區，觸犯刑法，被逮捕關入櫟陽縣（今陝西西安東北）監獄。他動用自

進入項王故里前之牌樓

己的關係網，請託蘄縣獄掾，就是縣政府的司法局長曹咎，修書一封，送與櫟陽獄掾司馬欣，將事情擺平，安然出獄。曹咎後來跟隨項梁、項羽起兵作戰，爵封海春侯，官至大司馬，成為楚軍的主要將領之一。這位司馬欣，也不是平凡的人物，他是關中櫟陽人，後來成了秦軍統帥章邯的心腹。鉅鹿之戰後，他促成章邯投降項羽。項羽分封天下的時候，念及舊情新功，他被封為雍王，首都就在櫟陽。項氏一族，與關中和秦國人的關係，至少可以追究到這裡來。

項梁曾經殺人結仇，在故鄉下相待不下去，帶領項羽一道越郡東南遷徙，定居於會稽郡吳縣。江東是吳越故地，民風強悍，逞勇好鬥。吳縣是江東的中心，會稽郡治所在，戰國末年楚國的著名政治家，與魏國信陵君、趙國平原君、齊國孟嘗君齊名的四大公子之一春申君黃歇，他的封地就在這裡。有英雄引領，受世風薰染，當地游俠交接，主從依附的風氣盛行。吳中人士景仰項氏名族，久聞項梁大名，對於項梁的到來，歸心低首，紛紛依附在他門下。客居吳中的項梁，隱然成了民間社會的領袖，地方上的頭面人物，其影響和勢力之大，連郡縣長官都對他另眼相看，成為會稽郡府、吳縣縣庭的座上客。吳中地方上有大的徭役徵發和喪葬祭祀等事情，項梁往往被推選出來主持其事。受世代名將家世淵源的薰陶，項梁深諳兵法，富有組織能力。他在受託為地方舉辦事情的時候，暗中用兵法規範組織賓客子弟，有意識地在使用中考察用人，同時，他也私自鑄錢，暗地裡集聚財富。吳中地區人力物力的調配使用，早就在他的掌握之中。

項羽跟隨項梁來到江東的時候，大概已經成年。他身高八尺有餘（大約在一米八五到一米九左右），力能扛鼎，天生一副武將的體魄，才氣勇武，超越常人，接觸過他的人，沒有不生畏懼之心的。項梁呵護項羽長大，讓他讀書寫字，引導他走文法官吏的道路，但他學不進去。於是又讓他去學劍術，引導他走武吏出仕的方向，他又是中途而廢。項梁怒其不成材，項羽自有辯解，他說：「學習認字寫字，不過可以書寫名字而已；學習武藝劍術，不過一

項王故居地景一

項王故居地景二。項羽的先祖是楚國貴族，歷經數代輾轉遷徙到泗水東岸的下相縣，即今江蘇省宿遷一帶。秦始皇一統天下後編戶齊民，項氏一族淪為尋常百姓，但其貴族意識未曾消失，依然矜持地維持著戰國分封的流風逸韻。

項王故居地景三。《史記》、《漢書》、《江南通志》等歷代史書或方志，皆謂項羽下相人，生於梧桐巷，據考即圖中立碑之處。

對一對打而已。要學，就要學習與萬人對敵的本事。」於是項梁教授項羽兵法，項羽大喜，學了個大概，又無意深入下去。

始皇帝第五次巡遊天下，進入會稽郡經過吳縣，項梁與項羽一起前去觀瞻。萬人空巷的盛大行列中，項羽遙遙遠望始皇帝的車馬行列，冷冷說道：「此人可以取而代之。」項梁大驚，一把掩住項羽的嘴告誡說：「不要妄言瞎說，有滅族之禍！」不過，從此以後，項梁對項羽另眼相看。憑他的閱歷眼光，他覺察出項羽非同尋常。此時的項羽，年紀在二十三歲，正當江東起兵的前一年。

二世元年七月，陳勝起兵，關東大亂，會稽郡也受波及而政局不穩。觀望到了九月份，會稽郡代理太守殷通感到秦朝大勢已去，天下政局的重新組合已經勢不可免。殷通是秦政府直接任命的地方大員，不是當地人，他素來看重項梁的家世能力，以為要在本郡起兵必須借助項梁的威望。他請項梁來郡府商議大事，說：「整個江西地區，已經紛紛反叛，大概是到了天意滅秦的時候了。有話說先發制人，後發則制於人，我決意舉郡起兵，想以項公和桓楚為部將，共同成就大業。」

項梁是有用心有準備的人，陳勝起兵以來，他密切關注局勢，暗地裡籌劃行動。他所等待的，只是一舉而起的時機。聽了殷通的話，項梁心中暗喜，計上心來。桓楚是當地名族，在吳縣地區聲望極高，當時逃亡在山澤之中。項梁應道：「桓楚逃亡在外，沒有人知道他的所在。侄兒項籍與桓楚有交往，知道他的蹤跡。要找到桓楚，只有請項籍來打聽。」殷通同意了。

項梁得到殷通的許可出得府來，見著項羽做了吩咐，命令項羽帶劍在門外等候召見。項梁再次進府入堂，入坐後對殷通說：「項籍已經在門外聽候，請府君召見，然後命令他去找回桓楚。」殷通傳令宣項羽進來。項羽進到堂上，詢問回答之間，項梁使眼色一聲令下，項羽迅速拔劍刺殺殷通，斬下頭來，交由項梁一手提持，又將殷通佩帶的郡守印綬取下，由項梁掛在身上，以此號令府中。事出突然，郡府官吏警衛群龍失首，一時大亂，項羽當即斬殺了不聽命者數十人。一府當中，人人恐懼懾服，紛紛俯身願意聽從項梁。

項梁奪取會稽郡府以後，馬上召見會稽郡與吳縣的官吏和地方豪傑，曉以之所以殺郡守、起兵反秦復楚的大義。得到他們的支持後，項梁被推任為會稽郡太守，全面負責郡政，項羽出任郡都尉，協助項梁統領軍隊。在項梁的主持下，會稽郡各縣動員徵兵，經過挑選，得到精兵八千人。這支八千人的軍隊，成為後來的項氏楚軍和楚國政權的核心力量。因為其成員，都是會稽郡屬下各縣的江東子弟，史書上稱之為江東子弟兵。

項梁和項羽在吳縣發動江東起兵，得到秦王朝吳縣縣令鄭昌的有力支持。鄭昌後來成為楚軍的重要將領，被項羽封為韓王，主持韓國軍政，抗拒劉邦的東進，也是一位不可忽視的歷史人物。此是後話。

七——劉邦也拉起了隊伍

沛縣人中，劉邦最早在秦政權的體制外拉起隊伍，武裝割據一方山頭，做了草莽英雄。他敢做敢當，由他來領頭，最能為各方接受，無疑是最佳選擇。

二世元年九月，芒碭山中秋涼，一名信使匆匆從沛縣趕來，送來重大消息。來人叫樊噲。

項王故居地景四：項家古井。

樊噲是沛縣人，本是沛縣城裡殺狗販賣的狗屠。劉邦押解民工去驪山，樊噲就在被押解的民工當中。劉邦釋放民工落草芒碭山，樊噲不願離去，一直跟隨下來。以資歷而論，他在劉邦集團當中，可以算是最早參加革命的元勳。樊噲後來娶了呂雉的妹妹呂嬃，成了劉邦的連襟，終身與劉邦關係親密，算是同鄉同志，連理姻親。樊噲是條魯莽的漢子，直腸子人，勇猛仗義，不過他粗中有細，忠心耿耿，很得劉邦信任。落草芒碭山以來，劉邦與豐邑家中的聯繫，與沛縣舊交的通信，多由樊噲在兩地間往來傳遞。

原來，陳勝、吳廣起兵以後，關東各地大亂，秦帝國的統治一時陷於癱瘓。沛縣與大澤鄉同在泗水郡，近受起義震動，政情不穩。沛縣令眼見周圍地區紛紛易幟反秦，局勢一天天失控，於是有意順應大勢，改換旗幟，回應陳勝。秦帝國政府任命官吏有嚴格的籍貫限制，郡縣主要長官一律不用本地人，由朝廷從他處直接任命，郡縣署下的屬吏皆用本地人，由郡縣長官在當地舉薦考選任用，在外來客籍官僚和本地土籍役吏之間實行嚴格的分斷。帝國官制之制定用心深遠，役吏用本地人，地方政權的末端直接植根於本土，有利於政令下達，民情上聞；長官不用本地人，以中央任命的方式出守地方，便於中央政府控制地方，也有利於防止地方勢力和地方長官沆瀣一氣，共同欺瞞中央。

沛縣令不是本地人，當地的事都是依靠本地出身的役吏辦理。由於事關重大，沛縣令招來手下兩位主要役吏蕭何與曹參商量。當時，蕭何是沛縣的主吏掾，相當於縣政府的辦公室主任兼人事局長，負責人事考核和日常事務；曹參是獄掾，負責沛縣的司法，相當於司法局長。蕭何和曹參都贊同縣令的主張，同時也表示了自己的擔心。他們對縣令說：「您是秦的官吏，現在有意率領沛縣吏民反秦，固然是大家都好的事情，不過，沛縣的年輕人能不能如願聽從，實在是沒有把握。您的舊部，原泗水亭長劉邦逃亡在外，手下有近百人，多是沛縣的年輕人。如果能夠將劉邦一行招回來，利用他來震懾眾人，怕是沒有人敢不聽從命令的。」沛縣令同意了。

芒碭山離大澤鄉和陳縣都不遠，陳勝起義、關東大亂的消息，劉邦已經有所耳聞。不過，畢竟是偏僻在山裡，難以把握局勢，有心回應卻不便貿然舉動。樊噲的到來，使劉邦極為興奮，當即傳令手下，立即啟程，直奔沛縣。

當劉邦一行趕到沛縣城下時，只見城門緊閉，戒備森嚴，局勢發生了變化。原來，當樊噲離開沛縣以後，沛縣令對於召集劉邦回來的決定後悔了，他懷疑蕭何、曹參串通劉邦，意圖脅迫和危害自己，於是下令關閉城門，禁止出入，逮捕蕭何、曹參。蕭何和曹參都是本地大戶人家，又是在縣衙門工作多年的豪吏，耳目多，消息快，在追捕到來以前，已經翻牆出城，投奔到劉邦隊伍中來。

大家商議之後，由劉邦手書帛書一封，裝在箭上射到城上。帛書的內容是告喻守城的吏民和城中的父老兄弟，天下多年來苦於秦政的苛暴，現在各地蜂起反秦，諸侯並立。沛縣令是秦吏外鄉人，反覆無常無信，如今不為地方著想，驅使大家為秦守城，一旦諸侯攻來，城破以後，只有身死家亡。我們都是家鄉人，為家鄉著想，為自己和妻子兒女著想，不如一起誅殺縣令，在本縣子弟中選擇可以守衛家鄉的人立為縣令，響應諸侯共同反秦，如此一來，家室可以保全，地方可以安堵……云云。沛縣吏民，多是劉邦、蕭何、曹參的故舊和屬吏，得到劉邦的帛書後，裡應外合，殺死縣令，開城迎接劉邦一行。

樊噲像

開城以後的沛縣，馬上面臨重新建立沛縣政權的課題。以當時的沛縣形勢而論，大概是三種力量左右政局：其一是以蕭何和曹參為代表的沛縣舊政權的中下級官吏，其二是沛縣地方的父老豪傑，即民間政治勢力，可以舉出名字來的有王陵和雍齒，其三就是劉邦從芒碭山帶來的近百人隊伍，主要是沛縣出身的年輕人。蕭何和曹參是縣吏中的頭面人物，地位高，人緣廣，組織能力強，算是很好的人選。不過，兩人都是文法之吏，輔佐型的人物，長於在既有的組織中行動，再說二人家族大，顧慮也多，不願意承頭起事。王陵是沛縣有數的豪民，民間游俠社會的領袖，他從來視劉邦為小兄弟，對於蕭何、曹參類的沛縣屬吏，也是不大放在眼裡，承頭主事，他敢當敢幹，絕不會推辭。不過，王陵不曾出任過官府吏職，不是沛縣屬吏圈子裡的人，役吏們對他有戒心。王陵性格又過於鯁直，是砲筒子，辦事直杠杠，說話嗆死人，託付事情可靠，領導眾人求活路怕是不行。推來選去，大家還是覺得劉邦合適。劉邦曾經做過泗水亭長，是武吏，雖然地位在蕭何、曹參之下，畢竟是舊日沛縣吏圈子裡的人物，役吏們易於接受。劉邦過去是游俠，兄事過王陵，在江湖民間有交往浪跡；如今陳王麾下的魏國名士張耳，當年算是劉邦的門主，由劉邦主事，與內外的民間豪傑便於溝通。況且，如今是舉縣造反求生存，沛縣地方萬千老老少少的身家性命，都繫於起事後行動的成敗；沛縣人中，劉邦最早在秦政權的體制外拉起隊伍，武裝割據一方山頭，做了草莽英雄，他敢做敢當，由他來領頭，最能為各方接受，無疑是最佳選擇。經過議論協商以後，大家一致推選劉邦為首領，主持沛縣軍政大事。

劉邦做了例行的辭讓以後，接受了推舉，出任首領，重新組建沛縣政權。劉邦首先明確起事的大義名分，回應陳勝張楚政權，在張楚的名義下舉縣武裝反秦。他襲用楚國的制度，建立楚

詛楚文。戰國後期秦、楚爭霸激烈，秦王祈求天神佑秦，詛咒楚亡。

制的沛縣政權，自己出任長官沛公，以沛公的名義，在全縣動員徵兵，正式組建軍隊。沛縣是大縣，人口在一萬戶以上，劉邦完整地接受了秦王朝沛縣的政權組織，得到沛縣地方父老民眾的一致支持。徵兵動員的結果，他組織起一支兩三千人的軍隊。這支軍隊，都是沛縣人，以地緣結成，號稱沛縣子弟兵，成了未來的劉邦軍團的核心、漢帝國政權人事的根基。初期漢帝國政權的大臣閣僚，多是這批豐沛故人。

八——「亡秦必楚」的真意義

秦末歷史回到戰國，歷史進入後戰國時代，類似列國並立紛爭，諸子百家、游俠豪傑重現，王業—霸業—帝業轉移的種種歷史特點，延續變遷約有六十年之久。

陳勝大澤鄉起兵、項氏會稽起兵和劉邦沛縣起兵，是決定秦楚漢間歷史動向的三件大事，後來歷史的發展，大體由陳勝、項羽和劉邦三位英雄主導。這三個人，都與楚國有著緊密的關聯。戰國末年流傳一時的讖言「楚雖三戶，亡秦必楚」也由此可以得到索解。

陳勝建立張楚政權，開創誅暴滅秦的大業；項羽消滅秦軍主力，決定秦亡的命運，奠定分割天下的基礎；劉邦攻入關中，迫使秦政府投降，最終成就帝業。司馬遷綜述這一段歷史說：發難反秦，由陳勝開始；暴厲滅秦，出於項氏；撥亂誅暴，平定海內，成就帝業，則是劉邦。五年之間，天下政局的主導遞次嬗變於三人，自開天闢地以來，天命之授受移轉，未曾有過如此急切。《史記》將陳勝的一生入於王侯世家，將項羽和劉邦寫入帝王本紀，無一不予以高度的評價；司馬遷又著〈秦楚之際月表〉，將秦末之亂到漢王朝建立之間的這一段歷史，視為秦楚之際，強調的是楚國楚人在秦末歷史中的獨特地位和作用。

陳勝是南陽陽城人，吳廣是陳郡陽夏人，他們在大澤鄉起義。這些地方，戰國末年都是楚國的領土；隨同陳勝、吳廣起兵的九百戍卒，也都是出身於楚國地區的貧民；陳勝所建立的政權號為張楚，取「張大楚國」的意義。項氏是楚國的名門貴族，封地在陳郡項縣，後遷徙到泗水郡下相縣；項梁、項羽起兵於會稽郡吳縣，都是楚國的舊土。隨同項氏的八千江東子弟兵，也無一不是楚人。項梁後來擁立懷王，復興楚國王政；項羽統領楚軍殲滅秦軍主力，自封西楚霸王，宰割天下，時時處處都是楚人楚國。劉邦是泗水郡沛縣人。戰國末年，沛縣是楚國的領土，沛縣吏民隨同他起兵於沛縣，也是楚國人起於楚國舊土。劉邦起兵以後，被推舉為沛公，是楚制的沛縣長官。他始終在楚國的旗幟下奔走。攻入關中收降秦王時，他是懷王楚國的碭郡長。

然而，自東漢歷史學家班固著《漢書》以來，陳勝和項羽被貶入臣民列傳，〈秦楚之際月表〉被〈異姓諸侯王表〉取代，秦楚漢之間的這段歷史，被視為秦漢之間的歷史。在這種對於歷史的修改當中，曾經主導天下政局的楚國之存在被抹殺，張楚王陳勝和西楚霸王項羽被淡化，劉邦曾經是楚國臣民、漢出於楚的歷史也被掩蓋。班固綜述這一段歷史說：劉邦沒有封土王侯的依託，憑藉一劍之任，五年成就帝國偉業，有史記載以來，未曾有過。論述同一段歷史，在班固這裡，只強調西漢建國和劉邦偉業。歷史認識的差異，直接影響到對於歷史事實的處理。

解讀歷史，有解讀者的識見參入其中；編著歷史，受編著者認識的左右。《史記》由司馬談和司馬遷父子兩代寫成。司馬氏父子的時代，距離秦楚漢間不過百十來年，時代的遺留尚在，他們能夠真切地感受。《史記》是私人著作，未受官方政府的指導限制，能夠實實在在地撰寫，成就古風信史。《漢書》是班彪、班固父子的著作，寫成於東漢，距離秦楚漢間已經有三百來年，王朝循環交替的歷史已經固定，正統觀念的史觀已經形成。《漢書》編成以後，成為官修正史的開端，後代王朝編撰前代王朝歷史的義例體裁，天命在前後王朝之間移轉的歷史觀念，也成為中國史學的主流和傳統。正因為此，出於統一王朝有序交替的觀念，西漢王朝被視為秦王朝天命的承接者，秦漢之間難以容納承接天命的第三者出現，於是歷史被按照既定的型樣剪裁。在這種剪裁當中，不僅曾經主導天下的楚國楚人被抹殺；伴隨這種抹殺，秦末之亂的本質是否定秦帝國的統一而回復戰國，其歷史特點是戰國以來七國關係的重演，如此種種時代精神的真相也被塗抹後重新勾畫。模糊扭曲的成見，誤導國人兩千年。

閱讀歷史，最微妙的是把握時代精神。入史學之門以來，我多年受成見誤導，也隨時流在秦漢之間迷惘，不知秦漢之間有楚，更何遑想到過連接漢—楚—秦一直到戰國時代。一九八二年，我在北大選修田餘慶先生的秦漢史，聽先生講課，眼前豁然一亮，識見洞然開啟。一九八九年先生〈說張楚——關於「亡秦必楚」問題的討論〉一文正式發表，我長年置於手邊，反覆拜讀至於今天。史家治史論史之難，莫過於時代精神論，或流於空泛，教條無物，或陷於淺顯，牙慧學舌，多視為畏途，敬而遠之。先生獨闢蹊徑，著眼於長沙馬王堆漢墓的遺留，從出土曆書上的張楚年號入手，究明西漢初年陳勝張楚法統的存在，進而鉤沉考證，再現秦漢間被抹殺的楚國楚人，又索隱推斷，連接戰國，指出秦楚漢間的歷史特點，是戰國末年以秦楚關係為主之列國關係的重演和發展；這種重演和發展，又是在新的歷史條件下，由楚承秦重新走向統一，「張楚之立，重新開始了秦楚之爭；劉邦滅秦，完成了張楚之軍西擊強秦所未曾完成的任務。秦楚之爭，最後的勝利者是楚。勝利的楚以劉邦為代表，轉化為漢的皇權，這同時又是秦始皇已開其端的統一的回歸，帝業的勝利。」何等深刻的史論，卓識遠見，撥開兩千年史識之迷誤，引導我解讀秦楚漢間的歷史真相。

總而言之，戰國以來的秦楚角力中，最後的勝利者是楚人，而成就楚人最後勝利的三位功勞者則是陳勝、項羽和劉邦，這就是「楚雖三戶，亡秦必楚」的真正意義。我由此承繼生發，著眼於秦楚漢之間的歷史連續性，有後戰國時代論。秦末歷史回到戰國，從秦楚之間一直到西漢初年，歷史進入後戰國時代，類似列國並立紛爭，諸子百家、游俠豪傑重現，王業—霸業—帝業轉移的種種歷史特點，延續變遷約有六十年之久。直到漢武帝即位，第二次統一完成，歷史才又進入新的統一帝國時代。不過，這又已經是後話了。

眼下的歷史，正進入六國復活、七雄紛爭的門檻，後戰國時代到來。

第五章

章邯撐危局

一——失衡的帝國防務

統一六國以後，中原息兵，南北對百越和匈奴開戰，秦帝國的軍事重心由中原向南北兩邊境轉移。整個秦帝國的軍事布防，成一外重內輕的格局。

秦從統一天下（前二二一）到始皇帝去世（前二一〇），十二年間國內承平無戰事，銷毀民間兵器，撤除六國關防城郭，統一文字貨幣，整齊度量衡，整備交通道路，推行郡縣戶籍法制，舉國上下，專心致力於統一帝國的內部建設。始皇帝五次出巡，祭祀各地山川神靈，安撫黔首庶民，刻石紀功，彰顯息兵統一的偉業。嶧山石刻宣稱「今皇帝一家天下，兵不復起」，東觀石刻明言「闡並天下，甾害絕息，永偃戎兵」，琅邪刻石公布「今皇帝並一海內，以為郡縣，天下和平」，無不是由始皇帝親臨各地，宣告息兵和平，子孫萬代，永享太平。在這種和平安定的環境當中，內郡各地，削減兵力，鬆弛武備，自然是順理成章的事。另一方面，秦統一六國以後，並沒有停止擴張的步伐，秦帝國的軍事力量，由內郡向南北邊境集結，開始準備對匈奴和南越的戰爭。

蒙恬一家，三代秦軍名將。祖父蒙驁，父親蒙武，都是馳騁統一戰場上的名將。秦始皇二十六年（前二二一），蒙恬助王賁、李信攻滅齊國，再建軍功。滅齊歸來，始皇帝任命他為內史，統領重兵屯駐上郡，負責關中地區和首都咸陽的防務。上郡的治所膚施，故址在今陝西榆林市東南。蒙恬領重兵屯駐陝北保衛首都，標誌著秦帝國軍事力量的布置，已經由東方轉向北方，其攻防的對象，不再是六國，而是活躍於蒙古高原的匈奴。蒙恬屯駐上郡，首先是安定首都的北面，防止匈奴騎兵南下；同時，他奉命建造城塞，加強邊防，修築道路，囤積軍糧，為與匈奴開戰做事前的準備。

秦嶧山刻石（北宋拓本）

秦始皇三十二年（前二一五），始皇帝下令進攻匈奴。他任命蒙恬為大將，統領三十萬大軍出擊，占領了河套地區。次年，蒙恬軍渡過黃河，攻占高闕（今內蒙古杭錦後旗東北）、陽山（今內蒙古狼山）、北假（今內蒙古黃河河套以北，陰山山脈以南的地區），奪取了整個陰山地區和賀蘭山高地，迫使匈奴撤退到陰山以北、賀蘭山以西，失去了南進的基地。蒙恬軍取得軍事勝利以後，大軍繼續屯駐，在河南地區設置九原郡，移民作永久性的占領，沿邊大規模修築城塞亭障，建立起設防的邊境；又修築從九原通達咸陽的軍用高速公路——直道，將首都和北疆直接連接起來。匈奴雖然一時被迫退出河套地區，勢力依然強大，其所控制的地區，西起阿爾泰山，東至遼河流域，秦帝國的整個北部和西部邊境，幾乎被匈奴包圍。接受始皇帝的命令，蒙恬進而將舊秦國、趙國、燕國的北部長城全部連接起來，西起臨洮，東至遼東，建立起統一的北部邊防。負責帝國北部邊防的三十萬屯駐軍，稱北部軍，總部設在上郡，由蒙恬指揮。

秦攻滅楚國以後，對於過去臣服於楚國、由當地氏族首領和部落君長們自治的廣大百越地區，開始實行軍事攻擊。在軍事占領後，比照郡縣實行直接統治。當時的所謂百越，是廣泛分布於長江以南直到東南亞的古越族。分布於今浙江紹興一帶者，稱為于越；分布於今溫州一帶者，稱為東越；分布於今福建福州一帶者，稱為閩越；分布於今廣東及其以南者，稱為南越；分布於今廣西及其以南者，稱為駱越（又稱西甌）。

秦始皇二十六年，秦將王翦挾滅楚之餘威，渡江攻滅于越，設置會稽郡，開秦用兵百越之端緒，軍威逼近東越和閩越。同時，王翦軍別部由湖南、江西方向滅楚南下，軍鋒已經抵達楚越交界的嶺南地區，與南越和駱越有所衝突。

秦帝國第一次全面攻擊越人的軍事行動，大約開始於秦始皇三十年。當時，秦始皇任命屠睢為大將，統領數十萬大軍南進。屠睢軍從三個方向，兵分五路，西南方向兩路進軍，分別走今越城嶺（今廣西資源和興安縣間）和今萌渚嶺（今湖南江華），攻擊駱越；中南方向兵分兩路，分別走今騎田嶺（今湖南宜章和郴州間）和今大庾嶺（今江西大庾與廣東南雄間），攻擊南越；東南方向一路，走今江西餘干南之信江，攻擊東越和閩越。東南方面軍順利進軍，攻滅東越和閩越，設置閩中郡，實現了秦的直接統治。中南方面軍和西南方面軍遭到南越和駱越的頑強抵抗，屠睢戰死，大量秦軍陣亡，秦軍深陷於越人游擊戰的泥沼中達三年之久，無法完成對南越和駱越的占領。

秦始皇三十三年，始皇帝任命任囂為大將，開始第二次大規模對越軍事進攻。這次軍事行動，增兵移民超過五十萬人，將大量人力、物力、財力源源不斷地投入南越和駱越戰場，終於攻占了嶺南地區，在駱越地區設置了桂林郡，在南越地區設置了南海郡和象郡，長期屯駐軍隊，實現了對百越的直接統治。秦帝國屯駐嶺南的軍隊及其輔助人員，數量以五十萬計，稱為南部軍，先後由屠睢、任囂和趙陀統領，大本營設在番禺，就是今天的廣州。

秦自建國以來，關中地區是國本所在的根據地，軍事布局的重中之重。秦長年東進擴張，攻擊和防衛的目標指向關東六國，扼守關中東部門戶的函谷關是最重要的軍事要地，也常年屯駐重兵。隨著東進擴張的順利進行，秦的軍事重心逐漸東移，滎陽一帶成為新的軍事重地。統一六國以後，中原息兵，南北對百越和匈奴開戰，秦的軍事重心由中原向南北兩邊境轉移，上郡以北、五嶺以南成為重兵屯駐的要地。整個秦帝國的軍事布防，成一外重內輕的格局，不僅內郡空虛，秦帝國本土——關中地區的防務也鬆懈下來。

二——英雄周文

秦軍的精銳，使周文震驚；秦軍的布陣，使周文繚亂。周文憑藉他豐富的軍事經驗，意識到眼前的秦軍非同一般，當是秦軍精銳中的精銳，也許就是傳聞中始皇帝的近衛軍團。

陳勝、吳廣起兵於泗水郡大澤鄉，其地遠離關中咸陽靠東，遠離南北兩疆在中，是帝國外重內輕之軍事格局中最空虛薄弱的地區之一。

陳勝七月起義，九百人攻占大澤鄉及其所在的蘄縣。不到一個月間，先後攻克銍、酇、譙、苦、柘等數縣，擁有六、七百乘戰車，一千餘名騎兵，步兵數萬人。陳勝進而一舉攻下陳郡郡治陳縣，稱王，建立張楚政權。陳勝軍的迅猛發展，楚國故地民眾的回應固然是重要的因素，不過，陳勝軍若入無人之境的軍事進展，其最關鍵的原因，在於武備鬆弛的內郡各級秦政權，無法組織起有效的抵抗。

張楚政權在陳縣建立以後，迅速做出了主力西進關中奪取咸陽、分部四面出擊的軍事部署。西進的張楚軍由兩支部隊組成，一路軍以吳廣為假王，統領張楚軍主力進攻滎陽，指向關中的東大門函谷關；一路軍以宋留為將軍，領兵攻取南陽，伺機奪取進入關中的南大門武關，兩路進軍的目標都是關中咸陽。滎陽在三川郡境內，是由關東地區走三川東海道通向關中的第一道門戶，控制東西南北交通的關口，秦王朝駐有重兵防守。緊靠滎陽東北部，秦帝國建有著名的糧食儲備基地——敖倉，大量存貯戰備用糧。滎陽的屯軍和敖倉的糧食，構成秦帝國控制關東地區的戰略基地。

吳廣軍一路順利，擊敗沿途的秦軍，包圍了滎陽。當時，秦王朝的三川郡守是李斯的長子李由。吳廣軍逼近，他由郡治洛陽抵達滎陽，統領滎陽駐軍，死戰堅守。吳廣軍雖然圍困了滎陽，卻無法攻克，戰局陷入了膠著狀態。另一支西進軍的宋留部隊雖然順利進入南陽郡，也遭到了南陽秦軍的阻擊，無法迅速逼近武關。西進軍的這種膠著形勢，引發張楚政權作出一項新的戰略決定：繞過滎陽，直接進攻函谷關。英雄周文，由此登上歷史舞台。

周文，又名周章，是陳縣的豪傑賢俠，曾經在戰國四大公子之一楚國春申君的門下做過門客，自稱熟習兵法。秦楚戰爭中，他從軍抗秦，曾經入項燕軍中服役參戰，做過將軍幕府的視日，相當於作戰參謀，負責天氣地形、占卜預測，有相當的軍事經驗和才能。陳勝軍攻克陳縣以後，他以地方豪傑的身分參與建立張楚政權，得到陳勝的信任。繞過滎陽的戰略，也許就是周文的建議，獲得了陳勝的賞識和贊同。張楚政權任命周文為將軍，另外率領一支軍隊繞過滎陽西進，直奔函谷關而去，以突然襲擊的方式破關突入關中，奪取咸陽。周文的軍隊，得到圍困滎陽的吳廣軍的支援，順利進軍，突破洛陽、新安、澠池一線的秦軍防線，一舉攻破函谷關。

函谷關是關中的東大門，是秦扼守關中本土的咽喉要地、軍事重鎮。戰國以來，秦與關中六國爭鬥，有勝有敗，有進有退。不過，秦軍的進退有一條基本的底線，就是函谷關從未丟失過，始終能夠將諸侯國軍阻止在函谷關下，保障關中本土不受敵軍的侵入蹂躪。秦最終能夠戰勝六國，因為守住函谷關而保有穩定的關中根據地，可以說是極為重要的基本條件。周文攻破函谷關，是秦建國以來從未有過的重大失敗，也是張楚軍的一次決定性的勝利。關中震動惶恐，反秦軍鼓舞歡騰。函谷關被攻破以後，關中八百里平川，幾乎是無險可守。入關後的周文乘勝進軍，沿渭水南岸的大道急速西進，過寧秦、鄭縣，幾乎是毫無阻攔，一直打到咸陽東郊，驪山腳下的始皇帝陵旁。周文的部隊浩浩蕩蕩，擁有兵車千乘，步兵數十萬人，西望秦都咸陽，大有一舉消滅秦帝國之氣勢。

然而，就在周文軍抵達驪山東面的戲水時，一支精銳的秦軍部隊，已經靜悄悄地在戲水西岸嚴陣以待。戰國末年，周文參加過項燕對抗王翦的大戰，秦楚兩軍百萬雄師的戰陣，他是見識過的。秦末亂起，他身為張楚軍將領統兵西進，一路上與無數秦軍交戰過來，可謂破關斬將，久經沙場。然而，當他觀望布陣在戲水西岸的秦軍時，不禁倒抽一口涼氣，有不寒而慄之感。

戲水西岸的秦軍，約有五萬人，分為五軍，排列成前鋒、後衛兩陣。前鋒三軍，右軍依託驪山布陣，左軍旁靠渭水布陣，左右軍之間，中軍橫列展開。前鋒三軍之後，後衛兩軍集結在前鋒三軍的結合部，作支援依託。五部秦軍，每軍萬人，自成一獨立軍團，各軍團布陣相同，分別列成右方陣、左曲陣、中方陣和軍幕指揮所。

右方陣成長方形作縱深排列，約有六千人，是一支由弩兵、步兵、車兵構成的主體部隊。方陣最前端是三列弩兵橫隊，每列六十八人，共二百零四人，軍士不穿鎧甲，手持弓弩類遠端武器，組成軍陣的前鋒。前鋒之後是車兵和步兵相間的三十八路縱隊。車兵身穿鎧甲，持戈、矛、戟等長兵器，分乘由四匹戰馬牽引的戰車。步兵有不穿鎧甲者，為輕裝步兵；有穿鎧甲者，為重裝步兵，分持長短各種兵器。右方陣兩翼，各有一列弩兵橫隊，分別外向排列，為右方陣的翼衛，防止敵軍從兩翼襲擊。右方陣的最後，有一列後向排列的弩兵橫隊，為右方陣的後衛，防止敵軍從背後襲擊。右方陣布陣，依據長兵在前、短兵在後的陣法，攻守兼顧，滴水不漏。

左曲陣是一個由四個分陣組成的曲尺形軍陣，由九百名弩兵、步兵、車兵、騎兵混合編成。四個分陣分別為弩兵陣、騎兵陣、混成陣和車兵陣。弩兵陣突出於左曲陣的最前端，由三百三十二名弩兵組成。弩兵陣的陣表，即軍陣的四面由一百七十二名立射弩兵組成，其陣心是一百六十名跪射弩兵，成八路縱隊排列。弩兵陣後外側是騎兵陣，是由戰車六乘、騎兵一百零八騎編成的長方形軍陣，戰車在前先導，騎兵跟隨在後，戰車以三乘為一列，騎兵以四騎為一組。弩兵陣後內側是混成陣，是由車兵、騎兵、步兵混合編成的長方形軍陣，十九乘戰車排列成三路縱隊，二百六十四名步兵編組跟隨其後，陣後另有八名騎兵殿後。車兵陣側接混成陣，前鋒收斂與右方陣看齊，是由六十四乘戰車和一百九十二名甲士組成的正方形方陣。六十四乘戰車排成八縱列，每列八乘戰車，每乘戰車由四匹戰馬牽引，車上有御手一名，甲士二名，皆著重裝鎧甲。左曲陣陣形複雜，成所謂大陣套小陣，陣中有陣的布局。四陣組合自在，變換自如，特別是騎兵的機動運用，可謂前所未見。

在左曲陣之後，是中方陣。中方陣的構成與右方陣類似，由三千名弩兵、輕重裝步兵和車兵組成。中方陣也是長方形軍陣，與右方陣不同的是，中方陣作橫向排列，後衛左曲陣，右翼右方陣，是軍團方陣的支援部隊。軍團的指揮部、戰車帷幕、儀仗鼓旗，布置在左方陣和右方陣的縱深部，整個軍團方陣的後方。

秦軍的大營，在前鋒三軍團後面，依託後衛兩軍團移動，儀仗鮮明，警衛森嚴，傳令騎士進進出出，金鼓旗幟變換有序，宛若燈影戲中幕後牽線的手，指揮各軍團各軍陣移動，如影隨形。

秦軍的精銳，使周文震驚；秦軍的布陣，使周文繚亂。周文憑藉他豐富的軍事經驗，意識到眼前的秦軍非同一般，當是秦軍精銳中的精銳，也許就是傳聞中的始皇帝的近衛軍團之一、拱衛帝都咸陽的京師中尉軍。

以數量而論，楚軍占有絕對的優勢，但是，由於地形的限制，數十萬大軍無法展開。周文不敢輕敵，他首先以楚軍輕銳部隊，築便橋強渡戲水，由戰車打頭，步兵跟隨，試探衝擊秦軍前鋒三軍團的結合處。秦軍放任楚軍渡河，待部分楚軍渡過戲水時，三軍團齊進，轉換陣形，將九陣展開，合攏結合部，開始攻擊。秦軍首先由弩兵直立蹲跪輪番射擊。萬箭齊發之後，弩兵閃開撤至兩翼，陣門開啟，戰車出動，步兵跟進，突入楚軍軍陣，直接攻擊遭受弩兵射擊後的楚軍。就在車戰交戟和步兵格鬥展開之時，集積起來的秦軍騎兵迅速由兩翼撲出，突入半渡的楚軍身後，焚燒破壞便橋，切斷戲水兩岸楚軍的聯繫。楚軍士兵，先遭秦軍強弓勁弩射擊，因傷亡而震恐，繼而被秦軍戰車衝開軍陣，隊形出現混亂。當編隊嚴整、擊殺兇猛的秦軍步兵方陣抵達眼前時，後方又因秦軍騎兵的包抄而動搖，紛紛潰散，無法作有組織的抵抗，多成了秦軍士兵據以報功的首級。

初戰戲水的結果，楚軍大敗，渡過戲水的楚軍，幾乎無一生還。周文在戲水東岸穩住陣腳，不敢再輕易渡河攻擊。他曾經試圖引誘秦軍渡戲水，準備利用數量優勢在戲水東與秦軍決戰。然而，秦軍儘管初戰獲勝，卻不乘勝追擊，事後也絲毫不為周文軍的引誘所動，只是堅守在戲水西岸。秦楚兩軍，相持在戲水。

抵達戲水以後，迅速揮軍西進，一舉攻克咸陽，正是周文既定的戰略目標，豈能有止軍不進、貽誤戰機的稍許躊躇？合理地推想，周文軍之所以未能渡過戲水西進，不是不進，而是不能；之所以不能，當是遭遇到了無法西進的意外阻擋。

三——戲水之戰的秘密

周文軍停留戲水未能迅速進軍咸陽一事，因為史書缺環失載而成千古疑案。

從爾後的歷史來看，周文軍滯留戲水，是大澤鄉起兵以來秦楚間軍事形勢的重大轉折。對於張楚政權來說，乘風雲突變之勢，一舉攻入咸陽消滅秦帝國的可能前景，宛若電光幻影，轉瞬即逝。從此以後，張楚軍失去進取之力，節節敗退，不久就被消滅。與此相對，秦帝國由此贏得了喘息的時間，從猝不及防的慌亂中清醒過來，得以動員集結秦軍，開始東進反擊，一時轉危為安。古往今來，同情張楚陳勝者，無不為周文軍停留不進惋惜。讀書論史者，往往批評周文未能迅速揮軍西進，犯了重大的軍事決策錯誤。

周文軍的這種錯誤，用現代戰史上的成例來比況的話，類似於第二次世界大戰中的敦克爾克之戰。一九四〇年五月，閃電橫掃歐洲的德軍主力，將一敗塗地的英法聯軍追逼到加來海峽的敦克爾克。五十公里寬的險惡海岸，四十萬聯軍絕路逢生的唯一希望，就是乘船渡海撤退到英國。對於聯軍來說，他們最緊迫的需要，就是時間，那怕是一分一時一天。奇怪的是，五月二十四日，已經逼近敦克爾克、即將切斷聯軍退路的德軍裝甲部隊突然停止了前進，直到五月二十七日方才恢復進攻。這三天的時間裡，英法聯軍從混亂中鎮靜下來，構築起固守海岸的防線，撤退計畫得以緊急實行。六月四日，德軍攻克敦克爾克，四萬聯軍後衛部隊被俘，然而，三十三萬聯軍主力已經順利撤退到英國。正是這支保存下來的有生力量，成為爾後聯軍重建的根本。敦克爾克之戰，也由此被視為第二次世界大戰中德軍由盛而衰的轉折。

戰爭是藝術，千載難逢的戰機，轉瞬即逝。敦克爾克戰役，德軍為何突然停止前進，由此喪失全殲英法聯軍的戰機？根據歷史學家的研究，五月二十四日希特勒下達了「停止前進」的命令。至於希特勒為什麼下達「停止前進」的命令，至今仍然是未解的歷史之謎。有研究者說是出於德軍統帥部對進軍過於快速的裝甲部隊的擔心；也有研究者說是出於希特勒希望與英國作政治交涉的失誤。不管原因何在，歷史性的錯誤已經鑄成。

我追究秦末的歷史到戲水周文，聯想古今，感慨萬端之餘，每每心存疑慮。周文其人，是陳勝政權中難得的軍事人材。戰國末年，他在項燕軍做視日，身為作戰參謀參加過秦楚大戰；吳廣軍滎陽受阻，他出奇策，領奇兵，一舉攻下函谷關，集結數十萬大軍抵達戲水東岸，充分顯示了他傑出的軍事才能。抵達戲水以後，迅速揮軍西進，一舉攻克咸陽，正是周文既定的戰略目標，豈能有止軍不進、貽誤戰機的稍許躊躇？合理地推想，周文軍之所以未能渡過戲水西進，不是不進，而是不能；之所以不能，當是遭遇到了無法西進的意外阻擋。

司馬遷記載周文軍在戲水停留的事情，主要見於《史記．陳涉世家》。司馬遷說：周文「行收兵至關，車千乘，卒數十萬，至戲，軍焉。」對於這段重大史實，僅僅用了聊聊十六個字。據這十六個字所言，周文一邊進軍一邊擴大軍隊，一直抵達函谷關，擁有戰車千乘，兵士數十萬，進而抵達戲水，駐軍於此。對於周文軍為何在驪山停留不進，完全沒有交代，緊接著就說章邯請准二世赦免驪山的刑徒和奴隸，編入軍隊擊敗周文，周文軍退出函谷關。

周文攻破函谷關抵達戲水與秦軍大戰，是在二世元年九月。戲水戰敗後退出函谷關，在曹陽（今河南陝縣西南）與秦軍又戰，戰敗，是在二世二年十一月。退到澠池（今河南澠池西），再與秦軍激戰，兵敗自殺，是在曹陽之戰後的十餘天。三個月間，秦楚間數十萬大軍三次大戰，其激烈的程度可想而知；然而，《史記》僅僅用了八十餘字記載這段史事的流程，對於具體的戰況，完全沒有提及，特別是關於秦軍的情況，除了主帥章邯的名字和他提議赦免刑徒、奴隸編入軍隊的聊聊數語外，更是一概闕如。我多次感慨，古史往往是掛一漏萬，掛一漏萬的記事，受文言文語體的限制，往往語焉不詳，細節的闕如，更是通行慣例。與此關聯，周文數十萬大軍為何在戲水停留不前，坐失一舉攻入咸陽之戰機的千古疑案，依靠現有的史書文獻，不可能獲得解答。歷史真相的解明，必須另謀出路。

西元一九七四年三月，在驪山秦始皇陵園東側，發現了兵馬俑坑。一、二、三、四號俑坑中，八千餘具兵馬俑，按照作戰陳兵的陣式排列，忠實地再現了帝國秦軍的原貌。根據歷史學家的研究，兵馬俑的風格，完全寫實：四個俑坑的排列，是秦軍的實戰布陣；兵馬俑的塑造，以實在的秦軍部隊為原型；八千餘件兵馬俑所組成的軍團，如實地再現了秦軍的組織和陣容。兵馬俑，是安置於地下保衛始皇帝的秦軍精銳部隊；它的原型，當是秦的京師衛戍部隊，即所謂京師軍之一部。

秦帝國的京師軍，有郎中令軍、衛尉軍和中尉軍三支部隊。郎中令軍是皇帝的侍從武官團，由大夫、謁者和郎三種官吏組成，在皇帝身邊負責侍從警衛，由郎中令統領。郎中令是皇帝的侍從總管、內廷警衛總長，大夫是皇帝的內廷參議，謁者主要負責皇帝的禮賓司儀，大夫和謁者的數量不多，大致各有數十人左右。郎中令下屬的主體部分是郎官，數量最多，作用也最為重要，他們既是皇帝的侍從近衛，也是出仕官員的預備隊，人數沒有一定，多的時候總數可以到一千人左右。

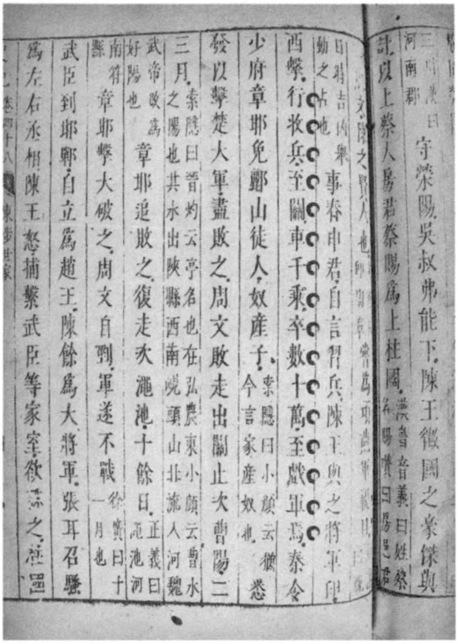

周文軍在戲水突然停軍不前，司馬遷僅僅用十六個字記載，留下了千古謎團。

走進歷史現場

戲水

戲水，位於陝西臨潼東南，出於驪山東側，北流入渭河。2004年7月，秦俑學討論會最後一天的傍晚，當我再一次站在雄偉的兵馬俑軍團前時，眼前是戰車滾滾，刀光劍影，耳中是軍鼓陣陣，戰馬長嘯。驪山下，戲水畔，秦帝國京師中尉軍主力，正列陣以待，迎擊周文軍的進攻。

在郎中令下屬的三種屬吏中，負責侍從警衛的郎官，比照軍事組織編制，由郎中令下的五官中郎將、左中郎將、右中郎將、車郎將、戶郎將、騎郎將等分部統領，是一支小而精的侍從武官團。

衛尉軍是皇宮宿衛軍，由九卿大臣之一的衛尉統領，負責京城內外諸宮城城門的警衛及其城內的治安，皇帝出行時也要承擔安全警衛的工作。衛尉屬下的部隊由衛士組成，衛士是定期服役的士兵，一年輪換，數量在兩萬人左右，他們分別屯守各個宮城要所，沿宮城內城垣設營帳居住，分散駐守，沒有統一的營壘。

中尉軍因由中尉統領而得名。中尉掌管首都內史地區的軍事和治安。由於內史是首都所在，性質特殊，中尉作為內史地區的軍事長官，兼有中央官和地方官雙重身分，躋身於國務大臣之列，成為九卿之一。中尉的職務，可以分為兩部分：一是負責內史地區的守備保衛、治安維持、地方軍之管理。這種職務，大體相當於帝國地方各郡的郡尉。二是統領京城衛戍部隊，負責首都咸陽的守備、中央各官署的保衛、中央武庫的管理，皇帝出行時率領部隊先導扈從，清道警衛。這種職務，相當於中央軍事大員的職能。中尉所掌管的軍隊，大體可以分為兩部分，其一為分散在首都內史各縣的地方軍；其一為集中屯駐在咸陽宮城外的京城衛戍軍。京城衛戍軍，約有五萬人左右，主要由內史地區徵召的服役士兵組成。他們年年冬季在本籍地區接受軍事訓練，經選拔編入衛戍軍服役一年，期滿輪換。

總的說來，以郎中令軍、衛尉軍和中尉軍組成的秦京師軍，分別分布於宮殿內外、宮城內外和京城內外，以皇帝為中心，在關中地區構成一個嚴密的多層防衛系統。首都地區的安危，繫於京師軍的存在。兵馬俑的原型部隊，在京師軍中尋求，確是合乎情理的推想。受此啟發，我進而推斷，在京師軍這個多層防衛系統中，郎中令軍是皇帝的身邊警衛隊，衛尉軍是宮城宿衛軍，他們屯駐宮城內外，一般是不外出野戰的，屯駐在首都咸陽近郊、能夠隨時調遣出動的野戰部隊，唯有中尉軍。

中尉軍是帝國秦軍精銳中的精銳，不僅擔當首都咸陽的衛戍，國家有重大儀式儀禮，也出動中尉軍擔當。秦漢皇帝下葬，中尉軍戰士著黑甲黑衣，玄冥軍陣從皇宮排列到陵寢送葬，應當就是兵馬俑軍陣的原本。

由此聯想開來，戲水岸邊，遏止周文軍西進步伐的力量，應當就是秦帝國的京師中尉軍。

秦帝國的軍隊，可以從出土的兵馬俑中一窺其樣貌。（劉家詮攝）

四——復活的軍團

當我再一次站在雄偉的兵馬俑軍團前時，眼前是戰車滾滾，刀光劍影，耳中是軍鼓陣陣，戰馬長嘯。驪山下，戲水畔，秦帝國京師中尉軍主力，正列陣以待，迎擊周文軍的進攻。

西元二〇〇四年七月底，秦俑學第六屆學術討論會在兵馬俑博物館召開。承蒙會議主持方的厚意，我在驪山山麓小住了一週，得以了卻多年宿願，將始皇陵兵馬俑遺跡、灞上鴻門故地、咸陽城阿房宮舊址、東陵秦王墓、長安故城……等，一一尋訪遊歷。

悠悠渭水，自隴西渭源而來，經天水由甘肅入陝西，過寶雞，橫貫關中平原，經過秦都咸陽，收納灃河、灞水於南，匯集涇河清流於北，水勢滔滔，河道寬廣，進入現在的西安市臨潼區境內，河道陡然折向東南直衝驪山而來，再成九十度東去數里，然後又成九十度往北流去，在驪山與渭水河道之間形成一狹窄的通道，正如瓶頸扼守著由函谷關通向咸陽的大道。戲水，出於驪山東側北流入渭河，正好南北橫亙在這條瓶頸通道的東口，宛若防守通道的塹壕。灞水，出於驪山西側北流入渭河，正好橫亙在出這條瓶頸通道的西外，宛若另一條開閉通道的塹壕。進入關中的南道——武關藍田道，沿灞水河谷而來，也由這裡進入渭河平原。於是乎，東以戲水為壑、西以灞河為防、北傍渭河、南背驪山的這一片地方，遂成為函谷關和南陽武關道以後保衛咸陽的最後一道屏障、秦軍的屯兵重地，秦帝國守衛首都的中尉軍主力，應當就屯駐在這一帶。

我由驪山先去鴻門，項羽宴請劉邦的鴻門宴舊址，至今猶存。吟味「項莊舞劍意在沛公」的名句，想當年項羽四十萬大軍之所以駐紮於此，正是因為利用舊秦京師軍的營房駐地。戲水在鴻門東近處，出動鴻門的駐軍，正好可以在戲水西岸布陣設防，堵截由函谷關方向西進的敵軍。秦漢時的咸陽—函谷關道，走向大致同於現在的西（安）潼（潼關）公路，我多次來來往往。這次，我專程沿驪山南麓小道，走韓裕訪東陵，過洪慶原弔坑儒谷，下原直趨灞河河谷，順河堤西去，遙望藍田。原上山麓的這條道路，就是當年鴻門宴劉邦脫出虎口，與樊噲等人持劍盾步行，

鴻門灞上間小道

由驪山遠望渭水

從驪山下到芷陽間行，回到灞上軍營的小路。十萬劉邦軍屯駐的灞上軍營，在灞河谷口一帶，想來也是秦京師軍的營房駐地。秦京師中尉軍一部，屯駐灞上軍營，控制武關—藍田道；秦京師中尉軍另一部，屯駐鴻門軍營，控制函谷關—咸陽道。灞上鴻門之間，正是京師中尉軍主力的屯駐地。

實地考察至此，再回到紙上書中，往古今在交匯，神思遠去往昔，已經消失的歷史，宛若倒行重放的影像，歷歷如在眼前。兵馬俑以京師中尉軍為原型塑成，鴻門中尉軍駐地就在驪山陵近旁，屯駐鴻門的中尉軍將士，正好做了兵馬俑的模特兒。他們演習的軍陣，正是兵馬俑坑排列的陣式；他們的裝備佇列，正是兵馬俑軍團將士們的武裝隊行。中尉軍將士，不僅訓練有素，裝備精良，極具戰鬥力，而且選拔嚴格，忠誠可靠，在帝國軍中受到格外的重視，肩負著保衛首都最後一道門戶的重任。二世元年九月，當周

走進
歷史
現場

陳勝墓

我去芒碭山訪古時，參拜了陳勝下葬的墓地。陳勝墓修復完整，垣牆環繞，林木茂盛，墓碑為郭沫若所題「秦末農民起義領袖陳勝之墓」。想到當年劉邦亡命落草，也是藏身於這裡。芒碭小小山地，竟然同是開創者的葬身之處和成功者的龍興之地，將信將疑中，難免感到一種不可思議的神奇。

文數十萬大軍抵達戲水時，屯駐在鴻門灞上的中尉軍出動，在戲水一帶阻止了周文軍的西進，在千鈞一髮的時刻，挽救了秦帝國。

歷史是什麼？是現在與過去的對話，是折射過去的鏡像，抑或是不斷弱化遠去的資訊？最不可思議的是歷史遺跡，既屬於歷史，又屬於現在；只有看到它們，你才會確信歷史曾經存在；只要看到它們，你就會情不自禁地墜入欲知往事的誘惑。

秦俑學討論會最後一天的傍晚，當我再一次站在雄偉的兵馬俑軍團前時，眼前是戰車滾滾，刀光劍影，耳中是軍鼓陣陣，戰馬長嘯。驪山下，戲水畔，秦帝國京師中尉軍主力，正列陣以待，迎擊周文軍的進攻。莊周夢蝶，蝶夢莊周，在恍恍忽忽間物我交融，是文學和思想的幻影；考證史料而鉤沉往事，蒐尋遺物而逆轉時空，在聯想推理之間通貫古今，則是史學的明悟。真相超越虛幻，明鑒勝過空玄，兵馬俑迎面席捲而來，我據實驅使兵馬俑作戰，鬼使神差，我獲得歷史的復活，寫周文軍西進與戲水之戰。

五——少府章邯

章邯其人，在秦末動亂之前，幾乎不見於任何記載。戲水一戰，他成功地阻擊了來勢兇猛的周文軍，迅速成為秦帝國舉足輕重的軍界大腕。秦帝國的安危，繫於章邯一身。

當周文軍抵達戲水東岸時，少府章邯正在驪山監督始皇帝陵寢工程的收尾工作。

秦以耕戰立國，以武力統一天下，始皇帝在世時，鍾愛秦軍有加，出行外遊，無不以秦軍軍陣先導護行。驪山修建陵墓，始於秦王政即位之時。統一天下後，始皇帝發下宏願，要將帝都咸陽，築進驪山陵園，作永久的居所；帝國秦軍，也要隨同到地界冥鄉，作永久的衛護。遵照始皇帝的指令，驪山陵的建築，地上地下一體，仿照咸陽宮室百官署寺施工；又秉承始皇帝的意圖，在驪山陵東側，比照秦軍精銳，開始燒製兵馬俑。驪山陵工程，由丞相李斯總領，具體事務則由少府章邯負責。兵馬俑的燒製，章邯親自監督。

中尉軍的駐地，就在驪山陵旁。兵馬俑的燒製，選取中尉軍一部，排列成迎敵方陣，一兵一卒，一車一馬，完全寫實仿製，真實展現秦軍軍陣的威儀。周文軍抵達戲水時，六千兵馬俑的右方陣、一千兵馬俑的左曲陣、後方的指揮部皆已經燒製完工，安放就緒，只剩中方陣剛剛挖好坑，兵馬俑的燒製，尚在進行中。楚軍攻破函谷關進入關中的消息，章邯是在工地得到的。章邯深感震驚，體察到事情非同尋常的嚴重。章邯是先帝時代的軍人，當今的九卿大臣，軍情緊急就在眼前，他沒有時間多想，親自趕到戲水前線，緊急協助中尉軍列陣設防，初戰擊退周文軍的進攻。戰局稍微穩定以後，他告誡中尉軍堅守待命，自己連夜趕回首都咸陽。

陳勝、吳廣亂起，竟然如此迅速地蔓延開來，完全出乎二世政權的意料之外。二世朝廷的決策和權力核心，在二世皇帝、丞相李斯和郎中令趙高三人。二世皇帝方才二十出頭，沒有任何政治經驗。他即位以後，心思都集中在消滅皇位繼承上的潛在威脅，為安逸執政、恣肆人生開路。關東亂起的最初消息傳到咸陽朝廷時，沒有引起秦政府的重視，以為不過是龐大帝國境內偶發的一般逃兵作亂事件，下令地方嚴加追緝而已。一旦事情蔓延開來，扶蘇復活、項燕領軍等真假消息源源不斷地由帝國各地匯報上來時，朝廷核心懷疑事情與皇位繼承關聯，有詐不實。二世皇帝下令追究謠傳，將傳遞關東大亂消息的使者下吏治罪。如此舉措的結果，帝國的資訊通道梗阻，傳遞上來的都是朝廷願意聽到的消息，所謂「盜賊作亂，正在平息」云云。

周文軍攻破函谷關抵達戲水，關中震動，咸陽危急，二世朝廷方才如夢初醒，倉促面對現實。二世惶恐失措，除了仰仗老師趙高和丞相李斯而外，毫無辦法可想。郎中令趙高一直是內廷官員，長於權術陰謀，對於軍國大政卻是毫無經驗。三駕馬車中，唯有丞相李斯是先帝老臣，執政經驗豐富。不過，李斯是文職官僚，沒有軍事閱歷，眼下年事已高，面對緊急的軍事危機，也提不出有效的對策。二世朝廷，一時幾乎陷入癱瘓。

就在這個時候，少府章邯從戲水前線趕回，陳述軍情，緊急提議說，叛軍已經抵達戲水，勢力強大，事情緊迫，就近徵兵調動已來不及，修築驪山陵的服役者和刑徒人數眾多，臣下請求赦免他們，發給武器，編入軍隊，可以馬上就近參戰。章邯的到來，宛若絕境中的救星。二世朝廷別無選擇，當即接受了章邯的提議。經李斯提名，二世皇帝正式任命章邯為大將，全權統領秦軍，負責首都保衛戰。

俗話說，時勢造英雄。章邯其人，在秦末叛亂之前，幾乎不見於任何記載。我們只是輾轉知道，章邯，字少榮，始皇帝統一天下時，他曾經在消滅韓國和趙國的戰爭中立有軍功。滅韓之戰，是在始皇帝十七年（前二三〇）。其時，章邯正當年，入伍從軍，跟隨征韓軍統帥內史騰先至南陽，繼而北上進攻韓國都城新鄭。因為作戰勇敢，有功受賞，他開始在秦軍中嶄露頭角。天下統一以後，章邯進入政界，一步一步升遷。始皇帝在世時，他就很得器重，被任命為擔當

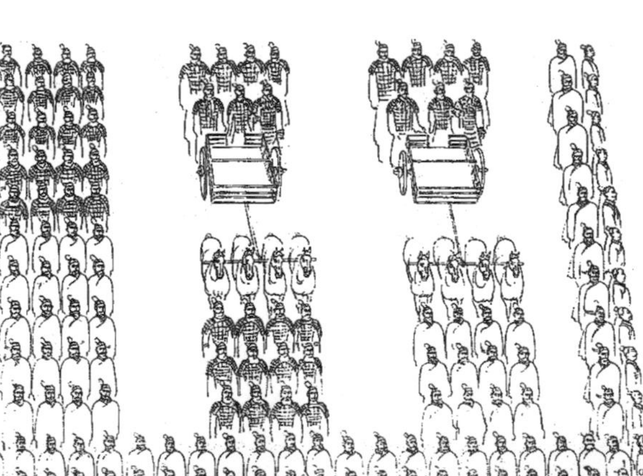

宮廷事務的大臣——少府，成為帝國大臣中新銳的少壯派人物。始皇帝的驪山陵園工程，由丞相李斯掛名主持，其具體工作，多年以來皆由章邯負責。二世皇帝即位以後，李斯繼續當權，他受命繼續主持驪山陵園的收尾工程。

章邯為人堅忍頑強，武勇有謀略。他接受任命，掌握了秦軍的指揮權之後，迅速回到戲水驪山前線，著手新的軍事部署。章邯首先命令停止驪山的所有工程，以從軍立功為條件，赦免服刑者，與服役者一道，全部發給武器裝備，就地改編為軍隊。章邯是有經驗的將領，在強敵面前，他慣於先退守示弱，隱秘結集兵力後展開突然襲擊。他快速整編新軍、得到補充以後，以精銳的中尉屯軍為核心，以新軍為側翼支援，對周文軍發起了突然襲擊。周文軍對於章邯釋放驪山刑徒和服役者編制軍隊的情況毫無預想和察覺，雖然人數眾多，畢竟是短時間收湊起來的軍隊，在得到增援的秦軍的攻擊之下，軍敗退卻。章邯指揮秦軍步步緊迫，迫使周文軍退出函谷關。

兵馬俑一號坑軍陣示意圖（錄自成東等編《中國古代兵器圖集》）

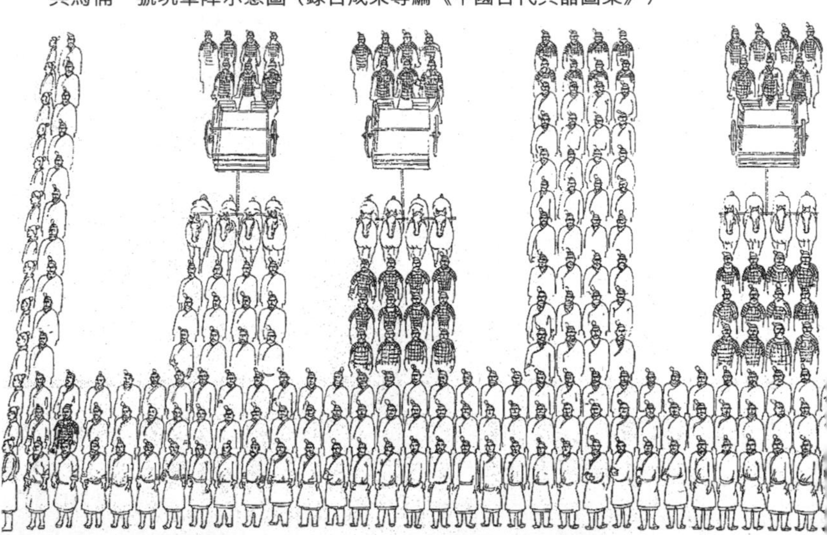

周文軍退出函谷關以後，首都咸陽的直接威脅解除，帝國朝廷和關中地區暫時安定下來。經過這次重大危機的教訓，二世朝廷充分認識到局勢的嚴重，迅速採取對策，傾全力鎮壓叛亂。喘息始定的秦帝國，作出四項新的軍事部署：第一，全國進入戰時體制，實行軍事總動員；第二，以章邯為秦軍統帥，總理鎮壓叛亂的一切軍務；第三，加強關中地區的武備防守，緊急徵調蜀漢關中兵增援章邯；四，屯駐長城沿線的北部軍和屯駐嶺南的南部軍內調，配合章邯軍鎮壓叛亂。

章邯擊退周文軍、收復函谷關以後，停止進軍，下令閉關自守，對停留在函谷關前曹陽一帶的周文軍採取守勢。章邯用兵，老成持重。通過戲水之戰，他清楚地知道，楚軍在秦軍的攻擊下，並未潰散，只是暫時退出，眼下正集結在曹陽，隨時可能對函谷關發起新的進攻。戲水之戰，依靠的是中尉軍，而動用中尉軍，實是萬不得已。首都威脅解除後，中尉軍作為京師守備的核心，繼續屯駐關中，已經再次由朝廷直接掌控。眼前手中可以動用的部隊，多是武裝起來的驪山服役者和刑徒。臨時緊急之下，有中尉軍主力在，驅趕他們協力可以，單獨動用他們出關作戰，則萬萬不可。眼下要緊的不是出擊進攻，而是防守爭取時間，火速動員和調動各地秦軍，就全面鎮壓叛亂作統一部署。

前面已經談到，統一天下後的秦帝國，軍事部署的重心移向南北兩邊疆，三十萬大軍屯駐北邊，五十萬軍民屯駐嶺南，關東空虛，關中削弱，成外重內輕的格局。陳勝、吳廣亂起，戰國六國復活，天下政局又回到戰國，重演秦與六國間的合縱連橫。秦帝國的軍事部署，必須馬上作新的安排。

在朝廷的緊急命令下，蜀漢關中地區的預備兵員首先被動員起來，編制成軍，源源不斷地匯集到章邯麾下。帝國的北部軍，也受命由章邯節制指揮，主力部分東向渡過黃河，進入太原上黨地區，堵截占領趙國地區的叛亂軍李良部隊和張黶部隊的進入；一部分由直道南下，編入章邯軍。遺憾的是，帝國的南部軍，由於楚地叛亂和道路阻塞，與朝廷完全失去聯絡，後來封閉邊境獨立，建立了南越王國，完全沒有介入秦末之亂當中，寫成另一段歷史，留待將來再來敘說。

章邯擊敗周文，迫使周文軍退出函谷關，是在二世元年九月。此後將近兩個月裡，章邯閉關堅守不出，暗地裡調兵遣將，全力整軍備戰。

六——章邯上演閃電反擊戰

章邯用了短短兩個月時間，結束了僅僅存在六個月的張楚政權。一時陷於滅亡危機的秦帝國政權，因章邯的勝利而獲得拯救；戰國以來秦軍戰無不勝的軍威，也因章邯的勝利而得到重振。

二世二年十一月，章邯軍動員準備完成，大舉出關，向屯駐於曹陽的周文軍發起全面進攻。曹陽一戰，周文軍不敵，東向撤退到澠池。章邯領軍緊追不捨，在澠池與周文軍大戰，周文戰敗自殺，軍隊被徹底擊潰。章邯軍乘勝東進，沿三川東海大道經新安、河南抵達三川郡郡治洛陽，馬不停蹄，過鞏縣、成皋，直奔滎陽而來。滎陽是控制三川東海大道的軍事要塞，是秦帝國控制關東的戰略基地。吳廣統領張楚軍主力，圍困滎陽已有四個月之久，丞相李斯的兒子、三川郡守李由，一直堅守滎陽，孤軍奮戰，形勢岌岌可危。

章邯深知保有滎陽的戰略意義。他知道，要想完成戰爭形勢由防守到進攻的逆轉，必須解除滎陽的包圍。滎陽無虞，三川安定，關中本土才能安然無恙；另一方面，有效地控制滎陽，就等於掌握了進出中原的門戶，以居高臨下之勢，俯視鎮攝整個關東地區。章邯用兵，極為重視後勤供應。只有保證糧道才能立於不敗之地的道理，他比誰都體會深刻。章邯領軍過成皋後，沒有直接撲向滎陽，而是繞開滎陽，直接指向滎陽北部的敖倉（今河南滎陽西北）。敖倉是秦帝國最大的戰略糧食基地，此時已經被吳廣軍占領，章邯的意圖是首先奪取敖倉，斷絕吳廣軍的糧道。

吳廣領軍圍攻滎陽，四個多月不能攻克。周文軍敗，章邯軍逼近，面臨被內外夾攻的險惡局面，內部出現了不穩。吳廣是與陳勝共同起兵的戰友，深得陳勝的信任，以假王的名義監督諸將圍攻滎陽。不過，吳廣沒有什麼軍事才能。久攻滎陽不下，將士疲弊，士氣低落，眼下形勢驟變，他也沒有做出及時的反應和對策，引起了部下的恐慌和不滿。吳廣麾下的將軍田臧、李歸等人對於章邯軍的逼近深感危機，他們以為如果維持現狀，不作迅速應變的軍事部署，滎陽城下的楚軍將遭遇被殲滅的命運。經過密謀協商，他們偽稱接到陳王的命令，殺掉吳廣，奪取了軍隊的領導權，迫使陳勝承認現狀。

田臧得到陳勝的追任，被任命為相當於丞相的令尹，全權統領軍隊。他命令李歸帶領少量軍隊繼續包圍滎陽，自己親自帶領大部分軍隊開赴敖倉迎擊章邯軍。兩軍在敖倉展開大戰。田臧軍戰敗，田臧戰死，軍隊潰散。章邯領兵逼近滎陽城下，攻擊李歸軍。李歸軍戰敗，李歸戰死，滎陽之圍解除。章邯與李由會合，掃清三川境內的張楚軍殘留，重建滎陽—敖倉戰略基地，將秦帝國的東方防線，安定下來。

稍後，章邯指揮秦軍，全面轉入戰略進攻。他兵分兩路，南下潁川郡。別軍一部由陽城（今河南登封東）方向南下郟縣（今河南郟縣），攻擊在這一帶地區活動的張楚軍鄧說部。章邯統領秦軍主力，東南由新鄭方向攻擊駐守在許縣（今河南許昌東）的張楚軍伍徐部。經過激戰，鄧說軍和伍徐軍皆被擊破，軍隊潰散，鄧說和伍徐統領殘軍退回張楚都城陳縣，鄧說被陳勝問罪處死。

章邯占領潁川郡後，命令郟縣方面軍繼續南下，指向已經占領南陽郡的張楚軍宋留部，自己統領秦軍主力東向進入陳郡，攻擊張楚政權的首都陳縣。逼近陳縣的章邯軍，遭到張楚政權的國務大臣、上柱國房君蔡賜所統領的楚軍的阻擊。章邯軍擊敗張楚軍，蔡賜戰死。章邯軍乘勝進軍，兵臨陳縣城下。楚王陳勝親自出城監軍，監領張楚軍張賀部隊在陳縣西門外迎擊章邯。兩軍激戰的結果，張賀軍戰敗，張賀戰死，陳勝被迫放棄陳縣，東南往汝陰（今安徽阜陽）方向撤退。章邯派遣部將繼續追擊陳勝。在城父縣東南的下城父（今安徽渦陽東南）地方，陳勝被車夫莊賈殺死。莊賈投降秦軍，張楚政權被消滅。

陳勝稱王僅僅六個月就軍敗身亡，沒有達成起事之初滅秦的目標。不過，陳勝首事反秦，他的未竟之業，由他所設置派遣的部下們繼承，最終成就於項羽和劉邦。陳勝死後，葬於芒碭山。漢帝國建立以後，劉邦特地設置三十戶人家為陳勝守塚，供奉祭祀，一直持續到西漢末年。我去芒碭山訪古時，參拜了陳勝下葬的墓地。陳勝墓修復完整，垣牆環繞，林木茂盛，墓碑為郭沫若所題「秦末農民起義領袖陳勝之墓」。想到當年劉邦亡命落草，也是藏身於這裡。芒碭小小山地，竟然同是開創者的葬身之處和成功者的龍興之地，將信將疑中，難免感到一種不可思議的神奇。

話又說回來，章邯占領張楚首都陳縣後，注意力轉向了南陽郡方向。周文軍、田臧軍被消滅，秦軍收復了三川郡；活動在郟縣的楚軍鄧說部隊和活動在許縣的楚軍伍徐部隊潰散，秦軍收復了潁川郡；張楚軍蔡賜部隊和張賀部隊被消滅，秦軍控制了陳郡。至此，張楚軍的主力幾乎完全被消滅，只剩下攻占了南陽地區、企圖攻打武關進入關中的張楚軍宋留部隊。宋留部隊，是可能威脅關中地區的最後一支張楚軍。

南陽郡西部是秦帝國的關中本土，北部是三川郡，東部是潁川郡和陳郡。章邯領軍由三川進入潁川，章邯部下別軍在郟縣擊敗鄧說軍後，宋留軍就已經受到南下秦軍的直接威脅。章邯軍主力攻占陳縣後，宋留軍面臨退路斷絕、被秦軍孤立包圍的危險。在不利的形勢下，宋留被迫放棄攻打武關進入關中的目標，率領部隊退出南陽，向陳郡方向移動。當宋留軍撤退到陳郡南部的新蔡縣（今河南新蔡）時，章邯軍主力已經在新蔡一帶嚴陣以待。宋留軍被秦軍包圍，走投無路，被迫投降。秦軍將宋留車載傳送到首都咸陽。二世皇帝下令，將宋留以叛逆問罪，處以車裂的酷刑，懸屍示眾。

就在章邯軍主力南下汝陰、新蔡，追擊陳勝、包圍宋留期間，陳縣方面的局勢有了反覆和變化。陳勝的部下呂臣，在陳郡東南的新陽縣（今安徽界首北）集結起一支軍隊，突襲攻占了陳縣，將殺死陳勝投降秦軍的莊賈處死，重新安葬了陳勝。章邯軍別部集結反攻，擊退呂臣軍，奪回陳縣。呂臣軍退出陳縣，與由九江方面北上的楚軍英布部隊會合。兩軍協力共同作戰，再一次攻克陳縣，繼續打出陳勝的張楚旗號。不過，陳縣反覆的時間很短。章邯統領秦軍主力解決了宋留軍以後，馬上揮軍北上，再次攻占陳縣。呂臣和英布，在強大的章邯軍的打擊下，被迫撤離陳郡，東向泗水郡方向敗退，後來加入到項梁軍中，又是後話了。

秦將章邯，崛起於戲水之戰。二世元年八月，周文軍攻入關中，兵臨戲水。面對秦國立國以來的最大危機，章邯起而應戰。九月，章邯將周文軍逐出關中，安定關中國本。二世二年十一月，章邯出關消滅周文軍，乘勝東進，在敖倉破張楚田臧軍，在滎陽破張楚李歸軍，解除滎陽之圍，收復三川郡，完成秦軍由救援防守到出擊進攻的戰略轉變。進而南下，在郟縣擊潰張楚鄧說軍，在新鄭擊潰張楚伍徐軍，收復潁川郡。十二月，章邯攻陷張楚都城陳縣，陳勝軍敗身亡，張楚政權被消滅。隨後，章邯逼使張楚宋留軍撤出南陽，伏軍新蔡途中予以包圍逼降，收復南陽郡，徹底解除關中南大門武關一帶的威脅。一月、二月，章邯粉碎張楚軍殘部奪回陳縣的兩次嘗試，擊敗張楚呂臣軍和英布軍，穩固地占領陳郡。

概括章邯的戰功而言，他在短短兩個月時間，集中兵力逐一消滅張楚軍主力各部，收復三川、潁川、南陽、陳郡失地，結束了僅僅存在六個月的張楚政權。一時陷於滅亡危機的秦帝國政權，因章邯的勝利而得到拯救；戰國以來秦軍戰無不勝的軍威，也因章邯的勝利而得到重振。秦帝國生死存亡的命運，在軍事上完全繫於章邯一身。由二世皇帝、郎中令趙高、丞相李斯三頭主導的秦帝國政局，因章邯的崛起而迎來了四頭牽引的新局面。大將章邯的行動舉止，將直接關係政局的安穩和帝國的存亡。

平定了張楚以後，楚國南部地區和韓國地區的戰局安定下來，章邯軍的軍鋒開始指向碭郡和東郡方面，著手於平定魏國地區的叛亂。章邯的目標，是要消滅占據臨濟（今河南封丘東）的魏王魏咎和魏軍主力。然而，就在這個時候，從偏居東南一隅的會稽郡方面，一支精銳的楚軍已經渡過長江，沿東海郡北上，正在向下相、下邳、彭城方向靠攏，準備參戰攻擊秦軍。這支楚軍，就是起兵於江東的項梁軍。

通過渡江北進，未來項氏楚國政權的軍政建設，有了基本的雛形。未來楚軍的主要將領如范增、陳嬰、英布、蒲將軍、鍾離昧等，以及項氏一族如項伯、項莊、項它、項冠、項聲、項悍等人，大概都是在這個時候會齊於項梁軍中的。

七——項梁渡江北上

項梁是老練而有城府的人，吳縣起兵以後，他並不急於西進外征，而是徵兵整軍，安撫郡內各縣，首先致力於江東根據地的建設和鞏固。從二世元年九月到二年十二月，項梁軍一直在江東整訓，密切注視形勢的發展。二世二年十二月，章邯軍攻破張楚的首都陳縣，陳勝下落不明。

當時，陳勝部將召平在東海郡南部一帶攻城掠地。召平是廣陵縣人，廣陵縣是東海郡南部邊縣，在現在的江蘇省揚州市，渡過長江就是會稽郡。召平領軍攻打廣陵縣不下，得到陳勝兵敗、秦軍東進的消息，放棄圍攻廣陵，南下渡過長江，來到吳縣面見項梁。召平假借楚王陳勝的名義，任命項梁為楚國的上柱國，命令他迅速帶領軍隊渡江西進，進攻秦軍。上柱國是楚國最高軍政大臣之一，地位僅次於令尹。項梁起兵自任會稽郡守，已經將江東地區安定下來，正欲伺機西進。得到召平的任命以後，他應命選拔精銳，統領八千江東兵北上渡過長江，進入東海郡內。

項氏是楚國名族，在楚國地區極具號召力，現在又得到陳勝的任命西進擊秦，宛若猛虎添翼，如龍乘雲。風聞項梁軍的到來，楚國各地的起義軍紛紛慕名前來投靠。首先歸附項梁的是陳嬰軍。

陳嬰是東陽縣（今江蘇盱眙東南）人，本是秦的東陽縣令史，也就是縣令手下的小職員，為人嚴謹而有信用，很受地方上敬重。關東大亂時，東陽縣的年輕人殺了縣令，糾集數千人起事反秦，推舉陳嬰做了首領。項梁軍接近東陽時，陳嬰的部隊已經有兩萬人。項梁派遣使者到東陽，希望與陳嬰聯軍西進共同擊秦。

秦末離戰國不遠，世卿世祿，古代貴族社會的遺風還在，特別是楚國地區，血緣氏族依然根深蒂固。陳嬰出身平民，本來不是要鬧事造反的人，被眾人擁戴為首領，也是出於勉強，心裡始終是不安的。陳嬰父親早死，從小由母親扶養長大，行事為人，受母親影響很大。他得到項梁聯軍的建議以後，將此事與母親商量。陳母對陳嬰說：「自從我嫁到陳家，沒有聽說過你祖上有大富大貴的人。你現在出人頭地暴得大名，不是好事。不如有所歸屬，事情成了以後，可以攀龍附鳳，裂地封侯；事情不成，不是挑頭的人，也便於逃亡。」陳嬰以為母親的話很有道理，決定歸屬於項梁。他對部下們說：「項氏一族是將門世家，聞名於楚國。當今舉兵要想成就大事，非由項氏來領導不可。如果我們歸依名族，仰仗項氏的名望實力，一定可以滅掉暴秦，大家也會有好的前景。」部下們紛紛表示贊成，陳嬰於是率領部隊歸附項梁，成為項梁軍的一部。

召平假借陳勝名義任命項梁為楚上柱國，是希望項梁迅速領軍西進，攻擊集結在陳郡、泗水郡一帶的秦軍，所以同時有「急速引兵西去擊秦」的命令。然而，項梁並沒有如命急速西進，而是一路向北。由廣陵北上渡過長江，走東陽合併陳嬰軍後，項梁領軍沿大澤（今洪澤湖）東北向，由淮陰方向渡過淮河，繼續北上，由淩縣（今江蘇泗陽北）抵達下相縣（今江蘇宿遷西）。在下相停留整編後，東北方向開拔到下邳，屯軍停駐下來。

項梁是有戰略眼光的將領，他之所以沒有馬上西擊秦而是北上，自有其明確的戰略意圖。首先，項氏家族的封地和根基，在淮北泗水流域的下相縣。項梁和項羽避禍客居吳縣，項氏宗族都留在了下相。項梁起兵江東，仰仗的是世代楚將的家世名望，掌握江東會稽以後，迅速北上回到下相，與項氏家族會合，自然成了項梁的一大急務。東海郡是楚國故土，遠離關中，秦統一以來成了反秦勢力的逃亡聚集之地，以楚將的名義占領東海郡，略地收兵，壯大軍隊，是項梁北上的另一大目的。可以說，項梁的這兩大目的都圓滿地完成了。

持續三個月的北上進軍，項梁軍沒有遭遇重大的戰鬥，順利地占領了東海郡。活動在這一帶的反秦武裝力量，紛紛歸屬項梁。項梁部下軍隊，已經發展到六、七萬人。這支六、七萬人的軍隊，就是未來楚軍的基本力量。楚軍的眾多名將，都是在這個時候加入到項梁軍中來的。繼陳嬰軍的歸附以後，活動在淮南一帶的江洋大盜英布、號為蒲將軍的柴武等所率領的武裝勢力，也紛紛歸屬項梁，成為項梁軍的一部。英布和蒲將軍，後來都成為楚軍名將，消滅秦軍主力的鉅鹿之戰，首先渡黃河攻擊秦軍的先鋒，就是他們統領的部隊。謀士范增、軍事天才韓信、梟將鍾離味、張楚政權的大臣呂臣和他的兒子呂青等人，也都是在這個時候加入項梁軍的。

項梁軍抵達下相以後，告慰先祖，安頓故鄉父老。項氏舉宗族從軍，成為後來項氏政權的核心，史書籠統所稱的諸項，如項伯、項莊、項它、項冠、項聲、項悍等人，大概都是在這個時候會齊於項梁軍中。通過這次渡江北進，未來項氏楚國政權的軍政建設，有了基本的雛形。

八——牧羊兒做了楚懷王

項梁擁立楚懷王，結束了陳勝敗亡以後楚國地區群龍無首的混亂局面。在楚懷王的名義下，將楚國地區的反秦武裝力量統一起來，繼承楚國的法統，正式復國重建了楚國政權。

二世二年三月，項梁在下相匯合項氏家族以後，進軍下邳，窺視彭城。這個時候的項梁軍，養精蓄銳有日，建設整備完成，兵強馬壯，名將如雲，只待一聲令下，即可開赴進擊。

彭城在下邳的東面，就是現在的江蘇省徐州市。彭城地處淮泗地區的中心，曾經做過楚國的首都，連接魏國與楚國地區的東西通道和連接齊國和楚國地區的南北通道交互匯合於此，古往今來都是兵家必爭之地。秦帝國時代，彭城與咸陽、滎陽並列，被視為天下三大交通樞紐之一。當時，彭城由楚王景駒的軍隊占據。察覺到項梁軍的意圖，景駒下令大將秦嘉屯軍彭城東部，意圖阻止項梁軍的西進。景駒是楚國舊貴族，陳勝兵敗下落不明後，由獨立活動於淮北地區的張楚軍將領秦嘉擁立為楚王，繼承張楚陳勝，舉起楚國地區起義軍的帥旗。劉邦和張良，一時都集聚在楚王景駒的旗號之下。

項梁以受楚王陳勝之命的名義北上，身為張楚政權的上柱國。秦嘉擁立景駒為楚王，與打著張楚旗號的項梁之間對立，衝突不可避免。項梁召集部下將領說：「張楚陳王首先起兵反秦，戰事不利，下落不明。現在秦嘉背叛陳王，擁立景駒，大逆不道。」於是領兵由下邳西進，攻擊秦嘉軍。秦嘉軍在彭城東戰敗，北向撤退。項梁軍追擊到薛郡胡陵縣（今山東魚台東南），再次擊敗秦嘉。秦嘉戰死，秦嘉所統領的楚軍向項梁投降。楚王景駒西向往碭郡方向潰逃，死於混亂當中。項梁合併了秦嘉軍後，暫時停駐在胡陵，整頓收編景駒的舊部，準備西向與秦軍作戰。這個時候，消滅了張楚陳勝政權的章邯已經領軍北上，開始進攻魏國，秦軍一部抵達碭郡東部的栗縣（今河南夏邑）。項梁派遣部下朱雞石和余樊君南下迎擊章邯軍，楚軍戰敗，余樊君戰死，朱雞石退回胡陵。

二世二年四月，項梁領軍北上進入薛郡薛縣（今山東滕州南），得到楚王陳勝確實已經死去的消息，決意撐起陳王後繼的大旗。他誅殺敗軍將領朱雞石，為陳王發喪祭祀，以張楚上柱國的名義，召集楚國各地的起義軍匯集薛縣，共同協議重建楚國政權、推翻秦王朝的大事，這就是歷史上的薛縣會議。薛縣會議的首要課題，就是在陳勝死後如何重建楚國政權。

在薛縣會議上，謀士范增進言項梁說：「陳王的失敗，自有他失敗的道理。秦滅六國，楚國最是無辜。自從懷王受騙進入秦國沒有回來，楚國人至今念念不忘此事。楚國南公曾有預言：哪怕楚國只剩三戶人家，也定會滅亡秦國。陳勝起兵反秦，不立楚王之後而自立為王，號召力有限，政權不能持久。將軍起兵於江東，楚國各地起兵的將領爭先歸附將軍麾下，是因為將軍家世世代代是楚國的將領，他們期待您能擁立楚王的後代，恢復楚國的天下。」

項梁接受了范增的建議，急令搜尋楚王的後裔。楚懷王的孫子熊心，在民間為人牧羊，被項梁找到。於是，二世二年六月，項梁在薛縣與各路楚軍將領共同擁立熊心為楚王。為了順從楚國人怨恨秦國無信、懷念無辜而死的楚懷王之民望，仍然襲號為楚懷王，以盱台（今江蘇盱眙北）為首都，正式重建楚國政權。楚懷王政權建立以後，項梁自號武信君，出任楚軍統帥，部下各路楚軍約有十萬餘人，名副其實地成為六國反秦軍的主力。

當時，秦軍主力在碭郡、東郡一帶，薛縣鄰近碭郡，容易遭受秦軍的攻擊。新都盱台在東海郡南部，地處楚國腹地，前有淮河大澤阻斷，可以避開戰事；後有會稽、九江兩郡楚國故地，可以作為依託。會稽是項梁起兵的根據地，九江是番君吳芮和英布起兵的地盤，都是楚國勢力強大的地方。項梁選擇盱台為首都還有一個原因，盱台緊靠東陽縣，東陽是楚將陳嬰的家鄉，東陽吏民起兵以後，自發集結在陳嬰手下，民心穩定，政權基礎牢靠。項梁任命陳嬰為上柱國，輔佐楚懷王南下盱台建都，將政權安定下來。

薛縣會議結束了陳勝敗亡以後楚國地區群龍無首的混亂局面。在楚懷王的名義下，將楚國地區的反秦武裝力量統一起來，繼承楚國的法統，正式復國重建了楚國政權。薛縣會議的參加者，除以項梁、項羽為主的項氏家族外，還有陳嬰、英布、蒲將軍、范增、桓楚以及呂臣、呂青父子等人。劉邦和張良也脫離景駒陣營，參加了會議，躋身於擁立楚懷王的功臣之列。

薛縣會議是重建楚國政權的會議，不過，因為楚國是反秦的首事之國、反秦各國的盟主，薛縣會議還作出了一個重大的決定，就是恢復韓國。自陳勝起兵以來，為秦所滅的戰國六國中，楚、齊、趙、魏、燕國都已經復國，唯有韓國未能實現復國的宿願。恢復韓國的建議，是由張良向項梁提出來的。得到項梁的同意後，張良在民間找到韓王的後代韓成，擁立為韓王，張良任韓國司徒。二人共同領兵前往舊韓國的潁川地區，致力於韓國的復國運動。

六國的復國運動分散了帝國秦軍的攻擊目標。章邯在快速消滅陳勝張楚政權後，將下一步進攻的目標指向了剛剛復國的魏國。

魏咎開城投降，是為了換取秦軍不對魏國臨濟軍民實行屠城。魏王魏咎約降秦軍，對魏國臣民盡了保存之責，不可不謂仁義；燒身自殺，沒有辱沒一國之主的尊嚴，不可不謂壯烈。

九——章邯滅魏

張楚政權建立以後，陳勝派遣部將各路出擊。魏國人周市受陳勝命令領軍北上攻擊原魏國地區，也就是秦的碭郡和東郡一帶。周市軍一路北上，一直打到齊國地區，進入秦的濟北郡，受到起於齊國地區的田儋的抵制，退回到東郡，專心致力於魏國地區的發展。當時，田儋復興齊國，自立為齊王；武臣攻下趙國，自立為趙王。周市的部下們，希望周市自立為魏王，主持魏國地區的軍政。趙國和齊國，也積極慫恿周市為魏王，一方面希望由此共同抗擊秦軍，另一方面則希望由此和緩來自楚國方面的壓力。

周市與陳嬰類似，是寧願作輔佐而不願承頭的人，他拒絕擁立，說：「天下昏亂，忠臣乃現。當今天下共同反秦，我們魏國地區，應當擁立魏王的後人，方才合於大義名分。」在他的心目中，早有魏王的人選，就是此時尚在陳縣的魏咎。

魏咎是魏國王室的公子，受封為寧陵君，封地寧陵在今河南省寧陵縣，入秦後屬於碭郡。魏國於魏王假三年（前二二五）被秦攻滅，亡國之際，悲壯而又慘烈。當時，魏國軍民退守國都大梁，孤城被秦將王賁圍困了三個月之久。大梁在黃河南，王賁掘開黃河河堤，引黃河水灌城。大梁城壞，秦軍攻入城內，魏王假投降被殺，魏國滅亡，大梁成為廢墟。魏國滅亡以後，魏咎與魏國舊貴族一樣，失去封地，被遷徙他鄉，淪落為編戶齊民。陳勝起兵，魏咎與弟弟魏豹一道前往陳縣投奔，成為張楚政權的臣下。

周市辭退擁立，說服部下，決定請准陳勝讓魏咎歸國作魏王。陳勝起兵以後，一直惱怒於部下自大稱王，對於六國貴族的復國，更是戒心深刻。周市的使者四次到陳縣請求，都被拒絕。二世二年十二月，陳縣已經面臨章邯軍的攻擊，危在旦夕，陳勝不得已接受周市的第五次請求，遣送魏咎歸國。魏咎回到魏國，被擁立為魏王，周市出任丞相，魏國復興，魏咎魏國政權建立。由於舊都大梁經秦軍水淹，已經成為廢墟，魏咎魏國的國都，定在大梁近鄰北部的臨濟。

魏咎魏國政權建立不久，章邯軍消滅張楚政權，揮師北上，將進攻的目標，鎖定在魏國。二世二年二月，章邯軍進入碭郡，開始對魏國地區進行攻擊。三月，在碭郡東部的栗縣擊敗項梁軍別部朱雞石部隊和余樊君部隊，大軍一氣東北而上，橫掃碭郡，將魏國君臣重重圍困在臨濟，彷彿重演了王賁圍困大梁的舊戲。在章邯軍的鐵壁合攏以前，魏咎緊急派遣大臣分赴鄰近各國求援，丞相周市到齊國，王弟魏豹到楚國，趙國方面也有重臣出使。齊王田儋，接到魏國的告急後，親自率領齊軍主力，與周市一道由濟北西南下；項梁在彭城，派遣項它率領楚軍一部，與魏豹一道急速西來；趙國方面，由於秦北部軍主力東進南下，軍情緊急，無力援助魏國。

章邯攻擊魏國，經過精心策劃。他對於齊國和楚國方面的救兵，早有圍點打援的充分準備。嚴陣以待的章邯軍主力，在臨濟城下大破齊、楚兩國援軍。戰鬥激烈而殘酷，齊王田儋和魏國丞相周市戰死，楚軍潰退。魏王魏咎自度守城無望，決定開城向秦軍投降。降約簽訂生效後，魏咎焚火燒身自殺。戰國以來的戰爭中，對於堅守不降的城市，破城的軍隊往往實行報復性屠殺，稱為屠城。魏軍主力被消滅，援軍被擊潰，臨濟已經無法堅守，魏咎開城投降，是為了換取秦軍不對魏國臨濟軍民實行屠城。

魏王魏咎約降秦軍，對魏國臣民盡了保存之責，不可不謂仁義；燒身自殺，沒有辱沒一國之主的尊嚴，不可不謂壯烈。

十——項梁輕敵喪了命

項梁因為一連串的勝利，滋生了輕視秦軍的情緒。這種情緒，由上而下，開始在軍中蔓延。而獲得增援的章邯軍主力，趁夜突襲項梁軍大營，定陶城內的秦軍也呼應出擊。項梁軍被擊潰，項梁也被秦軍殺死。

臨濟大敗，田儋的弟弟田榮率領齊軍殘部從東北方向往齊國撤退；項它率領楚軍殘部，與魏豹一道東向往楚國撤退。攻破臨濟，消滅魏國，是章邯領軍出關、繼攻滅張楚陳勝以來的第二個重大勝利。滅楚、滅魏以後，章邯決定乘勝一舉攻滅齊國，於是揮軍緊追田榮，在東郡東邊的東阿城（今山東陽谷東北），將田榮包圍。

薛縣會議以後，項梁兵分兩路，一路派遣項它率領部分楚軍馳援魏國，自己則統領楚軍主力由薛縣誓師出發，西進北向，攻克薛郡西邊的亢父縣。項梁在亢父縣得到項它所帶來的敗訊，馬上認識到局勢的嚴重，迅速統領楚軍主力北上，直趨東阿援救田榮。在東阿城下，項梁軍與章邯軍展開了激戰，章邯軍失敗，被迫向西南濮陽縣（今河南濮陽南）方面撤退。項梁領軍追擊，在濮陽東再次與章邯軍交戰，章邯軍又大敗。章邯軍被截斷成兩支，別部一支往東退入城陽縣城（今山東菏澤東北），主力殘部由章邯帶領，向西退入濮陽城中堅守不出。濮陽是東郡郡治，在黃河南岸，緊靠黃河的主要渡口白馬津。章邯退守濮陽，迅速在濮陽修築護城塹壕，引黃河水流入其中，作長期固守的打算。章邯固守濮陽的戰略意圖，在於控制黃河水運渡口，維持補充受援的通道，伺機反攻。

濮陽戰勝後，項梁軍分成兩個部分，主力由項梁統領，追擊章邯，圍攻濮陽；別部一支由項羽、劉邦統領，往東追擊向城陽方向敗退的秦軍。秦軍退入城陽堅守，項羽、劉邦聯軍強攻破城以後，實行屠城報復。破城陽以後，項羽、劉邦聯軍南下進攻定陶（今山東定陶西北）。由於城池堅固，守軍強大，未能攻打下來。項羽、劉邦於是放棄攻打定陶，南下繞過外黃縣，直插雍丘縣（今河南杞縣），阻擊由三川郡方面開拔過來的秦軍增援部隊，與秦軍遭遇作戰，大破秦軍，斬殺秦軍將領三川郡守李由。擊潰李由軍後，項羽、劉邦回軍北向，進攻外黃縣，呼應由濮陽抵達定陶作戰的項梁軍主力。

東阿之戰，是項氏楚軍主力與秦軍主力的第一次大戰。項梁起兵江東以來，一直活動在東楚邊郡，致力於整軍建政，未曾與秦軍主力交鋒對陣。新組建的軍隊，能否與秦軍對抗，尚在未知當中。初戰大勝，項氏楚軍的組織建制、裝備武器、士氣鬥志，都經受住了實戰的考驗，名副其實地成為六國反秦軍的主力和中堅。項梁戰勝秦軍的自信，由此大為增強。

東阿之戰後，項梁再戰濮陽又大勝秦軍，別部項羽、劉邦聯軍攻克城陽，在雍丘消滅李由軍，斷絕了秦軍西南方向的增援。章邯軍困守濮陽不出，項梁移軍向定陶逼近，在定陶再次擊敗秦軍，重兵包圍了定陶，準備一舉攻克。定陶是東方的大城，富裕的都市，曾經是秦昭王時的權臣穰侯魏冉的封地。然而，就在這個時候，項梁因為一連串的勝利，滋生了輕視秦軍的情緒。這種情緒，由上而下，開始在軍中蔓延。項梁的部將宋義勸誡項梁說：「用兵取勝後，將領驕傲而士卒怠惰，是敗軍之兆。眼下士卒中出現了怠惰的情緒，而秦軍堅守待援，正在逐漸得到補充，臣下甚為將軍憂慮畏懼。」陶醉在勝利中的項梁聽不進去，嫌宋義沮軍敗興，打發宋義出使齊國，與田榮交涉出軍會戰的事。項梁沒有對秦軍的動向作嚴密而充分的警戒。

另一方面，章邯軍出關以來，連戰連勝，破陳勝，滅魏咎，殺田儋，將叛亂軍的主力逐一擊破，大有一舉平定叛亂的氣勢。東阿之戰，是章邯軍的第一次敗戰，繼而又軍敗濮陽，失守城陽，喪失李由軍，經歷了從未有過的重大挫折。不過，哲人老子有言，禍兮福所倚，福兮禍所伏。初發的順風船，容易陷沒於突如其來的暴風雨；行程中幾經風浪反倒磨練出免於滅頂之災的謹慎。章邯經過與項梁軍的一連串交鋒失利，深刻地認識到項氏楚軍不同於以往的對手，是一支組織嚴密、戰鬥力強大的精銳敵軍，是當前秦軍的大敵，需要集結優勢兵力，謹慎作戰。

章邯用兵，繼承了秦軍名將白起以來的用兵傳統，就是在強敵當前的不利形勢下，首先示敵以弱，作戰術退卻和保守，麻痺對手。在此期間，秘密而迅速地補充裝備軍力，集結力量，作進攻的準備。準備就緒，耐心而密切地關注敵軍動向，一旦敵軍出現懈怠的空隙，突然以優勢兵力作大規模的奇襲，一舉獲勝。用這種戰法，白起在長平大敗趙軍，王翦在淮北大破楚軍。二世元年九月，章邯擊退周文軍後，保守關中不出，秘密整編補充完成，出關突擊，一舉將周文軍徹底擊潰，也是用這種戰法。這次，章邯仍然沿用成法，他退入濮陽城後，堅守不戰，表面上顯示因連續戰敗而帶來的畏懼退縮，暗地裡卻通過黃河漕運補充裝備軍糧，集結援軍。由外黃方向馳援而來的李由軍被殲滅以後，章邯倍加小心翼翼。他調動河東郡和河內郡秦軍沿黃河北岸東行；同時，他請准朝廷當局，抽調正在河北攻擊趙國的王離軍一部南下，渡河會師攻擊楚軍。

二世二年九月，河東河內援軍和王離軍一部抵達白馬、濮陽一帶，秘密渡過黃河，與章邯軍匯合，秦軍軍勢大振。得到增援的章邯軍主力，由濮陽向定陶方向秘密運動，夜晚突襲項梁軍大營，定陶城內的秦軍也呼應出擊。項梁軍對於河內、河北秦軍的調動完全沒有察覺，措手不及，被秦軍擊潰，項梁也被秦軍殺死。

定陶之戰後，秦末之亂的戰事，又進入新的局面。秦與六國的主戰場，由黃河以南轉移到黃河以北，史家稱之為河北戰場。

第六章

項羽的崛起

一　燕趙復國運動

張楚軍北上的戰略決策，是由多年隱居於陳縣的兩位游俠張耳和陳餘提出來的。其戰略目的，是策動舊趙國和燕國地區的軍民反秦，牽制秦帝國部署在長城沿線的北部軍。

秦二世元年七月，定都陳縣的張楚陳勝政權作出了一項重大的戰略決策，派兵北上渡河，在黃河以北的燕、趙地區開闢北部戰場。

張楚軍北上的戰略決策，是由多年隱居於陳縣的兩位游俠張耳和陳餘提出來的。其戰略目的，是策動舊趙國和燕國地區的軍民反秦，牽制秦帝國部署在長城沿線的北部軍。楚國陳縣人武臣是陳勝大澤鄉起兵以來的老部下，很得陳勝的信任。陳勝任命武臣為將軍，統領一支三千人的部隊北上，張耳和陳餘被任命為校尉，作為副將輔佐武臣。同時，陳勝還任命另一名心腹邵騷為護軍，代表陳勝監督軍事。

戰國時期，黃河以北主要有趙國和燕國兩個大國。戰國中期以來，趙國長期稱雄於黃河以北。趙國以邯鄲為首都，領土北及於陝西東北部，兼有山西大部、河北南部，山東東部和河南北部的部分地區也在其領土內。以秦帝國的政區而論，由西而東，由南而北，擁有雲中、雁門、代郡、太原、恆山、上黨、邯鄲、鉅鹿八郡。西元前三〇七年，趙武靈王胡服騎射，率先引進游牧民族的騎兵技術和裝備服飾以後，趙國的軍事力量稱冠各國，名將輩出，長期與秦國抗衡，爭奪統一天下的主導權。西元前二六〇年，秦國和趙國之間爆發長平大戰，趙國兵敗，四十萬趙軍投降秦國，被秦將白起活埋，趙國的國力由此衰弱。儘管如此，趙國軍隊在名將廉頗、李牧的統領下，仍然長期頑強而有效地抗擊著秦軍的侵攻。秦武力統一天下以後，趙國人對秦的仇恨極為深刻。

武臣軍由陳縣出發，經過碭郡，進入東郡，由白馬津（今河南滑縣東北）渡過黃河，進入趙國地區的邯鄲郡，正式開闢了北部戰場。進入趙國的武臣軍，在張耳和陳餘的策劃下，致力於喚醒趙國人對秦的仇恨，鼓動趙人響應陳涉，共同推翻暴秦。因為順應了民心，武臣軍在趙國發展順利，不久就攻下了十餘座城池，軍隊擴充到數萬人。進而，武臣自稱武信君，聽從蒯通之計，對趙國地區的秦朝官吏施行懷柔招降的政策，盡可能和平接收秦王朝在趙國地區的政權組織。趙國的東部地區，很快被平定下來，舊趙國的首都邯鄲也被武臣軍占領。進入邯鄲以後，周文軍退出關中的消息傳來，反秦戰爭長期化的苗頭日漸明顯。在張耳和陳餘的策動下，武臣在邯鄲稱趙王，任命張耳為右丞相，邵騷為左丞相，陳餘為大將軍，趙國復國，建立起獨立的政權。

武臣趙國政權的建立，是在秦二世元年八月，以邯鄲為首都，大致擁有趙國東部地區的邯鄲、鉅鹿兩郡和燕國南部的廣陽郡。武臣趙國政權建立以後，沒有順應張楚陳勝政權的要求，西向支援楚軍攻秦，而是致力於鞏固實力，擴大領土。九月，武臣分兵三路，派遣李良領軍北向攻略恆山郡，張黶領軍西向攻略上黨郡，韓廣領軍北上攻略燕國地區。恆山郡和上黨郡都是舊趙國的領土，李良和張黶進軍的目的，在於恢復趙國舊地。武臣派遣韓廣進入燕國地區的意圖，是想趁機兼併燕國而擴張趙國的勢力。

燕國是戰國世界的北極，以河北省北部為中心，東到遼東半島，北到長城，西到張北地區，以秦帝國的政區而論，由西而東包括上谷、漁陽、右北平、遼西、遼東五個邊郡和廣陽一個內郡。戰國七雄中，燕國力量弱小，又偏處東北一隅，在天下政局中影響最小。燕國的西部和南部被趙國包圍，趙國成為燕國進出中原的屏障，國勢的變動受趙國影響最大。秦征服趙國，舉國動員，多年苦戰不休，勝負交替反覆，付出了極大的犧牲，方才完成。攻占趙國後，征服燕國幾乎是摧枯拉朽。燕國無力以有組織的軍事力量抗秦，被迫採取恐怖活動，太子丹折節求士，派遣荊軻刺殺秦王，演出一場慷慨悲歌的史劇，千百年來，為後人傳頌不已。刺殺秦王的失敗，引來秦國的加倍報復。秦軍攻占燕國後，對燕國貴族實行嚴酷的懲處。西周邵公以來的燕國貴族，在強大秦軍的殘酷攻擊之下，舉國向東撤退，在遼東半島做了最後的抵抗。亡國以後，燕國貴族或者被秦軍誅殺，或者逃亡到朝鮮半島，與舊土隔斷了聯繫。秦末之亂，無處可逃、淪落民間備受苦辛的各國貴族紛紛而起，致力於復活故國王政，唯有燕國的舊貴族，他們已經在朝鮮半島安居下來，不願意再捲入中國的內亂，從而在秦末之亂中，完全見不到任何有記載的活動。

韓廣是燕國人，出身於燕國地區的上谷郡，曾經做過秦上谷郡的卒史，也就是郡衙門的下級辦事員。武臣派韓廣攻略燕國地區，是想利用韓廣燕國出身的背景，在反秦復國的號召下，爭取燕國地區軍民的歸附。正如武臣政權的預想，韓廣到了燕國，受到燕國軍民的歡迎，進軍順利，迅速地占領了燕國的大部分地區。然而，出乎武臣政權的預想之外，進入燕國地區的韓廣，重演了武臣脫離張楚稱王的故事，獨立稱王，恢復了燕國。韓廣稱燕王恢復燕國，是在秦二世元年九月，就在武臣稱趙王復興趙國僅僅一個月之後。獨立後的燕國，開始在西面南面設防，抗拒趙國，致力於北向東向發展，力求恢復故土，大體沿襲戰國以來燕國的傳統，偏居一隅，力求自保。黃河以東以北的華北地區，再次形成秦與趙國和燕國對立的局面。

二——辯士蒯通的登場

蒯通是范陽人，如同張耳、陳餘一樣，也是江湖上傳奇性的英雄人物。他繼承了戰國遊說之士的傳統，精於審時度勢，長於權變遊說，呼風喚雨於秦末漢初。

秦帝國的北部軍，就是征伐匈奴、負責整個帝國北部邊防的軍隊。秦始皇帝三十二年，始皇帝派遣大將蒙恬統領三十萬大軍北伐匈奴，奪取了匈奴在河套地區的肥美牧地，設置九原郡，移民屯田，連接秦國、趙國、燕國長城，修築要塞直道，在上郡設置北部軍總部，統一部署帝國的北部邊防。秦帝國統一天下以後，秦軍的戰略主力有三支，其一為關中地區的京師軍，其二為南越地區的南部軍，再就是這支北部軍了。北部軍的任務主要有兩項：一是負責帝國的北部邊防，防備被擊退到蒙古高原的匈奴騎兵捲土重來；二是作為首都地區的北部屏障，防止對關中地區的可能襲擊。北部軍的第一任統帥為大將蒙恬，監軍是皇長子扶蘇。秦始皇三十七年，始皇帝死於出巡途中，胡亥、趙高、李斯偽造詔書送抵上郡，扶蘇和蒙恬先後自殺，北部軍改由王離統領。

王離，內史頻陽縣人（今陝西富平東北），祖父王翦、父親王賁都是秦國的名將，統一天下的功臣。始皇帝統一天下，王翦領軍滅亡趙國和燕國，王賁領軍水淹大梁，滅亡魏國。王翦和王賁，又先後主持進攻楚國的戰爭。秦王政二十四年，王翦統領六十萬秦軍，擊敗項羽的祖父項燕所統領的楚軍，滅亡楚國。秦始皇帝二十六年，王賁與蒙恬領軍攻滅齊國，完成統一。秦重軍功閥閱，天下統一以後，王氏家族與蒙氏家族並列，成為秦王朝最為顯赫的勳閥世家，一家三代封為列侯，世襲帝國最高的爵位。始皇帝二十八年，秦始皇東巡天下，王翦為武城侯，王賁為通武侯，父子並為列侯隨同，榮耀富貴至極。蒙恬討伐匈奴，統領北部軍屯駐帝國北部邊境，王離在蒙恬軍中擔任副將。王離繼蒙恬出任北部軍統帥後，他的兩位副將，分別是蘇角和涉間。

二世元年九月，張楚周文軍進入關中，秦王朝倉促應對，來不及徵調帝國各地的軍隊。章邯以京師軍為核心，將驪山陵的役夫刑徒編入軍隊，擊敗周文軍，迫使周文退出函谷關，首都地區的危機得以一時解除，秦政府得到時間重整旗鼓。在這之後兩個多月的時間裡，秦帝國實行總動員，全面調整軍事部署，周密地準備了對關東叛亂的反擊。在這次全面的軍事調整中，北部軍的一部奉命由直道南下，進入關中增援章邯軍，其主力部隊受命在王離的統領下，東渡黃河，負責黃河以北地區，也就是舊趙國和燕國地區的平叛軍事活動。

二世元年十一月，章邯軍出函谷關攻擊周文軍，沿三川山陽道開始對張楚軍施行全面反攻。與此同時，王離軍由上郡東渡黃河，進入太原郡。當時，趙軍李良部隊已經攻占了太原郡東部的恆山郡，正準備西向進攻太原郡；趙軍張黶部隊已經攻占了太原郡南部的上黨郡，準備向西進攻河東郡。王離軍進入太原郡後，迅速封鎖了通往恆山郡的所有交通要道，使李良軍無法西進。安定太原郡後，王離軍進而增援河東郡秦軍，北由太原，西出河東，夾擊上黨郡，趙軍張黶部隊軍敗，被迫退出上黨郡，撤退到邯鄲郡內。王離收復了上黨郡後，兵分兩路，一路進入河內郡，與已經被章邯軍收復的三川郡隔黃河相呼應，由南路對趙國展開軍事進攻，一路由井陘關方向東進，攻擊恆山郡。

武臣的趙國政權，是由武臣、邵騷、張耳、陳餘等人所統領的三千張楚軍舊部創建的，他們都不是趙國人，卻是政權和軍隊的核心。進入邯鄲郡和鉅鹿郡後，武臣軍宣揚張楚反秦的大義，喚醒趙人對秦國的仇恨，得到了趙國民眾的支持，攻下了十來座城邑，軍隊發展到數萬人，大量加入到軍隊和政權中來的趙國人成為武臣趙國政權的周邊基礎。武臣軍進入趙國地區的當初，依從張楚起兵以來的政策慣例，徹底摧毀當地的舊秦政權，對於舊秦郡縣官僚，一概施行嚴厲的誅殺，其結果，引起趙國各地秦政權的恐懼，紛紛守城不降，頑強抵抗。然而，當武臣軍進入燕國地區，抵達廣陽郡范陽縣（今河北易縣東南）時，由於辯士蒯通的出現，改變了誅殺秦吏的政策，武臣政權和軍隊的構成也由此發生了重大的變化。

蒯通是范陽人，如同張耳、陳餘一樣，也是江湖上傳奇性的英雄人物，呼風喚雨於秦末漢初。蒯通繼承了戰國遊說之士的傳統，精於審時度勢，長於權變遊說。秦帝國時期，他同眾多英雄豪傑一樣，默默潛伏於鄉里，讀書著作，韜晦隱忍，密切關注天下形勢。漢代的圖書目錄《漢書·藝文志》中有《蒯子》五篇，就是蒯通的大作，歸類於縱橫家書，與戰國著名的游士蘇秦、張儀的著作並列，都是考究外交謀略的論述，出使遊說、權事制宜的言論。

當武臣軍抵達范陽時，蒯通自感出山的機會來臨。他徑直來到秦范陽縣廷，求見縣令徐公。見徐公後，蒯通自我介紹：「在下乃是范陽百姓蒯通。聽說足下將不久於人世，特來憑弔。不過，也預料足下將因為蒯通而免於不幸，又特來祝賀。」徐公是明白人，聞言知道來者非常人，屏去左右，欠身施禮問道：「在下愚鈍，望先生不吝賜教，憑弔的事，從何談起？祝賀的話，又有何因由？」蒯通說：「秦法苛重，足下任范陽縣令已經十年，殺人之父，孤人之子，斷人之足，黥人之首，不可勝數，而慈父孝子沒有手刃公腹，是因為畏懼秦法。當今天下大亂，秦法已廢，百姓手刃公腹，為其親人報仇，正好成就他們慈父孝子的名聲。這就是在下所以前來憑弔公的因由。況且，如今武信君大軍即將兵臨城下。足下若為秦堅守范陽，范陽父老少年將殺足下以回應武信君。足下若信臣聽臣，急遣在下為使者前往武信君處交涉，則可以因禍為福，轉危為安，這就是在下所以前來祝賀的由來。」

徐公同秦帝國所有的郡縣主要官僚一樣，不是本地人，受中央政府任命，由他郡他縣到范陽作縣令。多年以來，他乘秦軍勝利的威勢，嚴格遵照帝國的法令，冷酷地鎮壓一切違法不軌之徒，有效地統治著范陽地區，為帝國政權盡心竭力。然而，天下突然大亂生變，叛軍兵臨首都城下，朝廷陷於癱瘓，各地政府群龍無首，被迫人自為戰。在這種形勢下，在當地沒有民意基礎的徐公陷於進退兩難的困境之中。民心思亂，兵力單薄，為秦堅守幾乎沒有生還的可能；開城投降，張楚軍對秦吏誅殺無赦，也是死路一條。蒯通是明察的術士，他是看準了形勢，有所備而來的。他的出現，對徐公而言，彷彿是一線光亮，指明了夾縫求生的活路。於是徐公起身再拜，施禮奉蒯通為上賓，一切聽從蒯通的安排，準備車馬行裝，派遣蒯通作為自己的使者，正式出使武臣軍，交涉投降議和事項。

蒯通面見武臣說：「將軍入趙以來，奉行戰勝然後略地、攻取然後下城的方針，在下以為過頭了，非良策。如果將軍願意聽從在下的策劃，可以不攻而降城，不戰而略地，傳檄而定千里。」武臣問：「此話怎麼講？」蒯通說：「將軍兵臨城下，范陽令徐公整頓士卒，以備守戰。徐公其人，怯而畏死，貪而重富貴，想投降將軍，又擔心被將軍誅殺，正彷徨於進退之間。另一方面，范陽城內的年少暴徒，聞風蠢蠢欲動，欲乘機起事殺徐公占領范陽，獨立興國，抗拒將軍。度此局勢，將軍何不授在下以列侯之印，使在下持侯印封賞徐公，徐公受封賞開城歸順將軍，年少暴徒也不敢輕舉妄動。降下范陽以後，將軍再令徐公為使者，佩列侯璽印，乘朱輪華車，驅馳燕、趙各地遊說勸降。各地官員見了徐公，宛若看見了自己的未來，喜訊傳聞，必將不戰而降於將軍。這就是在下所說的傳檄而定千里之事。」武臣接受了蒯通的建策，使蒯通持侯印封賜徐公。一切如蒯通所預料，趙國各地的秦郡縣官吏紛紛停止抵抗，和平歸順武臣軍的城池有三十多座，大量的秦軍將士由此加入到武臣軍中來，成為武臣政權和趙國軍隊又一個重要的組成部分。

大體說來，武臣趙國的政權和軍隊，由三部分人組成。第一部分是隨同武臣一道渡河北上的三千張楚軍舊部，他們是政權和軍隊的核心，趙王武臣、右丞相張耳、左丞相邵騷、大將軍陳餘以及受命領軍攻入上黨的將軍張黶等人，都是其成員。第二部分是由燕、趙地區就地加入的當地人，數量最大，蒯通自然是不在話下，武臣的部將，後來在攻擊章邯軍時立有大功、被項羽封為殷王的司馬卬（司馬卬為趙人，見《史記・太史公自序》），以及領軍攻擊燕國地區的韓廣，都是其代表人物。第三部分，就是通過蒯通和徐公的遊說，歸降於武臣的舊秦官吏將士，數量當以數萬人計，受命領軍攻占恆山郡的趙將李良是其代表人物。

三——叛將李良

秦將李良歸趙，出於權衡利害，眼下利害逆轉，自然要作新的權衡。接受二世皇帝的「親書」後，李良將信將疑。

李良其人，本是秦軍的高級將領，通過蒯通和徐公的遊說，隨大流歸附了趙國，與韓廣、張黶一起，被委以獨當一面的軍事重任，出任趙國恆山方面軍的將領。有關李良歸附趙國以前的情況，史書完全沒有記載。根據秦軍大將王離詐冒二世皇帝書信的內容，以及他歸降趙國後馬上出任恆山方面軍將領的史事，我推想他本是秦的郡都尉一級的將軍，或許就是范陽令徐公所在的廣陽郡都尉。

李良受命攻下恆山郡後，回到邯鄲覆命，領得趙王武臣令其進軍太原郡的旨意，又回到恆山郡。當他領軍進到恆山郡與太原郡交界的石邑縣（今河北石家莊西南）時，王離軍已經封鎖了由恆山郡進入太原郡的要道——井陘道，李良軍在強大秦軍的阻擊下無法前進。就在這個時候，秦軍對李良展開了離間工作。大將王離假借二世皇帝的名義派人送信給李良，信中說：李良曾經服事於我，得到顯幸，如今一時誤入歧途，如果能夠在新的形勢下有所省悟，「反趙為秦」，不但會得到赦免，還將得到新的封賞云云。來信有意不封口，使李良感到內容可能已經洩漏，滋生出種種猜疑和不安。

李良歸附趙國的時候，秦帝國關東地區全面反叛，周文軍攻入關中，逼近咸陽，秦王朝政權的崩潰幾乎就在眼前。李良駐地任所，趙軍壓境，民心思叛。同為舊秦長吏的范陽令徐公親自前來，帶來趙王的優惠條件，李良權衡利害之下，做了歸趙的選擇。殊不知形勢瞬息萬變，章邯安定關中，出關一舉消滅周文軍，進而擊破田臧、李歸軍，奪還三川郡，再破伍徐、鄧說軍，收復潁川郡，大軍直指張楚政權的首都陳縣。短短三個月時間，戰局完全逆轉，張楚政權面臨馬上被消滅的局面。燕趙地區，帝國北部軍出動，東渡黃河壓境而來，大將王離轉來二世皇帝「親書」，曉以舊情，不計前嫌，勸諭再次回歸皇帝麾下。李良歸趙，出於權衡利害，眼下利害逆轉，自然要作新的權衡。接受二世皇帝的「親書」後，李良將信將疑，覺得不可輕信，決定回邯鄲面見趙王陳述敵情的變化，請求增兵。

李良到了邯鄲郊外，在路上遇見一支華麗的車馬隊伍，前後有一百餘騎，旌旗中有武字旗號。李良以為是趙王武臣出行，帶領隨從衛士下馬，跪伏路旁行謁見之禮。車騎過後，有騎士前來致謝請起，才知道車隊不是趙王，而是趙王的姊姊外出飲酒歸來。李良本是秦軍高級將領，歸趙後出任趙國將軍，擔當方面軍統帥，素受趙王尊重禮遇。以禮節論，趙王的姊姊見了李良這樣的重臣，當止步謙讓，下車施禮。當時，趙王的姊姊酒醉在車中，不知道伏謁路旁的是大將李良，以為不過是地方小吏之類，所以長驅而過，過後遣隨從告知，王姊已過，請起云云。李良不意受到如此不禮的待遇，在隨從面前非常尷尬，一時慚愧得無地自容。

隨從中的一位親信武士當場大怒，對李良喊道：「將軍，天下叛秦，能者先立，憑的是本事實力。趙王素來尊重將軍，禮遇無所怠慢，眼下一個女子，妄受將軍跪謁，不下車施禮，實在欺人太甚，請將軍准許我追殺了她。」李良得到二世皇帝「親書」後，內心已經動搖，經此一激，怒氣上來，借部下之氣勢決意反趙，當即派隨從騎士追殺趙王姊於路上，迅速部署所屬軍隊突然襲擊邯鄲城。邯鄲城內的趙國政權沒有絲毫察覺和準備，趙王武臣、左丞相邵騷被殺，武臣趙國政權的中樞幾乎被李良叛軍徹底摧毀。右丞相張耳和大將軍陳餘，本是民間游俠，人緣關係深入民間，特別是陳餘，早年曾經在趙國遊歷，娶了趙國富人公乘氏的女兒為妻，在趙國可謂上上下下通達，裡裡外外根深，耳目多，消息快，緊急時得到通報和掩護，僥倖逃脫出邯鄲城，各自撿了一條性命。

李良的叛亂，畢竟只是歸趙舊秦軍的局部叛亂，沒有趙國民眾的支持，更受到張楚軍舊部的堅決抵抗。張耳和陳餘逃出邯鄲後，迅速收集舊部，重新組織起一支數萬人的軍隊，在齊國援軍的支持下，著手重建趙國政權。

張耳、陳餘重建趙國政權，是在二世二年一月。此時，相對於武臣趙國政權建立的時候，天下的局勢有了很大的變化。陳勝敗亡，張楚政權被消滅，以下層平民為核心的六國反秦復國運動陷於低潮。反秦運動中，六國復國的基本方向沒有改變，不過，復國運動的領導核心，開始轉移到六國舊貴族的手中，反秦復國的主流，由平民王政轉向王政復興。齊國的田儋政權，是最早建立的六國舊貴族王政，始終倡導王政復興，一直與平民王政的張楚政權爭奪反秦復國的主導權。二世二年十二月，魏國舊王族魏咎，由陳縣回到魏國，正式登上空缺已久的王位，魏國的王政復興完成。二世二年一月，楚國舊貴族景駒建立新的楚國政權，楚國的王政復興開始。張耳和陳餘，本來也是王政復興的倡導者，在陳勝主持的陳縣會議上，他們就曾經建議以六國復國、王政復興的形式反秦，沒有被陳勝採納。如今，面對變化了的國內外形勢，張耳和陳餘更加認識到以外來人為核心建立的羈旅政權，最終難以在趙國紮下根來。他們接受了謀臣說客的意見，在民間找到了趙國王族的後裔趙歇，擁立為王，建立起新的趙國政權。趙歇的趙國首都，定在邯鄲北部的信都縣（今河北邢台），張耳和陳餘，繼續擔當趙國的丞相和大將。

在趙國復興王政、建立趙歇政權的過程中，齊王田儋起了相當重大的作用。李良叛亂、武臣政權崩潰後，田儋迅速派遣田間為將，統領齊軍渡過黃河支援趙國。趙國的王政復興，既受到齊國的軍事支援，也反映了齊國方面的意願。趙歇王政新政權剛剛建立，就遭到了占據舊都邯鄲的李良軍的進攻。新組建的趙軍在陳餘的統領下與齊軍田間部隊聯合作戰，擊敗了李良軍，乘勝南進，收復了邯鄲。趙國收復邯鄲以後，新政權一方面繼續收羅武臣政權的餘部；另一方面，順應當地民心，徹底實行趙國化，力求使趙歇政權，完全扎根於趙國本土。本土化政策的結果，使趙歐政權在趙國的東部地區站穩了腳根。

從二世二年一月到八月，趙軍與齊軍共同抗秦，也得到北部韓廣燕國的聲援，三國互為依靠，成功地經受住了王離秦軍的攻擊，將秦北部軍主力拖留在黃河以北。

四——圍城鉅鹿

章邯再次施用圍城打援的戰術，包圍鉅鹿，以逸待勞，如果六國援軍前來，則以優勢兵力在鉅鹿一帶作戰略決戰；如果六國援軍不至，待鉅鹿糧盡兵疲，一舉攻占。

王離所統領的秦北部軍主力在進入太原郡、收復上黨郡以後，一部東出太原，兵臨井陘，由恆山郡方向威脅趙國，一部進入河內郡，沿黃河東進，威脅邯鄲郡南部，由南北兩面形成夾擊趙國首都信都之勢。王離軍所用的這個戰略，大致同於二十年前其祖父王翦滅趙所用的戰略。秦王政十八年，王翦統領秦軍一部由上郡進入太原，出井陘關攻擊恆山郡，由北路南下擊趙，另一名將軍楊端和統領秦軍一部由河內郡東進北上，直接攻擊邯鄲，兩軍南北夾擊滅趙。不過，時過境遷，由於有齊國和燕國的支援，趙、齊兩國聯軍頑強作戰，王離軍的進攻似乎並不順利。由太原東出的秦軍與趙國軍隊相持於井陘關一帶，由河內北上的秦軍被趙齊聯軍阻擊於漳水南岸。從二世二年三月到八月，黃河以北的北部戰場，秦軍與趙、齊、燕軍的戰事，處於僵持拉鋸的狀態，直到章邯軍兵敗東阿、退守濮陽以後，僵局方才打開。

二世二年八月，章邯軍在東阿大敗於項梁軍，退守濮陽城，引黃河水修築環城水壕，背靠黃河，構築起堅固的防守工事，堅守待援。當時，項梁統領楚軍主力先圍濮陽，後攻定陶，楚軍項羽、劉邦部隊南下雍丘、外黃、陳留，消滅了由李由所統領的秦軍增援部隊，切斷了由三川方面支援濮陽的道路。在濮陽緊急的情況下，停留於漳河南岸的王離軍部隊秘密集結南移，與河東和河內軍的援軍一道，在濮陽附近渡過黃河增援章邯軍。章邯軍得到王離軍和河東、河內軍的增援，軍勢大振，以迅雷不及掩耳之勢奔襲定陶，一舉將項梁軍主力徹底擊潰。定陶之戰結束後，章邯認為黃河以南殘留的叛亂軍大勢已去，難以再成氣候。通過定陶作戰，他也認識到南北兩支秦軍主力聯合作戰的威力。在章邯的統一部署下，秦軍主力悉數渡過黃河，準備一舉消滅趙國，徹底平定黃河北部地方的叛亂。

章邯軍渡過黃河以後，秦帝國兩支主力部隊會師聯合作戰，大破趙國和齊國聯軍，乘勝攻陷了趙國的舊都邯鄲城。章邯下令將邯鄲城牆撤毀，將當地居民強行遷移到河內郡，杜絕他們再次據城反抗的可能。趙軍戰敗、邯鄲失守以後，趙國放棄了首都信都，舉國東遷，退入鉅鹿城（今河北平鄉西南）中，一方面依託齊國作長期堅守的準備，一方面向各國緊急求援。針對當時的形勢，章邯和王離對秦軍的戰略做了新的調整部署。王離軍追擊趙齊聯軍進入鉅鹿郡，將趙王君臣及趙齊聯軍主力圍困在鉅鹿城中，作攻堅破城的準備。章邯軍留在河內和邯鄲郡內，掩護王離軍，確保敖倉的糧食能夠源源不斷地運到鉅鹿前線。

章邯用兵，有幾個特點。一是善於奇襲。面對優勢敵軍，先示弱以懈怠對方，同時秘密集結兵力，然後出其不意，攻其不備，一舉將其擊潰。戲水擊敗周文，定陶攻破項梁，用的都是這個戰術。二是重視糧道後勤。兵馬未動，糧草先行。章邯深知後勤供應是軍隊的生命線，滎陽之戰，先攻敖倉，迫使田臧軍前來會戰，用的就是攻糧道的戰術。此次大軍深入敵國境內作戰，確保後勤通道，自然是大事中的大事，故而親自指揮執行。三是圍城打援。章邯進攻魏國，將魏王魏咎和魏軍主力圍困在臨濟城中，誘使齊國和楚國的軍隊前來救援。章邯早有所備，趁兩軍遠道而來，以逸待勞，先擊潰齊軍，殺死齊王田儋、魏相周市，再攻擊楚軍，敗走項它、魏豹，最後回軍攻打臨濟，迫使孤立無援的魏王魏咎投降自殺。圍困鉅鹿城，秦軍集中中部軍和北部軍兩大主力，做了長期作戰的準備。章邯再次施用圍城打援的戰術，包圍鉅鹿，以逸待勞。如果各國援軍前來，則以優勢兵力在鉅鹿一帶作戰略決戰；如果各國援軍不至，待鉅鹿糧盡兵疲，一舉攻占。

項羽年輕使氣，剽悍橫暴，難以控制。對於項羽，懷王及其左右的方針是有控制地使用，絕不願意單獨委以重任，更不願意看到項羽坐大稱王。

五——楚懷王抓權

項梁戰死，楚軍主力軍潰滅於定陶的消息，傳到懷王楚國的首都盱台，懷王政權大為震恐。在前所未有的危機面前，懷王政權迅速北上遷移到彭城，致力於收拾殘局，重新振作和部署楚軍。楚懷王都彭城後，親自主持政權。他首先命令各路楚軍作戰略撤退，往彭城方向集結。對於集結起來的楚軍，懷王重新進行部署。他命令呂臣軍屯駐彭城東，項羽軍屯駐彭城西，劉邦軍屯駐碭縣，其他各支楚軍部隊，也分別做了安排，將驟變的局勢穩定下來。

楚懷王是楚國王室的後裔，亡國以後落難於民間為人牧羊。他由項梁所立，除了舊王族出身所具有的號召力以外，在楚軍中沒有基礎和實力。利用這次戰略調整的機會，懷王著手直接掌握楚國的軍隊。首先，他將屯駐首都彭城的兩支楚軍主力部隊——呂臣軍和項羽軍合併，由自己親自指揮。懷王即位以來，一直得到陳嬰的輔佐，他任命陳嬰為柱國，全面負責楚國的政務；又任命呂臣為司徒，呂臣的父親呂青為令尹，將楚軍中的實力人物呂青、呂臣父子直接吸納到政權的核心中來，共同出任輔政的要職。對於楚軍中的另外兩位實力人物，劉邦和項羽，他也分別做了不同的處置。項梁兵敗之時，項羽正與劉邦在碭郡東部聯合作戰，圍攻外黃縣。得到項梁戰死的消息以後，項羽與劉邦無心戀戰，開始撤退。按照懷王的命令，項羽撤退到彭城西屯駐下來。懷王親政以後，項羽被封為長安侯，以魯縣為領地食邑，號稱魯公，地位上算是楚國的一方諸侯，不過，軍隊的指揮權被懷王收回。劉邦被封為武安侯，任命為碭郡長，統領本部兵馬，屯駐碭縣，負責彭城西部周邊的防務，得到懷王的信任和重用。

懷王政權稍微安定以後，利用章邯軍北上攻趙、黃河以南戰事平靜的時間，全力整軍建制，強化政權，進而君臣朝議協商，對今後反秦戰爭的整體格局，重新做了戰略性的規劃。這次戰略性規劃，歷史上稱為懷王之約。懷王之約的主要內容大致有以下三個方面：

一、反秦戰爭的基本目標是復興六國、誅滅暴秦。六國復國，以戰國末年的政局為基礎；誅滅暴秦，以楚國為盟主聯合作戰。

二、六國政權的建立，正統在於王政復興，即恢復被暴秦所中斷的各國舊王族的政治權力。

三、暴秦政權必須摧毀，秦國將予以保留。新的秦國王政，由首先進入關中、摧毀暴秦政權的功勞者出任。

懷王之約制定於二世二年後九月（相當於閏九月）。當時，戰國六國都已經復國，秦與六國對抗的後戰國局面再一次出現。各國王政，除僻遠的燕國外，全部實現了王政復興。楚懷王熊心、趙王趙歇、齊王田市、魏王魏豹、韓王韓成，都是故國舊王族。懷王之約，一方面是對於已經形成的天下政局的肯定和確認；另一方面，在肯定了陳勝起兵以來六國復興的同時，也對陳勝所開創的平民王政做了批判和修正，力圖通過扶持和肯定各國的王政復興，杜絕各種實力人物擅自稱王的野心。對於群雄並起、豪傑英雄立功求進的願望，懷王之約做了正面而富有誘惑的引導：不分貴賤，不論國別，首先攻入關中滅亡秦國者為秦王；對於最有野心和實力的人物，用秦國王位虛位以待。懷王之約，作為公之於眾的天下公約，成為反秦陣營的行動綱領和計畫藍本，對未來歷史影響極大，我們將來還會不斷地談到。

懷王之約制定的時候，正是秦軍兩大主力會師河北，章邯破邯鄲、王離圍鉅鹿的時候，趙國的求援使者連連不斷抵達彭城。楚國是反秦的首事國，反秦陣營的盟主。吸取戰國末年各國互不相救、被秦各個擊破的教訓，懷王政權做出以楚軍主力渡黃河援助趙國的決定。同時，另外派遣一支偏師部隊，西向進攻關中，直搗秦都咸陽。懷王兵分兩路的決定，引動了項羽、劉邦和宋義三位英雄的登場。

自從周文軍入關失敗以後，秦軍先後攻滅張楚陳勝、趙王武臣、魏王魏咎、齊王田儋、楚將項梁，收復了三川、潁川、南陽、陳郡、東郡、上黨、太原、邯鄲等廣大地區，形勢一片大好。黃河以南、淮河以北地區的反秦軍已經退守到泗水、薛郡一線。黃河以北地區，章邯軍與王離軍兩支秦軍主力會師，圍困鉅鹿城，正準備一舉攻滅趙國。秦國首都關中地區，日漸遠離戰事，已經內外重新設防，再次成為易守難攻的戰略後方。在這種形勢下，直接西進、深入秦國後方攻取關中，無異於虎口奪食，諸路楚軍將領，沒有人看好這項任務。然而，項梁戰死後，項羽仇恨秦國益甚，執著於滅秦復仇。他是勇敢無畏的戰士，主動請纓，願意率領本部人馬，奉懷王之約，西進攻取關中。

楚懷王熊心是項梁所立，做了楚王以後，被項梁打發到盱台後方，處處仰仗於項氏，沒有實力和實權。親政以後，對於項氏的巨大勢力，一方面不得不借助，另一方面也不得不有所抑制。項梁死後，項羽成了項氏的領軍人物。項羽勇武善戰，其軍事才能、軍功威望，楚軍將領中無人能出其右。不過，項羽年輕使氣，剽悍橫暴，難以控制。對於項羽，懷王及其左右的方針是有控制地使用，絕不願意單獨委以重任，更不願意看到項羽坐大稱王。經過仔細的考量，懷王沒有接受項羽的請求，他將奉約西進攻取關中的重任，交給了劉邦。懷王及其左右認為，劉邦老成持重，寬懷大度，西進有利於爭取秦國人心，功成後也不至於難以駕馭。懷王與項羽之間，由此種下了嫌隙不和的根，劉邦和項羽間，也從此埋下了爭鬥的種子。懷王不准項羽西進的請求，而是授與項羽另一項任命，也就是作為大將宋義的副將，隨同楚軍主力北上援救趙國。

六——宋義的發達

宋義是謹慎持重的人，與齊國關係密切，與項氏不和。宋義的出現，使懷王得到可以抑制項氏統領楚軍的人選。他對宋義，信賴且寄予厚望。

宋義原是項梁的部下。項梁在東阿、濮陽大敗章邯，又在定陶附近再次擊敗秦軍，接到項羽、劉邦斬殺李由的捷報後，滋生了傲慢輕敵的情緒。當時，宋義曾經勸諫過項梁。陶醉在連戰連勝歡快中的項梁聽不進去，反而嫌他敗興沮喪，打發他離開軍隊，出使齊國。在去齊國的路上，宋義碰見齊國的使者高陵君顯。當宋義知道高陵君顯將去定陶見項梁後，勸告他說：「我預見項梁軍近日必敗。你慢行緩去，可以免於一死，急行快去，必將大禍及身。」高陵君顯將信將疑，信其無不如信其有，於是放慢行程，在路上果然得到項梁軍敗身死的消息，大為嘆服。

懷王親政，高陵君顯改道到彭城謁見懷王，將這件事原原本本地講述給懷王。他向懷王推薦宋義說：「戰爭尚未開始，就能夠預見其敗象的人，可以說是懂得帶兵的人。」懷王正在物色能夠取代項氏的楚軍統帥人物，於是他召見宋義，傾聽他對今後軍國大事的意見，大為稱意。於是懷王任命宋義為上將軍，號為卿子冠軍，出任楚軍統帥，統領楚軍主力，援救趙國。卿子是尊稱，冠軍的意思是在諸軍之上。在宋義麾下，項羽出任副將，范增出任末將，桓楚、英布、蒲將軍等各部楚軍將領，都在軍中。

二世三年十月，宋義帶領楚軍由彭城誓師出發，北上救趙。楚軍北上走沛縣、胡陵、亢父，進入無鹽縣（今山東東平）附近的安陽時，宋義下令就地停駐，不再前進。楚軍在安陽一連停駐了四十六天，宋義始終沒有開拔出動的指令動向。項羽心急，曾經請求宋義說：「眼下秦軍圍困趙王於鉅鹿城，如果迅速渡河北上，楚軍從外面攻擊圍城秦軍，趙軍從裡面展開攻擊，秦軍受夾擊必定會被擊潰。」宋義不以為然，反駁項羽說：「牛虻鬥牛，志不在蟣虱。楚軍的最終目的，在於滅秦，而不在救趙。眼下秦軍攻趙，戰勝則馬乏兵疲，我軍可以趁其弊而勝之。秦軍敗退，我軍乘勢鼓行西進，直接進攻關中，可以一舉消滅秦國。因此之故，秦趙先鬥，楚作壁上觀，乃是得策。話說回來，被堅執銳，陷陣殺敵，我宋義不如項將軍，至於坐而運籌，策畫謀略，項將軍就不如我宋義了。」說完這番話後，宋義下令：「軍中若有兇猛如虎、不從如羊、貪婪如狼的人，一律斬首。」這實際上是直接以軍令約束項羽。

宋義是謹慎持重的人，與齊國關係密切，與項氏有所不和。懷王親政，力圖擺脫項氏的控制，對於項羽在軍中的勢力和威信，多所戒備。宋義的出現，使懷王得到可以抑制項氏統領楚軍的人選。他對宋義，信賴而寄予厚望。當時的懷王政權，剛剛從項梁兵敗的陰影中振作起來，重新組建了政權和軍隊，調整了攻秦戰略。新的攻秦戰略的最終目標，就是宋義所言的攻取關中，消滅秦國。為了完成這個最終的戰略目標，楚軍分兩路行動，宋義統領楚軍主力北上救趙，首要目的在於牽制和消滅秦軍主力；劉邦統領楚軍偏師，趁秦軍主力被牽制在趙國的時機，襲擊秦軍後方，相機直接進攻關中。宋義在安陽停留期間，劉邦軍在東郡的成武一帶擊破秦軍後，也停留不前。楚軍暫時觀望的意向，或許直接來自懷王宮廷方面。

項羽西向進攻關中的請求被懷王拒絕，迅速北上救趙的請求又被宋義駁回，對懷王和宋義的不滿累積成怨怒，以項羽的為人而言，爆發是早晚的事。宋義以嚴厲的軍令約束項羽，就是對不測的事情有所提防。宋義曾經出使齊國，面見齊王田市和齊相田榮；他在出使齊國期間，由齊國使者推薦給懷王，成為楚軍大將，他與齊國的關係，可謂非同尋常，而齊國的田氏政權，與項氏和楚國政權之間，又有理不清的恩怨瓜葛。

七——齊楚糾葛

項羽受到懷王的壓抑，屈居宋義之下出任副將，楚國政權內懷王勢力和項氏勢力間的矛盾，集中在宋義和項羽之間，同時，因為田假滯留楚國而引起的齊國和楚國間的不和諧關係，也集中在宋義和項羽之間。

齊國復國，是在二世元年九月。當時，陳勝部將周市領軍逼近臨淄郡狄縣（今山東高青東南）。居住在狄縣的齊國田氏王族支庶田儋、田榮、田橫三兄弟殺秦狄縣令起兵，擁立田儋為王，復興了齊國，開創了王政復興的政局。

復國後的田儋齊國，擊退周市楚軍進入齊國的企圖，迅速將舊齊國的大部分故土攻占下來，以齊國舊都臨淄為首都，穩固地占有濟北、臨淄、膠東、琅邪諸郡。齊國西鄰趙國和魏國，南與楚國接界，與秦國東西遠隔，直接受到秦軍攻擊的威脅最少。

戰國末年，末代齊王田建與秦國修好，拒絕支援諸侯各國抵抗秦國的兼併，不修武備，苟且偷安於中原戰事之外。秦國消滅各國以後，大軍壓境，齊國不戰而降，齊王田建成為俘虜，被遷置於河內郡共縣（今河南輝縣），被齊國人民所怨恨。田儋復興齊國以後，吸取歷史教訓，在大局上與反秦諸國相互合作，聯合反秦。田儋齊國，與武臣趙國關係良好。田儋曾經與武臣共同擁立攻占了魏國地方的陳勝軍將領周市作魏王。這件事，雖然由於周市希望擁立魏國王族魏咎而沒有實現，齊趙兩國的合作關係卻由此獲得加強。

秦二世二年十一月，王離統領秦北部軍主力東進攻擊趙國，趙將李良叛變，偷襲趙國首都邯鄲，趙王武臣、丞相邵騷被殺，趙國政權在一夜之間崩潰。趙國是齊國的西方屏障，趙國滅亡，齊國將直接面臨秦軍的軍事威脅。田儋緊急派遣部將田間統領齊軍渡過黃河，支援趙國。齊軍與由張耳、陳餘重新集結起來的趙軍一道擊敗李良，抗擊王離，擁立趙歇為王，在信都重建趙國政權。趙國重建以後，齊軍田間部隊始終留在趙國，與趙軍共同抗擊王離軍。趙國的鉅鹿郡，通過黃河渡口平原津而連接了齊國的濟北郡，齊國成為趙國的戰略後方。鉅鹿之戰前，趙軍在邯鄲和信都方面失利，退入鉅鹿城固守待援，正是依託齊國的後援。

張楚陳勝敗亡以後，反秦各國中齊國最為強大，田儋以反秦各國盟主自居，積極干預各國軍政。二世二年一月，楚國將軍秦嘉擁立楚國舊貴族景駒為楚王。田儋曾經派遣使者前往景駒楚國的都城留縣，指責秦嘉未經齊國同意，擅自立王的不是。秦嘉不買帳，反過來派遣使者公孫慶前往齊國，指責田儋為王，未經楚國同意。田儋大怒，殺掉公孫慶，與景駒楚國的關係急遽惡化。項梁領軍北上，擊殺景駒和秦嘉，齊楚關係緩和，時在二世二年四月。就在這個時候，章邯軍乘消滅張楚的軍威餘勢，北上攻擊魏國，將魏王魏咎圍困在臨濟城中。臨濟危在旦夕，魏國向齊楚兩國請求救兵。齊王田儋親自統領齊軍主力援救魏國，在臨濟被章邯軍擊破，軍敗被殺。齊軍殘部在丞相田榮的統領下向齊國撤退，被乘勝追擊的章邯軍圍困在東阿縣。田榮死守東阿，項梁統領楚軍主力前來救援，大敗章邯軍，田榮齊軍得救。章邯東阿兵敗以後，向西南濮陽方面撤退，項梁尾隨追擊，將章邯軍圍困在濮陽。項梁派遣使者，請齊國和趙國出兵聯合作戰，意圖一舉消滅章邯。

然而，就在齊王田儋戰死、齊相田榮被圍困在東阿的時候，齊國國內卻發生了政變。留在齊國的大臣田角等人擁立故齊王田建的弟弟田假為齊王，建立了新的齊國政權，田角出任田假齊國的丞相。田榮得到這個消息，大為憤怒，東阿之圍解除後，他迅速領軍返回齊國，攻擊田假。田假軍敗，南下逃亡楚國，依附於剛剛建立的懷王政權，田角則西走逃往趙國，統領齊軍救援趙國的齊將田間是他的弟弟，他落難前去投靠。田榮擊敗田假、田角以後，擁立田儋的兒子田市為齊王，自己出任丞相，弟弟田橫出任大將，再次建立起新的齊國政權，軍政大事則由他本身一手掌握。

當項梁圍章邯於濮陽，請求齊國出兵共擊的使者到來時，田榮對齊、楚、趙三國聯合作戰開出了條件。楚國方面必須殺掉田假，趙國方面必須殺掉田角和田間，否則，齊國不發一兵一卒。田間是救趙的齊國將領，統領齊軍長期在趙國與趙軍聯合作戰，擊敗李良，擁立趙歇，抗擊王離，是在秦軍重壓下的趙國須臾缺少不得的外援。以張耳、陳餘之明智和俠義，趙國拒絕田榮的要求是當然的事。田榮的要求，也遭到了楚國方面的拒絕。懷王政權認為，楚國是反秦的盟主，齊王田假失國依附楚國，楚國殺田假是失義於天下，斷然不可取。田榮是強橫固執的人，從此以後，不再與楚國和趙國聯合行動，開始孤立於反秦的聯合陣營之外。

高陵君顯出使楚國，是在項梁兵敗前夕，當在二世二年的九月。當時，項梁和田榮之間為齊國出兵一事正在進行外交交涉。高陵君顯是田榮的使者，他到定陶來見項梁。宋義是項梁的使者，他到臨淄去見田榮。他們在途中相遇會談，互相之間有了一定的理解。根據宋義對項梁軍將敗的預見，他們對於項梁以後的齊楚關係當然也會有所涉及。高陵君顯接受宋義的勸告，暫緩去定陶項梁軍駐地，得到項梁兵敗的消息後，便改道南下，直接去彭城見親政的懷王。懷王雖然沒有接受田榮要楚國殺田假的要求，卻接受了高陵君顯對宋義的推薦，任命宋義為楚國大將。

宋義出使齊國，在臨淄見齊王田市、齊相田榮，由齊國使者推薦，再從齊國回到楚國出任大將，他與齊國君臣上下的關係，自然是牢固地建立起來了。戰國時期各國之間，相互推薦人選就任他國大臣，是結盟聯合的重要方式。縱橫捭闔於諸國間的客卿游士，也由此在國內、國際間建立起錯綜複雜的人際關係。楚國接受齊國的推薦，任命宋義為大將，是對齊國表示友好，有利於齊楚關係的改善。宋義由齊國推薦出任楚軍大將，齊國成為他的外援，他自然成為楚國政權內影響齊楚關係的親齊派。他所親近的齊國政治勢力，就是齊國的當權人物田榮。

宋義出使齊國，是受項梁冷遇的差遣，宋氏與項氏之間，當然不和。楚懷王任命宋義為大將，另有一層用意是節制項羽，抑制項氏一族在楚軍中的強大影響。項梁在東阿救了田榮，事後，田榮不肯出兵攻擊章邯，成為項梁兵敗的外因之一，項羽由此怨恨田榮，成為楚國政權中的反齊派。未來項羽和田榮間的糾葛紛爭，根子就在這裡。項羽受到懷王的壓抑，屈居宋義之下出任副將。楚國政權內懷王勢力和項氏勢力間的矛盾，集中在宋義和項羽之間，同時，因為田假滯留楚國而引起的齊國和楚國間的不和諧關係，也集中在宋義和項羽之間。

八——項羽殺宋義

宋義無鹽送子之行，引起了楚軍內部的不滿。他長期離軍在外，掌握軍隊的權力旁落。無鹽之行，對於宋義來說，是致命的錯誤行動；對於項羽來說，則是千載難逢的機運。

宋義領軍停留於安陽期間，是在二世三年十月到十一月之間。隆冬季節，安陽一帶大雨連綿，氣候寒冷，道路泥濘，楚軍的後勤轉運受到影響，防雨禦寒的服裝、糧食、燃料都出現了供應不足的情況。就在這個時候，宋義與齊國的關係有了重大的進展，齊國接受宋義的推薦，延聘宋義的兒子宋襄到齊國出任國務大臣。宋義大為高興，離開安陽大軍駐地，親自把兒子送到楚國和齊國的邊境無鹽縣，飲酒高會，隆重慶祝。

無鹽縣在楚國所領的薛郡北部，緊鄰齊國的濟北郡，故地在現今的山東省東平縣東南。宋義大軍的駐地在安陽，在無鹽的西南。宋義無鹽送子之行，引起了楚軍內部的不滿。他長期離軍在外，掌握軍隊的權力遂而旁落。無鹽之行，對於宋義來說，是致命的錯誤行動；對於項羽來說，是千載難逢的機運。

就在宋義去無鹽期間，項羽策劃了政變。他召集軍中的項氏及其心腹將領們說：「趙國形勢緊迫，亟待各國攻秦救援，我軍反而停留不行。今年饑荒，百姓貧困，糧草被服徵集不易。眼下大雨天寒，後勤供應不暢，軍中存糧見底，供應減半，士卒面臨饑寒的威脅。在這種形勢下，我軍應當迅速渡過黃河，依憑趙國的糧草供應，與趙軍合力攻秦，才是上策。宋義身為主帥，不體恤士卒的饑寒，送子無鹽，飲酒高會，無視形勢的緊急，等待觀望，說什麼乘秦趙相爭之餘敝。秦軍強大，趙國新建，攻守的結果，趙國必然失敗。趙國被消滅，秦軍更加強大，有什麼餘敝可乘？」

在分析形勢、批判了宋義的行為和戰略以後，項羽明確了取代宋義的意圖：「楚軍剛剛遭受了重大挫折，王上坐不安席，如今徵發楚國全境的兵力，委託於上將軍，國家安危，在此一舉。然而，上將軍卻不恤士卒而徇私情，不急救趙而滯留無鹽，交通齊國，不是國家棟樑、社稷忠臣。宋義不除，楚國無望。」項羽的主張，得到了項氏及其部下的支持。利用宋義外出的空暇，他們做了充分的準備。

宋義送子歸來，回到安陽楚軍大營。第二天早上，項羽與諸位將領一起到上將軍營帳中謁見宋義。項羽在營帳中拔劍斬殺宋義，出營帳以副將的名義，假稱懷王的命令說：「宋義與齊國通謀反叛楚國，王上密令我誅殺之。」項羽以勇武剛暴聞名於世，會稽起兵，他持劍斬殺郡守殷通，鎮服會稽郡府，如今又身為楚軍副將，戰功卓著，身後有強大的項氏宗族支持，因此親手斬殺上將軍宋義，諸將懾服，沒有人敢支吾多語。大家一致支持項羽說：「楚王由將軍家擁立，今將軍為楚王誅滅叛逆，名正義順。」於是共同擁立項羽為代理上將軍，接管楚軍的統帥權。項羽掌握楚軍後，馬上派騎兵星夜追擊宋義的兒子，一直進到齊國境內，將其殺死。同時，項羽派遣將軍桓楚前往彭城，將事情稟報給楚懷王。懷王鞭長莫及，只得接受既成事實，任命項羽為上將軍，領兵救趙。

項羽誅殺宋義、出任楚軍大將以後，馬上部署進軍救趙。楚軍由安陽開拔，急速北上，準備走平原津（今山東平原）渡河。平原津在黃河下游，屬於齊國濟北郡，是齊國和趙國間的主要渡口。秦始皇三十七年，始皇帝最後一次巡遊，就是由此渡河，抵達沙丘病死的。二世二年，趙將李良叛亂，田間統領齊軍部隊渡過黃河支援趙國，也是走這裡。項羽北上救趙時，濟北郡由齊國將領田安和田都掌握。田安是故齊王田建的孫子，與鉅鹿圍城中的田間、田角兄弟一道，屬於齊國田氏王族內部的田假派，是積極主張救趙的。田都是田榮的部下，本來領軍在濟北與田安對陣。由於田榮固執於田氏王族內部的恩怨，在大敵當前的形勢下拒絕與楚國和趙國共同對秦作戰，在政權內部引起了分裂。田都不滿田榮不救趙國的政策，背叛田榮，與田安一起開道迎接項羽。

在田安和田都的積極配合下，項羽軍順利進入濟北郡，抵達平原津，開始作渡河的準備。

九——鉅鹿之戰

鉅鹿城外原野上，藍天白雲下，楚軍旗幟鮮明，金鼓嚴整。煙塵滾滾之中，楚軍將士呼喊之聲驚天動地，人人奮勇當先，怒號擊殺秦軍。秦軍軍陣，步步退潰，秦軍軍營，逐一起火，秦軍將士，身首分離。

王離包圍鉅鹿城，開始於二世二年後九月，到二世三年十一月，已經圍城三個月。王離軍在章邯軍的後勤支援下，糧食充足，士氣旺盛，攻勢日益猛烈。鉅鹿城中，存糧日漸減少，兵員傷亡，也得不到補充，形勢緊迫，危在旦夕。

先前，當趙軍受到秦軍的攻擊陷於不利，趙王趙歇、丞相張耳和齊將田間等統領趙、齊聯軍主力向東撤退，退入鉅鹿城固守時，趙國大將陳餘北上進入恆山郡，集結了恆山郡的趙國軍隊南下支援鉅鹿，停駐在鉅鹿城北部的圍城秦軍之外。圍城中的趙王趙歇和丞相張耳，多次派人前往陳餘軍營，催促陳餘攻擊秦軍，緩解鉅鹿的危機。陳餘軍約有數萬人，面對王離、章邯數十萬秦軍主力，兵力薄弱，無力進擊。陳餘一方面命令軍隊深溝高壘，堅壁自守，同時，連續派遣使者到楚、齊、燕、魏各國催促請援，打算等待各國援軍到來後一起向秦軍發起進攻。

秦楚鉅鹿之戰攻伐路線圖

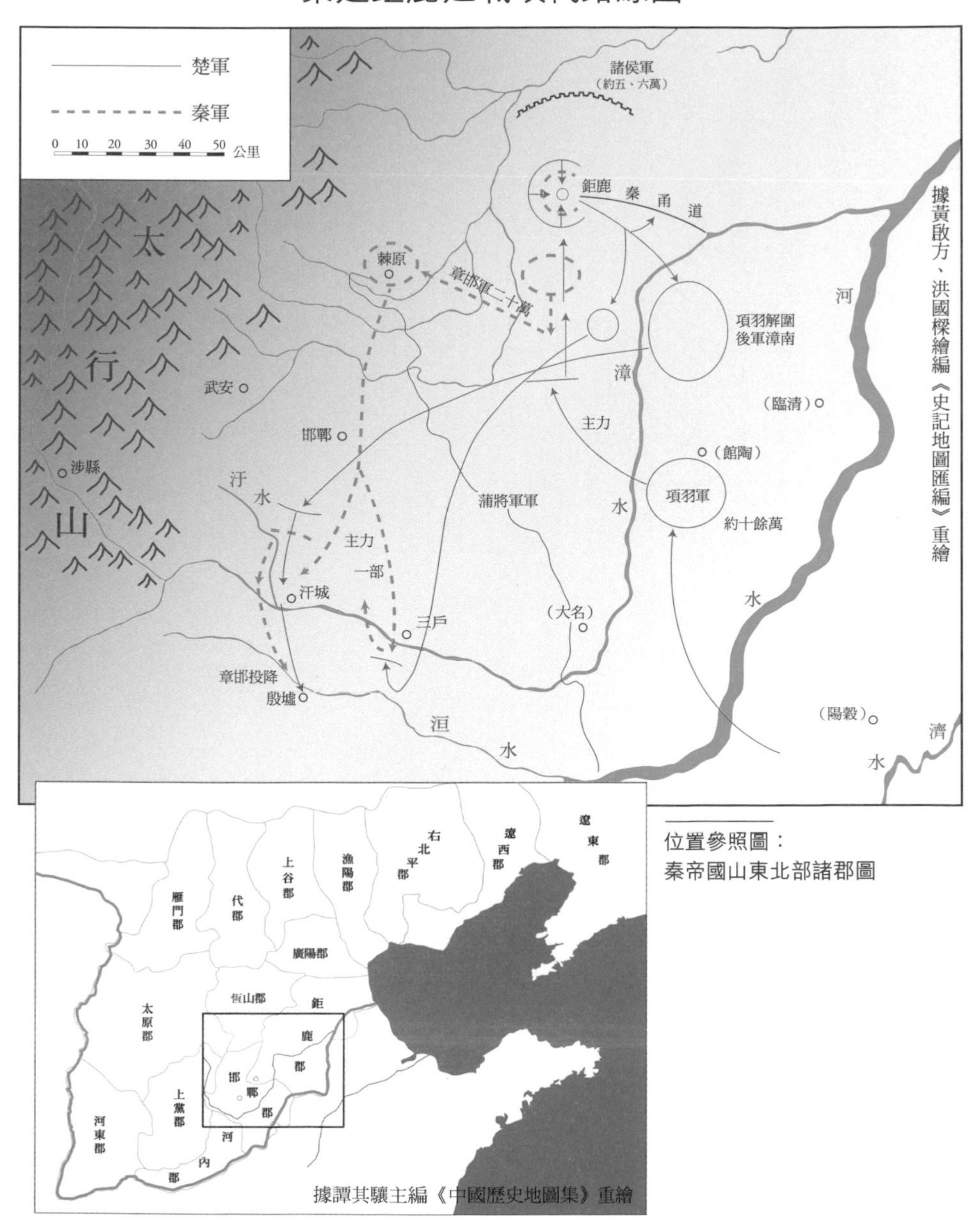

位置參照圖：
秦帝國山東北部諸郡圖

趙王趙歇和張耳在鉅鹿城中望眼欲穿，始終不見陳餘軍前來救援的動向，大為憤怒。張耳急不可耐，特別派遣將軍張黶和陳澤突圍出城，前往陳餘軍大營傳話，當面責問陳餘說：「結識以來，我與你有刎頸之交，誓言雖然不能同生，但願同死。眼下趙王與我張耳朝暮且死，危在旦夕，你陳餘擁兵數萬，觀望不肯前來相救，人臣大義姑且不論，齊生死、斷頸無悔的誓言究竟在哪裡？如果還有信義可言，為什麼不進擊秦軍，赴難同死？進擊秦軍，固然險惡，較之觀望，相互還有一線存活的希望。」陳餘說：「以眼下的兵力進擊，非但不能解救鉅鹿之急，只是徒然喪軍送死而已。我陳餘之所以不亡軍自死，不過是為趙王，為他張耳保留一點報仇的希望。眼下的局面，一定要我擊秦赴死，宛若以生肉投擊餓虎，有什麼用處？」張黶和陳澤說：「事情危急到如此地步，已經沒有多慮計量的餘地，陳將軍必須以赴難同死的行動取信於趙王和張丞相。」

張黶和陳澤是與張耳、陳餘一道奉楚王陳勝之命，隨同武臣、邵騷進入趙國的楚軍老將士。李良叛亂時，張黶作為趙軍主要將領，正領軍在上黨郡作戰。武臣、邵騷被殺，僥倖脫逃的張耳和陳餘收集殘部重建趙國，張黶軍成為趙軍的主力，張黶成為擁立趙王趙歇的重臣。他與張耳、陳餘間，也是同生死共患難的兄弟戰友情義，張耳派遣他和陳澤突圍前往陳餘軍營，表達了緊急和信賴的雙重意味。張黶和陳澤的到來，陳餘當然感受到巨大的壓力，他分析形勢、據理辯解的話，未能使張黶和陳澤信服。進軍是全軍覆沒，不進軍是關係破裂。在張黶和陳澤的催逼之下，陳餘無奈同意進軍，他以五千人為先鋒，由張黶和陳澤統領，試探性地衝擊王離軍軍陣。結果，張黶和陳澤以及五千將士全軍陣亡，無一生還。陳餘再也不敢輕舉妄動，日夜盼望各國救兵的到來。

抵達平原津的項羽軍，稍事準備後，迅速部署渡河。最先渡過黃河的楚軍，是由勇將英布和蒲將軍統領的兩萬楚軍精銳。他們渡過黃河以後，馬上對部署在棘原和鉅鹿間的秦軍後勤支援部隊發起進攻。秦軍攻擊趙國，包圍鉅鹿城的是王離所統領的北部軍，章邯軍部署在鉅鹿南部的河內郡和邯鄲郡，負責後勤支援和防備黃河對岸的反秦諸國援軍。章邯用兵，最重糧道。當時，秦軍的糧食供應，主要依靠洛陽北部黃河岸邊的敖倉戰備存貯。章邯利用黃河漕運糧食，棘原為船運碼頭和倉儲所在，是數十萬大軍的後勤基地。王離軍的糧草供應，由棘原陸運到鉅鹿。為了保證棘原到鉅鹿間糧道的安全和暢通，章邯在黃河和漳水間大興工事，在糧道兩側修築起防衛用的壁壘，駐軍守衛，稱為甬道，防備敵軍的攻擊。

英布軍和蒲將軍軍，像一把犀利的尖刀插入章邯軍和王離軍之間，對守衛甬道的秦軍展開猛烈進攻，將長蛇般的秦軍甬道數處攻破占據，切斷了秦軍通往鉅鹿城的糧食供應線，也將章邯軍和王離軍分割開來。得到前鋒有利的消息，項羽統領楚軍主力渡過黃河，支援英布和蒲將軍擴大戰果，頂住秦軍的反擊，在漳河和黃河之間站穩陣腳。英布軍和蒲將軍軍面對章邯軍布陣，築壘壁堅守，項羽軍主力依靠英布軍和蒲將軍軍的掩護，迅速抵達漳河，準備攻擊對岸的王離軍。由於章邯軍和王離軍被切斷，王離軍的糧道斷絕，供應匱乏，戰局出現了有利於諸國聯軍的變化。

鉅鹿城內，守軍得到楚軍到來的消息，備受鼓舞，益發堅守。鉅鹿城外，數支援軍也集結到

走進歷史現場

漳河

2006年3月，我驅車由安陽北上，沿漳河南岸東走臨漳，堤下村落田園，想來當年都是秦軍駐地。到三元，漫步鄴鎮漳河大橋，經過數百米河道，林木掩映的北岸河堤間，項羽聯軍的旗幟身影，彷彿依稀隱現。鄴城故址就在橋邊，六朝古都的繁華往昔，如今只有金鳳台遺址尚存。

鄴城金鳳台

來。陳餘軍數萬人，修築壁壘，駐守在鉅鹿城北，這是最早前來的援軍。張耳的兒子張敖，一直在代郡活動，接到鉅鹿危急的消息，統領代郡兵前來救援，大約一萬人，駐紮在陳餘軍旁。燕王韓廣，本是故趙王武臣的部下，張耳、陳餘的同僚，脫離趙國，獨立建立燕國後，因為西南兩個方向有趙國的屏障，一直沒有受到秦軍的直接攻擊。燕國與趙國之間，儘管在領土等問題上有過種種糾紛，不過，燕趙之間唇亡齒寒的道理，韓廣是清楚明白的。鉅鹿被圍以後，韓廣派遣部將臧荼統領燕國援軍南下抵達鉅鹿城

漳河濱一景。項羽曾在渡過漳河後，做了「破釜沉舟」而名留青史的重大決定。

外，也駐紮在陳餘軍旁。由於秦軍精銳強大，不久前又有五千陳餘軍的覆軍之鑒，救趙的諸國軍隊沒有人再敢主動攻擊秦軍。諸部援軍深壁高壘，固守不出，一心一意等待楚軍主力的到來。

項羽是勇猛無畏的軍事天才，當陳餘再次請兵的使者到來時，他決定集中兵力，首先與王離軍決戰。王離軍是秦軍精銳的主力部隊，長期屯守北疆，曾經在名將蒙恬的統領下擊敗匈奴。秦末亂起，一直在黃河以北與趙、燕、齊軍作戰，是圍攻鉅鹿的主力。但是，當楚軍插入王離軍和章邯軍之間，王離軍的糧道被切斷，一時陷於諸國聯軍反包圍的不利形勢當中。項羽抓住戰機，他命令英布和蒲將軍就地堅守，務必抗住章邯軍的反撲，阻止章邯軍打通與王離軍聯繫的企圖，自己則統領楚軍主力，一舉渡過漳河。渡過漳河以後，項羽作出了一項震動全軍、青史留名的重大決定。他下令全軍將士，人人備足三天的乾糧，然後，將渡船全部鑿沉，帳篷全部焚毀，釜甑等炊事用具也全部砸碎，自絕退路，宣示全軍將士唯有速戰快勝、斷無敗退生還的決心。

楚軍破釜沉舟，除了三日以內戰勝秦軍外，沒有生還的可能，人人誓死決戰。楚軍逼近鉅鹿，迅速對王離軍展開猛烈的攻擊。一日之內，楚軍與秦軍連續交戰九次，楚軍連戰連捷，破秦軍甬道，拔秦軍壁壘，秦軍主帥王離被俘，副將蘇角被殺，另一名秦軍副將涉間被楚軍包圍不肯投降，自焚而死。當楚軍攻擊王離軍時，各國援軍不敢輕舉妄動，都到軍營的外壁上觀看虛實動靜。鉅鹿城外的原野上，藍天白雲之下，楚軍旗幟鮮明，金鼓嚴整。煙塵滾滾之中，楚軍將士呼喊之聲驚天動地，人人奮勇當先，怒號擊殺秦軍。秦軍軍陣，步步退潰，秦軍軍營，逐一起火，秦軍將士，身首分離。日出兩軍開戰，日中生死逼迫，日斜過午，楚軍大捷，王離軍敗局已定。目瞪口呆觀望於壁上的各國援軍，這時方才醒悟過來，紛紛開營出軍，配合楚軍攻擊潰退的秦軍。

戰鬥結束以後，項羽傳令召見各國軍將領，諸將戰戰兢兢，穿越屍骨堆積如山、鮮血集流如河的戰場，來到用作楚軍統帥部的王離軍大營。戰塵瀰漫之中，刀光閃動之下，進入軍營轅門的諸將，無不低身膝行，誠惶誠恐。當他們來到項羽面前時，沒有人敢抬頭仰望。經過這次戰鬥，各國軍將領對項羽歸心畏服，一致公推項羽為諸國聯軍統帥。

十 —— 悠悠漳水祭英靈

屈原的〈國殤〉是祭歌，兩千年前，為追悼殉國的楚軍將士而作。兩千年後，我讀〈國殤〉，為追悼殉國的秦軍將士而誦。放眼歷史，事後想來，究竟當初為哪樁？如果殉國的英靈們能夠在天相會，當會攜手同唱。

鉅鹿之戰前，為了援救趙國，楚國掃空國內，出動了所有能夠調集的軍隊。在秦與六國死鬥、六國內部的關係又錯綜複雜的形勢下，楚軍如何救趙，經由什麼路線救趙，自然是一重大問題。然而，司馬遷只是簡單敘述其事說，宋義領軍由彭城出發，軍行到安陽，停留四十六天不前，從而引發項羽殺宋義事件。項羽奪取楚軍的指揮權後，領軍渡河救趙，破釜沉舟，來到鉅鹿城下，一舉殲滅王離軍。過於簡單的記載，留下諸多不解的疑團。

宋義軍由楚國首都彭城出發，在安陽駐軍不前。安陽在何處，當是解明楚軍救趙路線的關鍵。唐朝學者顏師古以為安陽在黃河西，大致在今天的河南省安陽市西南，也就是當時的河內郡安陽。同是唐朝人的司馬貞則以為安陽在黃河東，地在今天的山東省曹縣東，也就是當時的東郡安陽。歷代的學者們或者依從顏師古說，或者依從司馬貞的看法，莫衷一是。

我整理歷史到這裡，仔細查閱文獻，再三對照古今地圖，對於顏師古和司馬貞的說法疑慮重重。待我實地到了安陽、臨漳、成安一帶考察，當即排除了顏師古之說。鉅鹿之戰時，河內安陽在黃河西，洹水和漳水南岸。安陽所在的河內郡，自秦末之亂以來，一直為秦軍堅守，西面依託河東郡連接關中，南面背靠三川郡就食敖倉，是秦帝國在河北地區最穩固的戰略基地。章邯在定陶擊殺項梁，是因為獲得了從河內渡河而來的援軍支援。章邯攻破邯鄲，遷徙邯鄲民人到河內，也是仰仗河內的穩定。王離軍圍困鉅鹿，章邯軍的大本營就在河內安陽一帶，二十萬大軍密集布陣，嚴密防範可能來援的諸侯國軍。宋義統領楚軍渡過黃河來到河內安陽，竟然能夠停駐四十多天無戰事，外出飲酒高會，以地勢形勢推想，斷然沒有可能。

東郡安陽在黃河東，從這裡渡黃河，最近的渡口是三百里外的白馬津（今河南滑縣），渡過白馬津則進入河內郡和邯鄲郡，直接面對的是嚴陣以待的章邯軍。要想北上救趙，首先需要同章邯軍作戰。如此行動，既不能解鉅鹿之圍，又自投於秦軍的羅網之中，違背普通的軍事常識，難以理解，也無法講得通。我困擾疑惑，不知所從。

考察歸來，讀到辛德勇先生的新著〈鉅鹿之戰地理新解〉，有豁然開朗之感。辛氏是歷史地理專家新銳，他檢討諸說，推斷安陽在今山東省東平一帶，由此進而推論，項羽統領楚軍渡黃河救趙，不是西去走東郡安陽渡白馬津，而是北上走濟北郡渡平原津。以當時復活的後戰國七國而論，項羽軍不是西經魏國，而是北過齊國救趙。安陽地望之推斷，或許尚待驗證，但項羽北上齊國，走平原津渡黃河的看法，大概已成不刊之論。

對於鉅鹿之戰的歷史背景，歷來沒有人注意到齊國的影響和作用。我在文中已經分別敘述過，李良叛變、武臣趙國政權崩潰後，齊王田儋派遣田間領軍迅速渡過黃河進入趙國支援，趙歇新政權的建立，多仰賴於此。田間軍由齊國渡黃河進入趙國，應當就是走濟北郡渡平原津。趙歇政權建立後，不在舊都邯鄲而在北部的信都建都，進而，當秦大軍壓境，趙國君臣放棄信都而退守鉅鹿，都與依託齊國的支援有關。信都鄰近鉅鹿，鉅鹿通過平原津與齊國濟北郡相連，信都、鉅鹿、平原津、濟北一線，成為趙國和齊國間的往來通道。項羽統領楚軍進入齊國經過平原津渡黃河，當是合理的選擇。

項羽軍渡河救趙，得到兩支齊國軍隊的支援，一支是田安所統領的齊軍，另一支是田都所統領的齊軍。田安軍是在攻占了濟北郡部分地區以後加入項羽陣營隨同渡河救趙的，田都軍加入項羽陣營的地點，估計也在濟北郡。由於田安和田都的合作，項羽軍順利進入齊國的濟北郡，由平原津渡過黃河，也是天時地利人和。

項羽統領楚軍走平原津渡黃河，鉅鹿城尚在三百餘里以外，中間還隔有洹水和漳水兩條大河。特別是漳水，浩浩蕩蕩由太行山而來，在今河北省曲周縣一帶奪黃河故道，繞經鉅鹿一路東北流去，成為黃河以西項羽軍前往鉅鹿的另一道天塹。面對黃河和漳水兩道天險，項羽軍如何渡河救趙，又成為歷史上一樁有名的故事和聚訟的公案。《史記・項羽本紀》敘述項羽渡河救趙說：「項羽已殺卿子冠軍（宋義），威震楚國，名聞諸侯。乃遣當陽君（英布）、蒲將軍將卒二萬渡河，救鉅鹿。戰少利，陳餘復請兵。項羽乃悉引兵渡河，皆沉船，破釜甑，燒廬舍，持三日糧，以示士卒必死，無一還心。」這就是成語典故「破釜沉舟」的由來。

然而，破釜沉舟，渡河救趙，項羽軍所渡之河，究竟是哪一條河？由於司馬遷在文中只用了一個「河」字表達，因而有人說是漳水，有人說是黃河，成為歷史學上一樁聚訟千古的疑案。我讀著名歷史地理學家譚其驤先生的名著〈西漢以前的黃河下游河道〉，方才了解鉅鹿之戰時漳水、洹水、黃河之間的地理走向，據此解讀《史記》，對鉅鹿之戰的軍事形勢，大致得到一種可以貫通的復原。正如譚其驤先生所言，唐宋以前「河」是黃河的專用名詞，不用來稱呼其他水道。不過，黃河稱河，黃河故道也可以稱河。當時流經鉅鹿的漳水河道，本是過去的黃河故道，自然沿用了「河」的舊稱。據此體察當時形勢，領兵前往鉅鹿救趙的項羽軍需要渡過兩道「河」，第一道是流經平原津的黃河，第二道是流經鉅鹿的漳水。項羽殺宋義奪軍後，首先派遣先鋒英布和蒲將軍「將卒二萬渡河」，此處的「河」，當為黃河。當戰事有利於楚軍，陳餘再次遣使告急，於是「項羽乃悉引兵渡河，皆沉船，破釜甑，燒廬舍，持三日糧，以示士卒必死，無一還心。」此處所渡之河，當為漳水。

項羽軍渡過漳水以後，迅速在鉅鹿城下與秦軍展開決戰。司馬遷概述戰況說：項羽「於是至則圍王離，與秦軍遇，九戰，絕其甬道，大破之，殺蘇角，虜王離。涉間不降楚，自燒殺。」

聊聊數語，傳達出秦軍敗戰的慘烈。鉅鹿之戰，二十萬秦軍將士，除少數被俘以外，幾乎無一生還。鉅鹿城外原野上，秦軍屍骨遍野，血流如河，秦軍將士的英魂，瀰漫在夕陽煙塵淒風中。鉅鹿之戰這一天，秦帝國滅亡的命運已被決定。鉅鹿之戰這一天，是秦帝國哀傷痛哭的國殤之日。

我讀屈原〈國殤〉，觸情傷懷。「操吳戈兮被犀甲，車錯轂兮短兵接。旌蔽日兮敵若雲，矢交墜兮士爭先。」兩軍將士，手持戈戟，身著犀甲，轔轔戰車聲中，輪軸交錯斷折，短兵相接擊中，殺聲振天動地。旌旗紛紜蔽日，強敵密集若雲，流矢如雨飛墜，士卒爭先恐後。何等激烈的交戰，何等英勇的將士！

「凌余陣兮躐余行，左驂殪兮右刃傷。霾兩輪兮縶四馬，援玉枹兮擊鳴鼓。天時墜兮威靈怒，嚴殺盡兮棄原野。」我軍失利，軍陣被擊破，佇列被打亂，左驂馬倒地身亡，右驂馬被刃砍傷。戰車車輪陷入泥濘，引車駟馬絆沓不行，將軍前仆後繼，傳接玉槌敲擊戰鼓。無奈天時不利神靈怒號，我軍將士盡被殺戮，棄屍血染蒼茫原野。何等悲壯的抵抗，何等慘烈的戰況！

「出不入兮往不反，平原忽兮路超遠。帶長劍兮挾秦弓，首身離兮心不懲。誠既勇兮又以武，終剛強兮不可凌。身既死兮神以靈，子魂魄兮為鬼雄。」有去無回，有死無生，雖說是平野遼闊，路途遙遠，從軍以來，何曾有過歸還之念。楚劍鋒利，秦弓勁遠，生前死後，武器何曾放離手邊，縱然是身首分離，也是無悔無怨。精神勇猛，武藝高強，意志剛強，可摧折而不可凌辱。戰士殉國，身死化為神靈；精神永存，顯彰成為鬼雄。冥冥高遠的神界，死去的肉體得到精神的昇華。

屈原〈國殤〉是祭歌，兩千年前，為追悼殉國的楚軍將士而作。兩千年後，我讀〈國殤〉，為追悼殉國的秦軍將士而誦。自戰國以來，秦、楚兩國爭戰不已，數百萬將士的屍骨，草草掩埋，遺棄荒野，數百萬將士的亡魂，冥冥游離不得超度。秦滅楚，楚又滅秦，秦楚再融合建成漢。放眼歷史，事後追想，究竟當初為了哪樁？有人說，人人都是歷史的工具，生死勝負，都不過是在執行歷史所賦予的使命。我則想，如果殉國的英靈們能夠在天相會，當會攜手同唱：

歡樂女神，聖潔美麗，燦爛光輝，普照大地。
我們心中充滿熱情，來到你的聖殿裡。
你的光輝，能使人們消除一切分歧。
在你的光輝照耀之下，一切人類成兄弟。

第七章

劉邦西進

章邯的政治崛起和軍事勝利，其背後的支柱是李斯。這時候的章邯和李斯，是將相兩翼，內外一體。將相和，天下安，李斯與章邯間的信賴合作，是秦軍順利平定叛亂的政治基礎和安定的條件。

一——李斯與章邯的配合

鉅鹿之戰結束，王離軍被殲滅，章邯軍震恐。章邯指揮部隊步步為營，向河內郡方向收縮，在漳水南岸一帶，深壁高壘，作固守待援的準備。

章邯是長於防守反攻的名將，形勢不利，堅壁固守，集結待援，一旦時機成熟，突襲一舉破敵。消滅周文軍，他用的是這種戰術；擊潰項梁軍，他也是用這種戰術。現在，他故伎重演。不過，這一次，他所面臨的內外局勢要嚴峻得多。二世元年，周文軍突然出現在咸陽郊外時，朝廷上下一致，調動一切能夠出動的力量，全權委任章邯，終於將周文軍擊敗。二世二年，章邯與項梁軍拉鋸苦戰時，朝廷內部已經有重大的變化。但是，這種變化尚未波及於前線，章邯軍得到王離軍和河東、河內軍的增援，一舉將項梁軍擊潰。鉅鹿之戰結束的二世三年十二月，王離軍被殲，章邯孤軍失援，面對的既不是如同周文軍那樣臨時糾合起來的烏合之眾，也不是驕兵懈將的項梁軍，而是血戰大勝之後毫無鬆懈、步步緊逼過來由項羽統領的各國聯軍。更為嚴重的是，由於秦王朝政局變化的結果，章邯在政府內部已經失去了依靠和後援，開始受到懷疑、猜忌和指責。

二世政權的建立，基於皇子胡亥、中車府令趙高和丞相李斯三人政治同盟的結成和奪權成功。政權建立以來，皇帝胡亥、丞相李斯和郎中令趙高是新政權的核心，一體同心牽引秦帝國的三駕馬車，共同執政。執政之初，胡亥以幼子僭越即位，既缺少政治經驗，又缺少政治資本，為了清除帝位的覬覦者，埋首於和兄長之間的骨肉之爭。趙高以中車府令超升郎中令，外不能服公卿大臣，內不能服郎中宦者，如何有效控制宮殿內衛，協助二世掌握宮廷權力，是他專注的急務。丞相李斯是先帝老臣，德高望重的公卿首席，政績卓著，富有執政經驗，得胡亥信任，受趙高敬重，在三駕馬車的二世新政權核心當中，唯有他能夠溝通新宮廷和舊政府，協調二世皇帝和先帝舊臣們間的政治關係。新建的秦王朝二世政權，施政治國的主角，無疑是李斯了。

章邯是李斯信賴的先帝舊臣。始皇帝陵園工程，名義上的總負責人是丞相李斯，舉凡上奏匯報，由李斯領銜署名，真正負責具體工作、親臨現場監督工程的人，則是少府章邯。少府是九卿之一，相當於內務大臣，負責帝室的財政和宮廷內務，是政府的主要閣僚之一。這時候的李斯和章邯，上下一體，同心協力。周文領軍進入關中時，身在驪山的章邯建議赦免刑徒編入軍隊，協助京師軍抗擊敵軍。他的建議因為李斯的支持而得以實行，章邯由此取得秦軍的指揮權。擊退周文軍以後，章邯得到帝國戰略後備部隊的補充，組建帝國中部方面軍出關作戰，成為秦軍的主力。出關以後的章邯，源源不斷地得到帝國政府的後勤支援，軍事進展順利，戰功卓著，被任命為負責鎮壓叛亂的帝國秦軍的總帥，統一協調各部秦軍的行動。大將章邯，手握重兵，一舉一動，足以影響到帝國的存亡，成為繼二世皇帝、郎中令趙高和丞相李斯之外的又一政治勢力，秦王朝政權的外在支柱。

章邯的政治崛起和軍事勝利，其背後的支柱是李斯。這時候的章邯和李斯，是將相兩翼，內外一體。將相和，天下安，李斯與章邯間的信賴合作，是秦軍順利平定叛亂的政治基礎和安定條件。然而，就在章邯軍順利進軍關東、逐一平定各地叛亂的時候，二世政權內部出現了重大的政治裂痕，丞相李斯和郎中令趙高陷於權力鬥爭，二世皇帝最終站在了趙高一邊。

二——二世皇帝的苦惱

受到叛軍兵臨城下的重大刺激，生來沒有政治才能、也無施政興趣的胡亥，完全喪失了對於權力和人生的安全感，及早享受人生，滿足行樂的欲念，成了他至上的追求，如同查知死期瀕近的絕望者，時限越是緊迫，行樂越須及時。

周文軍攻入關中威脅首都，是秦建國以來從未有過的事，對秦王朝君臣上下震動極大。首都地區的威脅解除以後，追究責任的言論動向，開始出現。

李斯是政府首班，施政的主要負責人，又是溝通皇帝和大臣的樞要，上上下下的各種指責非難，自然都集中到了他的身上。李斯儘管年邁自保，畢竟執掌秦王朝國政多年，政治經驗豐富，通過陳勝叛亂驟起、急遽擴大蔓延的事件，他認識到先帝晚年以來的急政是事件的原因。先帝統一天下以後，北逐匈奴，修築長城，南征南越，屯戍五嶺，通馳道連接各地，築直道通達邊境，驪山陵園尚未竣工，阿房宮又開始修建，所有這些工程，都徵發百姓服役承擔。徭役過重，貽誤農耕，民生不能安定，逃亡犯法增多，帝國法制嚴密，有罪必罰，又引來避刑抗法的蔓延。陳勝、吳廣之亂，就是役重法嚴之下人民鋌而走險的結果。為了迅速平定叛亂，安定帝國，在堅決實施軍事鎮壓之外，帝國的施政也應當作相應的調整，減輕徭役，緩弛刑法。

李斯的看法，代表了二世政權內以丞相為首的政府方面的意見，右丞相馮去疾、將軍馮劫等先帝老臣都支持李斯。由於事關帝國安危，三人決意向二世皇帝呈情上書，上書由李斯起稿。李斯不僅是第一流的政治家，也是第一流的文章家，他在上書中分析形勢，辨明利害，委婉地表達寬刑減徭、轉換政策的必要。對於二世，他也從先帝顧命老臣們的立場，希望年輕的皇帝以古代聖王堯和禹為榜樣，夙興夜寐，勵精圖治，在危難之後，重振帝國萬世江山。

完全出乎意料之外的是，李斯的上書，不但沒有促成二世對於轉換政策的認同，反而招來了二世的嚴厲非難。二世不僅不同意寬刑減徭的政策轉變，而且對李斯以堯、禹要求自己的提法極為反感，提出尖銳的質問。

二世下書李斯說：對於丞相所言，「我有自己的看法。韓非子說，堯統治天下的時候，殿堂只有三尺高，櫟木的椽子不作雕飾，茅草的房頂不作修剪，即使是驛站客房，也不至於如此簡陋。冬天披鹿皮，夏天穿麻衣，吃粗糧，喝菜湯，用土盒盛飯，用土碗裝湯，即使是里監門房的飲食，也不至於如此粗糙。禹穿鑿龍門，開通大山，疏浚九河，築堤九曲，引滯水通於大海。然而，禹自己腿脛掉毛，手足生繭，面目黝黑，最終死於都外，葬身於會稽，即使是俘虜奴隸，其勞作也不至於如此酷烈。這種行為舉事，是愚戇不肖之人的勉強所為，不是聰明賢達之人的自然行事。賢人擁有天下，重在貴有；貴有之要，在於使擁有之天下適用於自己。所謂賢人，必定是能夠安定天下治理萬民的人，若是連自身都不能安逸得利，如何能夠統治天下？出於這種考慮，我願肆志廣欲，長享有天下之利而不受有天下之累，難道不可以嗎？」

二世皇帝胡亥本來是沒有政治抱負也沒有政治野心的帝室公子，他年方二十出頭，敏感早熟而神經質。多年來，目睹父親一生汲汲於政務，宛若堯王禹帝般勞苦，而當天下偉業大成時，卻面臨病痛的折磨，苦於生命的短暫，尋藥求仙，苦苦期求得不到解脫，終於違願逆情，撒手葬身於暗黑冷澈的地下。貼近父親一生的真相，特別是親臨父親垂死的陰冷，胡亥早早地生出生命苦短的強烈感受。

即位之初，胡亥曾經私下將他的這種心境向老師趙高透露過。他對趙高說：「人生在世，宛若乘坐六馬快車馳過缺隙，轉瞬即逝。我既然已經君臨天下，希望能夠窮盡耳目之所喜好，享盡心志之所欲望，同時也安定宗廟國家，使百姓和樂，如此長有天下，享盡天壽，辦得到嗎？」

趙高是善揣人意的人，他順應二世的心思，肯定二世的想法是唯有賢明的君主才能夠實行的兩利良方。趙高又是心機深刻的人，他誘導二世不安和享樂的心思去消滅政敵。在趙高的誘導下，二世將兄弟姊妹們幾乎殺了個精光。二世骨肉相殘，目的是消滅帝室中可能的競爭對手，求得在位的安心，為享樂創造條件。兄弟姊妹們斬盡殺絕，孤身一人承繼父業以後，在親情的孤寂之外，似乎一時得到某種安心，可以尋父親的足跡，驅車外遊，安享天下之利。殊不知驟然間晴天霹靂，天下大亂，叛軍兵臨城下，不僅個人生命，連帶整個帝國基業毀於一旦的寂滅突然出現在眼前，

秦二世元年詔版銘

受此重大刺激，生來沒有政治才能、也無施政興趣的胡亥完全喪失了對於權力和人生的安全感，及早享受人生，滿足行樂的欲念，成了他至上的追求，如同查知死期瀕近的絕望者，時限越是緊迫，行樂越須及時。

這時候的李斯，已經七十有餘，相對於剛剛二十歲出頭的胡亥，如同爺爺輩。李斯身處宮廷之外，軍國政務纏身，無法與胡亥朝夕溝通。他從政近五十年，人生就是政治，政治就是施政的行動，對於他來說，當前政治的要務，就是危難之後重建帝國的安穩。對於胡亥明確表明的縱情逸樂的強烈願望，他感到意外和惶然；對於他來說，二世的心境宛若天外的玄音。

我整理歷史到這裡，戚戚然感到李斯與胡亥之間有難以逾越的代溝。這種代溝，不僅是二人之間年齡的差異所致，更是不同時代間精神的錯亂所由。秦漢時代，是英雄的時代，經過諸子百家知識啟蒙的漢民族，剛剛步入壯年，大丈夫輕生重義，鮮廉寡恥，精神外向於國家社會，開疆拓土，建功立業，實實在在地追求高位富貴，正是時代風氣，也是人物時尚。李斯其人，正是如此英雄時代的模範。至於英雄遲暮，生命覺醒，個人在內向自省的反歸中，感受到時間流逝、生命速朽的虛玄精神浪潮，還遠在四百年以後的魏晉時代。然而，遲暮未來有前期預告，往往出現在早熟而衣食不愁、養尊處優的王室侯門中。二世皇帝胡亥，當為其先知先覺。

胡亥的感悟，這種生命苦短的煩惱，如果絕世出家，流布有道，可能創立解脫的宗教；如果宣洩於個性表現，辭章文字，可能成為哲學家和詩人。然而，胡亥與時代錯位，他生長在秦漢時代，從小接受法律教育；胡亥又與人生錯位，他被錯誤地安置在與他的天性氣質完全不相適合的位置上，被決定的人生是皇權高位。他沒有宣洩內省感悟的通道，他沒有同鳴共感的友人，他被壓抑的心境，一步步轉化成了及時行樂的欲望和行動，他的感悟和先覺，一步步走向了瘋狂和破壞。

三——李斯重讀《韓非子》

李斯懂得，政治的本質是權力；權力高於政見，與道德無緣。在權勢利害和政治主張衝突的時候，權勢利害優先；在權勢利害與道德倫理不合的時候，拋棄道德倫理。

李斯不能理解二世的煩惱，無法作適宜的引領疏導。李斯是實幹的政治家，長於權衡利害的政客，他在二世的下書中更多讀到的是實實在在的不安。二世皇帝在下書裡有如下的質問：「身居三公高位，何以致盜賊如此？」譴責的矛頭，已經直接指向他了。李斯緊張了，他感到殺伐的危險。李斯再次仔細閱讀二世皇帝的下書，開始體會和揣摸。

二世皇帝下書引用韓非子的話展開。《韓非子》一書，在秦王朝宛若政治教科書。始皇帝在世時，讀《韓非子》愛不釋手，嚮往讚譽之情，竟然到了無法控制的地步。始皇帝冷峻嚴厲，深藏不露，從不輕易流露內心，然而，他卻曾經在朝議時引用《韓非子》，當著群臣面前動情感慨道：「啊，寡人如果能夠面見作者，親身同他交遊，願遂事成，死也無所遺憾了。」俗話說，楚王愛細腰，天下多餓死。有先帝的推崇，王侯公子，將相大臣，人人誦讀《韓非子》，捨《韓非子》不能議政，捨《韓非子》不能施政，龐大的秦帝國，宛若成了韓非子法家主張的實驗場。

二世皇帝引用韓非的話，出於《韓非子‧五蠹》。為了體察二世的行文，李斯再次打開《韓非子》。韓非子說，古代和當今習俗不同，新政和舊政措施有異，如果想用寬大緩和的政策來治理急世亂民，等於是不用轠繩和鞭子去駕馭烈馬，實在是不明智的毛病。上古時代，以道德高下較量勝負；中古時代，以智謀多寡較量勝負；當今時代，以實力強弱較量勝負。因此之故，仁義寬政用於古代而不能用於當今。當今時代，臣民懾服於威勢而不心服於仁義，賢君明王必須嚴刑峻法，誅殺無赦方能治理。字字句句，都是李斯熟悉的話，重溫之下，他不禁有寒冷僵硬之感。

李斯與韓非，關係非同尋常。兩人同是荀子的學生，荀子在楚國時，兩人一起在荀子門下學習，成為荀子最賞識的兩位高足。李斯出身下層平民，精明幹練，能言善辯，有強烈的出人頭地的願望。施才從政，追求出仕成功和榮華富貴，是他的人生目標。韓非子出身韓國王族，口吃不善言談，孤僻內向，思想深刻，文辭犀利，是戰國晚年第一流的政論家。自從荀子去世以來，對於韓非子的思想文章理解得最深刻的人，對於韓非子其人其事知道得最透徹的人，怕就是李斯了。

韓非子對於人性和權力的分析，冷峻而近於苛酷。在韓非子的眼裡，至高無上的是國家權力，君王就是國家權力的絕對體現。君王的意志是公益，臣民的願望是私欲，二者的逆反相悖，君王為了支配和統治臣民，必須掌握和使用法、術、勢三件神器。法，就是治國治民的法律和章程，必須公開；術，就是支配臣下的權術，必須隱秘；勢，就是強制臣民服從的政治強權，必須獨擅。韓非子說：「權術，深藏於胸中，外面應對物事，暗中駕馭群臣。」施權術駕馭群臣時，可以「握明以問所暗」，「宣聞以通未見」，就是利用已經掌握的情況去查問尚未顯露的隱秘，宣布傳聞的材料去追究尚未暴露的奸私。詢問臣下時，不妨預先設定隱藏的目的，叫作「挾智而問」。「挾智而問」時，可以擺明臣下的過失，誘導臣下的暴露表白，叫作「舉錯以觀奸動」，「明說以透避過」。經如此權術考核，君王手握賞罰兩大權柄，封賞功勞，誅伐罪過，致於大治。重溫《韓非子》到這裡，李斯不寒而慄，禁不住感到脖子上刀刃的冰涼。

「身居三公高位，何以致盜賊如此？」皇帝言辭激烈，指斥的物件，明明白白，無所掩飾地指向自己。舉過明說的後面，必有急於查詢的陰奸；預先設定的目的，隱藏著誘導的圈套。李斯已經了解到，章邯軍消滅張楚政權後，二世皇帝的監察使者分部出巡，開始調查叛亂各地的地方長官，追究怠忽職守、導致叛亂急遽擴大的政治責任。出任三川郡守的長子李由，首當其衝。在御史的調查中，李由遭到嚴厲查詢，受到嚴重的警告，呈報到朝廷的報告書中，指責的矛頭和追究的線索，已經指向李斯。

李斯緊張了，他感到事情後面有看不見的危險和恐怖。李斯在秦國政界沉浮多年，深明政治的底細。他懂得政治的本質是權力，權力高於政見，與道德無緣。在權勢利害和政治主張衝突的時候，權勢利害優先；在權勢利害與道德倫理不合的時候，拋棄道德倫理。權勢利害優先的原則，貫穿李斯的政治生涯。當年，在門主呂不韋的教化恩遇和秦王嬴政的權勢之間，李斯選擇了後者；在扶蘇即位的正統和胡亥篡奪的利益之間，李斯也選擇了後者。對待同學韓非子，他出於權勢利害的計量，全面接受韓非子的政治主張，堅決阻止韓非子參與秦國政治，直接策劃了迫使韓非子自殺的冤案。往事如煙，要在當前。如今的李斯，儘管明白當前安定國家之要在於寬政撫民，及時作政策的轉換，然而，為了避禍解脫，他再一次算計求全，做了權勢利害的選擇。

四──李斯的邪惡美文

這篇文章，以政治道德而論，幾近邪惡；以文學成就而論，堪稱先秦散文的名章；以功效結果而論，二世政權之不可挽救，李斯自身之誅滅，皆可以由此查驗。

李斯徹夜不眠，絞盡腦汁，費盡心思，再次修書呈送二世。李斯上呈的這篇奏書，被稱為〈奏請二世行督責書〉。這篇文章，行文老到深峻，論理緊湊有序，極盡阿諛逢迎之能事，全文巧妙引經據典，高明順意曲解，以鏗鏘的氣勢，將白說黑，將黑說白，有理有據地為最高統治者提出一套兼顧個人享樂和專制獨裁的督責方案。這篇文章，以政治道德而論，幾近邪惡；以文學成就而論，堪稱先秦散文的名篇；以功效結果而論，二世政權之不可挽救，李斯自身之誅滅，皆可以由此查驗。由於此文不僅關係歷史動向，也堪為千古鑒戒，我不惜筆墨，將司馬遷記載於《史記．李斯列傳》的這篇邪惡美文，通俗轉述如下：

賢明的君主，一定是道法周全而能行督責之術的人。君主督責臣下，臣下就不敢不竭盡全能以事君主，君主臣僕的名分可以由此確定，君上臣下的地位可以由此分明，天下無論賢達還是不肖，也就沒有人敢不殫精竭慮地服從君主了。如此而來，君主獨斷制控天下而不受任何限制，窮盡享樂的境地至於無極。賢明的君主，對此不可不體察洞明。

申子說：「擁有天下而不能放縱恣肆，可以說是以天下為桎梏。」之所以這樣說，沒有別的理由，由於不能行督責之術驅使臣下，只能以身替代，不得不為天下之民受苦受累，宛若堯和禹一樣，自入於桎梏當中。如果不能修煉申子和韓非的權術，不能施行督責的道法，不能制控天下以適應自己，反而去勞累身體，苦痛精神，徇身百姓的話，只能說是黔首的僕役，而不是奴役天下的主人，毫無可貴之處可言。

使他人適從自己，自己尊貴而他人低賤；使自己適從他人，自己低賤而他人尊貴。所以說，適從他人者，低賤也；被他人所適從者，高貴也。古往今來，沒有不是這樣的。古來凡是被尊賢的人，是因為他高貴；古來凡是被鄙愚的人，是因為他低賤。堯和禹，是以自身適從天下，為天下所奴役的人，竟然被流俗尊賢為聖人，真是失去了尊賢之所以尊賢的根本真義，可以說是大謬大誤。堯和禹的為人行事，是宛若桎梏般的為人行事，以自戴腳鐐手銬比說，當是再貼切不過了。堯禹的自賤愚行，歸結為一句話，都是不能施行督責之術的過錯。

韓非子說：「慈母膝下有敗家之子，嚴父之家無逆子悍奴。」之所以如此，是嚴懲必罰的結果。所以商君之法規定，揚棄土灰於道路者，處以黥鼻之刑。揚棄土灰是輕罪，黥鼻之刑是重罰，商君仰賴明主在上，所以能深行督責重罰輕罪。犯輕罪而有重罰，何況犯重罪？威懾之下，庶民哪裡敢稍許有所觸犯？

韓非子又說，丈餘布帛，庸人不願放手；千兩黃金，盜蹠不去攫取。之所以如此，不是庸人貪心重，盜蹠欲望淺，也不是布帛利益大，黃金被輕賤，而是攫取黃金必有斬手之刑，入手布帛未必有處罰相隨。城壁高五丈，勇士樓季不敢輕易冒犯；泰山高百仞，跛羊牧食踐踏其上。之所以如此，難道是因為樓季困於五丈城壁而犯難，跛羊反而以百仞泰山為平易嗎？之所以如此，是因為五丈城壁峭峻難以攀登，百仞泰山和緩可以援行，取決於艱險之勢的不同。同樣的道理，明主聖王之所以能夠久處尊位，長執大權，一人獨擅天下之利，沒有別的道理，只是因為能夠獨斷專行，精審於督責之術而使用重罰之刑，使天下不敢有所冒犯。如果不致力於防止冒犯的要事，而是糾纏於慈母之所以導致敗家子的瑣事，則是沒有體察到聖人所論的精髓。若不能專斷行聖人之術，反而捨身服事於天下，當是何等悲哀。

儉節仁義的人立於朝廷，荒唐放肆的歡樂止息；諫說辯理的諍臣近在身旁，散漫疏懶的心志收斂；烈士死節的行為彰顯於世，淫逸康樂的期待廢失。唯有明主能夠離棄這三種人，獨操主上之術以御控順從之臣，明法嚴察，所以能身位尊而權勢重。大凡被稱為賢主的人，必定是能夠忤世變俗、廢其所惡、立其所欲的人，在世有尊重的權勢，死後有賢明的謚號。由是之故，明君獨斷，權不下臣，然後才能滅絕仁義之道，堵塞諫說之口，困阻烈士之行，絕聽無視外界，專聽獨視內心，既不受仁義烈士之行的影響，也不被諫說爭辯之辭所左右。如此才能煢然獨立，暢行恣肆享樂之心而無人敢於違忤，如此才可以說是修明了申子、韓非的權術，商君的法令。法令修、權術明而天下亂的事情，古往今來沒有聽說過。

所以說，王道簡約而易於操作，唯有明主能夠實行。督責專精則臣無邪心，臣無邪心則天下安定，天下安定則主上尊嚴，主上尊嚴則督責必成，督責必成則所求必得，所求必得則國家富強，國家富強則君主豐樂。所以說，督責之權術設定，則欲求無不可以求得。督責設定之下，群臣百姓救過不及，哪裡還談得上圖謀不軌？帝王之道如此齊備，則可以說是君臣之術明瞭，縱然申子、韓非復生，也不能超過於此。

二世皇帝讀了李斯的這篇文章以後，大為高興。老師趙高的理解，特別是丞相李斯引經據典、有理有據的肯定，消除了他對於自己追求恣肆享樂的疑慮和不安。二世是膽大妄為、行動魯莽至於蠻幹的人，他於是比照丞相提供的方案，肆無忌憚，有理論有綱領地實行督責之術，窮盡耳目之所欲。離宮別館、阿房宮工程，益發抓緊進行；賦稅不減，徭役加劇，興作不已。對於臣下，厲行督責，對於官吏，嚴加訓示，對於反抗叛亂，則一律誅殺無所寬免。如此施政的結果，轉化政策以消除秦帝國過於緊張的內外關係之最後機會消失了。天數未盡，事在人為。滿身瘡痍、戰事四起的秦帝國，如果中止高速賓士，在緩行中作徹底的檢修調整，並非沒有復興的機會。然而，在肆情縱欲的皇帝胡亥、保身阿諛的丞相李斯、殘忍嗜權的郎中令趙高三駕馬車的牽引下，巨大的秦帝國繼續狂奔疾走，因為失去了剎車制馭，其車毀人亡已經難以避免。

五——趙高的勝利

二世皇帝自即位以來，兄弟姊妹盡被誅殺，親情已經斷絕了個乾淨，滿朝都是先帝老臣，人人功高位重，威壓如芒在背。舉目人世間，親切又愛護自己、唯一可以信任和依賴的人，就是老師趙高了。

上〈奏請二世行督責書〉以後，李斯與二世的關係，獲得了緩解；對於李由和李斯的追究，一時也平靜下來；李斯家族的祿位，無害而得以保全。事態的發展，似乎在李斯的算計掌握當中。不過，機關難以算盡，螳螂捕蟬，焉知黃雀在後。二世行督責之術享樂人生，從此深居宮中，再不出來會見群臣。從丞相李斯而下，大臣們見不到皇帝，一切大小政務通通由郎中令趙高居中內外轉達。事態之如此發展，則是出於李斯的算計之外。郎中令趙高，成為溝通皇帝和政府、左右帝國政務運行的樞紐。二世政權的權力一步步向趙高偏移。伴隨於此，公卿大臣們對於二世皇帝和當前政治的不滿，開始集中到趙高身上。

趙高是對政治動向極為敏感的人，大臣們的舉動都在他的眼中。趙高專程來見李斯說：「形勢嚴峻，關東地區盜賊不止，眼下皇帝加緊徵發徭役修建阿房宮，收斂聚集狗馬珍玩等無用之物。臣下憂慮，希望有所勸諫，因為職卑言輕，皇上聽不進去。丞相位高權重，當下國政錯亂不安，正是奮身極諫的時候。丞相為何不面見皇帝，勸諫直言？」李斯說：「道理何嘗不是如此。勸諫皇上的願望，一直掛在我的心上。眼下皇上深居宮中，不上朝，不見大臣，我是有話無處說，欲諫無門。」趙高說：「如果丞相能夠勸諫皇上，入宮面見的機會，由我來安排。」李斯同意了。

趙高有趙高的算計。趙高的算計，是李斯始料不及的。趙高回到宮中以後，他選擇二世飲酒作樂、與婦人調情燕樂的時候，派人告知李斯：「皇帝無事休閒，可以前來奏事。」李斯匆匆趕到宮門，上謁求見二世，弄得二世尷尬掃興。同樣的事情，一而再、再而三地反覆出現，二世大為惱火。他對李斯的敗興行動，憤然不滿，抱怨說：「我閒暇有空的時候多的是，丞相不來，我剛剛入情享樂，丞相就來奏事。丞相究竟是欺我年幼無知，還是有意想敗我的興，現我的醜？」趙高見時機成熟，趁勢說道：「臣下也有危險不祥的預感。沙丘之謀，丞相參與其事有功，陛下即位後，丞相沒有升遷益封，如今怏怏不樂，意圖或許在於裂地封王。陛下不問，臣下也不敢說。丞相是楚國人，長子李由是三川郡守，楚國盜賊陳勝等人都是丞相鄉里鄰近各縣的人，他們在楚國故地公然橫行，經過三川地境時，郡守放行而不出擊，導致盜賊周文入函谷關逼近咸陽。臣下聽說李由與楚國盜賊間有文書往來，因為尚未查明其詳細，所以沒有上聞於陛下。丞相在宮廷外主持政府，大權在握，威重於陛下，望陛下有所警覺。」二世皇帝將信將疑，同意由趙高追查李由與盜賊往來的事情。

李斯是各處有眼線的人，他知道了這件事。這時候，李斯才知道上了趙高的圈套，大為震怒，顧不得多慮，他通過內廷的關係，繞過趙高，直接上書二世，陳述趙高專權的危險，比之於宋國丞相子罕擅權弒君、齊國權臣田常專權篡國，請求二世及早清除趙高。當時，二世皇帝正在咸陽郊外的甘泉宮遊樂，觀賞摔跤遊戲。他讀過李斯的上書後，非常不安，他不相信趙高有篡奪之意，也不願看見內外支撐自己的兩位大臣決裂。他希望李斯和趙高和解，回信極力為趙高辯護說：「擅權生變的危險從何談起！趙高是仕宦於宮中多年的舊臣，心志不以安穩而鬆懈，不以危難而變易，行為廉潔，處事幹練，憑藉自身的努力，以忠誠上進升遷，以信義稱職守位。朕甚為看重他，而丞相甚為懷疑他，究竟為何如此？朕年少痛失先父，人事上識知甚少，行事上不習治理，丞相年老，來日不多，不知何日撒手天下，朕不屬依趙君，還有誰人可以托靠？趙君為人，精廉強力，下知世事人情，上能尊君適朕，丞相不要多疑。」

李斯收到二世的回信後，對趙高蒙蔽皇帝的疑慮加深。他再次上書二世皇帝，明確指出趙高出自低賤，不識義理而貪權求利，營築權勢而威脅國主，危殆之極而不得不除。同時，他開始行動，聯合右丞相馮去疾、將軍馮劫等政府大臣，策劃對趙高採取非常手段。

二世皇帝自即位以來，兄弟姊妹盡被誅殺，親情已經斷絕了個乾淨，滿朝都是先帝老臣，人人功高位重，威壓如芒在背。舉目人世間，親切又愛護自己、唯一可以信任和依賴的人，就是老師趙高了。對於二世來說，趙高不僅是九卿閣僚，是負責宮廷內衛的郎中令，二人間有公的君臣關係，同時，趙高也是老師和親友，既指導自己的人生又可以傾訴內心的煩惱，二人間又有私的師友關係。正如他在回李斯的信中所說，自己年幼失父，人事上沒有基礎，能力上又不習政事，登帝位不是本心，即位後更感到與天性不相容。經歷了周文軍兵臨城下的危機後，他對於執政完全喪失了自信和興趣，他由自卑到自暴自棄，他不願上朝，他怕見群臣，他只想躲在深宮自在，他年紀輕輕卻充滿了對於歲月流逝、生命苦短的恐懼，他怕死，感到在死的面前，人生毫無意義，他只求在眼前的享樂中忘懷。二世的心境，只有老師趙高能夠入微體察和妥善安排。趙老師建議說：「陛下富於春秋，對於政務未必精通，身坐朝廷，舉措若有不當，難免被大臣們看輕，不是昭示聖明於天下的恰當行事。如果陛下深居禁中，讓臣下以及侍中等熟悉法令者接受奏章、據文處理政務的話，大臣們就不敢以疑事上奏，天下都會稱陛下為聖主了。」真真是與二世皇帝的心境絲絲入扣，投合到心坎兒尖上。

李斯請求罷免趙高，二世皇帝不能接受。他在給李斯的信中，一方面是極力為老師申辯，一方面已經是近於哀求了。當李斯聯絡諸位大臣聯名請求清除趙高時，二世皇帝害怕了。他害怕大臣們殺掉趙高，便將李斯和大臣們的動向通知了趙高。趙高千恩萬謝皇帝的恩情。趙高是為人積極行動的類型，遇事往往先發制人，他反守為攻，以李斯攻擊自己的罪名反套李斯。趙高對二世皇帝說：「丞相權傾天下，已成田氏篡齊之勢。之所以未發，是因為顧慮臣下尚在；一旦臣下死，丞相將為所欲為。」於是二世做了決定性的選擇，他下書譴責李斯及諸位大臣，下令逮捕左丞相李斯、右丞相馮去疾、將軍馮劫等主張清除趙高的大臣們，通通交付郎中令趙高處置，追究謀反的罪名。

二世二年七月，右丞相馮去疾、將軍馮劫在獄中自殺，左丞相李斯等一大批大臣被誅殺，始皇帝以來的功勳老臣幾乎完全被剪除乾淨。二世任命趙高為丞相，全面託付軍國大事，重新組建帝國政府。趙高出任丞相以後，首先對新政府的人事作全面的變動和安排。新政府人事調整的基本原則就是打破論資排輩、看重功勞業績的傳統，越級提拔新人，使貧賤者富貴，拔下位者高官，全面清除始皇帝以來秦政府的大臣閣僚，盡可能選用自己的親信側近。對於最關樞要的大臣職位，二世即位以來一直由自己擔當的郎中令一職，他任命弟弟趙成接任，便於繼續控制宮廷和皇帝，其他大臣閣僚，也都一一做了相應的安排。由內而外，由近而遠，咸陽朝廷的政治變動，不可避免地開始影響到各地和前線。

章邯是先帝老臣，李斯的親信，舊政府的閣僚。李斯被殺，以李斯為首的老臣政府被趙高新人政府取代，章邯在朝廷內部失去了依靠和後援。趙高新政府建立之初，忙於中央政府的改組和政權的鞏固，無暇顧及將兵在外的異己。叛亂尚未平息，只要軍事進展順利，新政府當一如既往地使用和支援章邯；然而，一旦前方軍情不利，咸陽政變的後果，就在新相和老將之間顯露出來。鉅鹿之戰，王離軍被殲滅，身為平叛軍總帥、統領中部軍掩護王離圍攻鉅鹿的章邯，當然負有不可推卸的責任，受到朝廷方面的指責。鉅鹿之戰以後，在項羽所統領的諸侯聯軍的攻擊下，章邯軍又連連失利，步步後撤，朝廷方面的督促和責難，與日俱增。

不過，章邯畢竟是堅忍的宿將，他在內外不利的形勢下完成撤退收縮，穩住陣腳，從二世三年一月到六月，一直堅守河內一帶，迫使項羽所統領的諸侯聯軍滯留漳河地區達半年之久，與章邯軍對峙而不能前進。就在這個期間，楚軍別部的劉邦部隊，開始西向關中方面進軍，開闢了攻秦的第二戰場。

六——劉邦的第一個大挫折

劉邦大難不死，病體不久得到康復，事業也重振旗鼓。經歷此事以後，他不僅經受了挫折的磨練，增添了韌性頑強，他更體驗到世上人事的反覆多變，學會了忍耐和容忍。

史書稱劉邦大度能容人，是他能夠成功取得天下的要素之一。劉邦的大度，並非是天性寬厚仁慈，而是為了最終的目標，能夠自我克制，容忍待人。他的這種克制容忍的肚量，既有天生的素質，也是苦難磨練的結果。他起兵不久，就遭遇了部將雍齒和生地豐邑的反叛，大病幾乎不起，堪稱人生和事業上第一道苦痛失敗的磨練。

二世元年九月，劉邦由芒碭山回到沛縣，起兵奪取沛縣政權出任沛公以後，馬上部署軍事，對沛縣周邊地區展開攻勢。

二世二年十月，劉邦領軍北上，進攻薛郡的胡陵縣和方與縣（今山東魚台西）。就在這個時候，秦泗水郡的監察長官平帶領一支軍隊往豐邑方面移動。劉邦軍迅速南撤，退守豐邑，擊退了包圍豐邑的秦軍。故鄉豐邑的威脅解除以後，劉邦加強了豐邑的守備，命令部下雍齒留守，自己帶領主力部隊向薛郡薛縣方向進發。十一月，劉邦軍抵達薛縣，與秦泗水郡郡守壯統領的秦軍交戰，秦軍被擊敗，退向薛縣和沛縣之間的戚縣（今山東棗莊市薛城東），被劉邦軍追及，郡守壯被劉邦部將左司馬曹無傷生擒斬殺。

戚縣之戰後，劉邦軍聲威大振，軍鋒折向西北，攻擊薛郡亢父縣（今山東濟寧南）。然而，就在這個時候，反秦軍的西北部戰線不斷有不利消息傳來，關中方面，章邯軍大舉出關，擊殺周文於曹陽，周文軍被殲滅。章邯軍進而東進解除滎陽之圍，假王吳廣被殺，大將田臧和李歸戰死，圍困滎陽的張楚軍幾乎全部潰滅。北部戰場方面，王離軍渡黃河東進，入太原郡，封鎖井陘關，兵威震懾邯鄲，趙將李良叛變，武臣趙國政權被顛覆，形勢急轉直下。受大局的不利影響，劉邦軍開始往沛縣方向撤退。當劉邦軍抵達豐邑北部的方與縣時得到消息，部下雍齒叛變，故鄉豐邑已經改換旗幟，歸屬於魏國了。劉邦軍大為震動。

沛縣是泗水郡的北部邊縣，北鄰薛郡，西鄰碭郡，是三郡交匯之處，古來是宋國的領土，地處魏國、齊國和楚國之間。西元前二八六年，齊國滅掉宋國以後，這一地區先後在齊國、魏國和楚國間多次爭奪易手，最後歸屬於楚國。秦滅楚國後，沛縣統轄於泗水郡。秦帝國各郡的區劃，大體基於軍事攻占時的狀況設置，泗水郡和薛郡基於攻占的楚國領土設置，碭郡基於攻占的魏國領土設置。陳勝、吳廣起兵反秦以後，戰國六國政權紛紛復活，蜂起的各地也大體歸屬於戰國舊國的旗號之下。不過，戰國各國間的領土歸屬，本來就多紛爭，各國相鄰地區，更是因時因事而多有變動，始終是爭議不斷。

陳勝建都陳縣以後，陳勝部下周市受命進入魏國地區，攻城掠地，以魏國舊都大梁北部的臨濟為都城，擁立魏國王族魏咎為王，復興了魏國。秦的東郡和碭郡，本是魏國的國土，自然成了魏軍攻略的對象。魏國復國以後，周市領軍攻占魏國舊土，一直進軍到沛縣地方，包圍了豐邑。周市派使者帶信給豐邑守將雍齒說：「豐邑，過去是魏國的領土，魏末國難時，魏人又曾經遷徙於此。魏國如今已經復國，故土舊城紛紛反正歸屬。豐邑如果回歸於魏，魏國將視豐人為魏國臣民，一切從優，賜雍齒列侯爵位，繼續受命駐守豐邑。如果豐邑抵抗不下，魏軍將攻城，城破以後，施行屠城。」雍齒是沛縣人，地方的游俠類人物，在沛縣地方豪傑的兄弟座次中，排名在劉邦之上。雍齒親近王陵，與王陵一樣，本來看不上劉邦，沛縣起兵以後，怏怏屈居於劉邦之下，心中始終沒有服氣。魏國大軍圍城，城中守兵單薄，雍齒在周市的威脅利誘之下，接受了周市的條件，撤銷楚國的旗號，改換門庭，以魏將的名分，為魏國據守豐邑。

豐邑是劉邦的出生地，是沛縣境內的第二大都邑。劉邦和豐邑出身的將士，其家室都在豐邑，失去豐邑，等於失去了根據地的一半。劉邦領軍由方輿火速南下，與雍齒交涉不果，不得不武力進攻，攻城失利，只得帶領軍隊回到沛縣城。真是屋漏又遭連夜雨，船遲偏遇打頭風。大局不利，後院起火，憂慮忿恨攻心，劉邦大病一場，身心兩面，受到生來從未有過的打擊。

劉邦大難不死，病體不久得到康復，事業也重振旗鼓。經歷此事以後，劉邦不僅經受了挫折的磨練，增添了韌性頑強，他更體驗到世上人事的反覆多變，學會了忍耐和容忍。後來，豐邑又回歸劉邦陣營，雍齒也再次回到劉邦麾下，成為劉邦軍團一位有名的將領，戰功累累。劉邦儘管對往事刻骨銘心，多次恨不得找藉口殺了雍齒，但是，為了維護豐、沛故人核心集團的團結和穩固，顯示對功高將士的恩德和懷柔，他始終自我克制。在取得全國政權、部下們對分配權益出現不滿時，劉邦接受張良的建議，以重賞厚封雍齒的方式消除了內部的不安，化消極為積極。對於生地豐邑的背叛，劉邦攻下之後沒有任何報復的行為。他做了皇帝以後，選取沛縣作為自己的個人領地，給予永遠免除傜役和租稅的恩惠，同樣的恩惠卻沒有給予豐邑。當沛縣的鄉親們請求給予豐邑同樣的待遇時，他才吐露了對於當年的怨恨：「豐邑是我生長之地，何嘗能夠忘懷？我不免除其傜役和租稅，為的只是豐邑當年因雍齒的緣故背叛我而投靠魏國。」看來，耿耿難平的往事，他終身隱忍在心中。經沛縣父老再三請求，劉邦抹不下情面，才比照沛縣待遇，永遠免除豐邑的徭役和租稅，最終了結了這樁多年的心事。

七——邂逅張良

張良超凡出俗，長於智慧謀略，是第一流的參謀人材；劉邦大度自信，強幹而善於用人，是帝王型的英雄。他們二人的結合，成為正確決策和強力推行的典範，引導了爾後的劉邦集團度過重重難關，最終取得奪取天下的勝利。

劉邦沛縣起兵，大義名分是回應張楚陳勝，復興楚國，推翻暴秦。儘管劉邦沒有見過陳勝，沒有直接從陳勝的張楚政權得到過任命，也沒有直接的統屬關係，但是，劉邦起兵以來，自認為是楚國楚軍的一部分，他和部下們也自認為是楚人，著楚衣，唱楚歌，歸屬於楚國文化的心情，是從來沒有改變過的。豐邑反叛屬魏，劉邦身心遭受重創，事業跌入了起兵以來的低谷。與此同時，全國各地的反秦運動也陷入低潮。這一切，都發生在二世二年十二月，劉邦沛縣起兵後第四個月。

這個時候，秦軍由防守轉入全面進攻，章邯軍收復潁川，攻入陳郡，陳勝兵敗，下落不明，張楚政權瓦解。進攻南陽的張楚軍宋留部隊，投降秦軍，宋留被傳送到咸陽處死。北部戰場方面，王離軍已經收復上黨郡，軍鋒正向邯鄲方向壓迫過來。

二世二年正月，陳勝部將秦嘉等人得到陳勝死訊以後，擁立楚國舊貴族景駒為楚王，繼續復楚反秦的大業，來到了沛縣南面的鄰縣留縣（今江蘇沛縣南）。陷入困境的劉邦，為了結束孤軍作戰的不利，從沛縣前往留縣面見楚王景駒，請求加入景駒陣營。在由沛縣前往留縣的途中，劉邦邂逅張良。

張良自博浪沙刺殺始皇帝不果以後，一直隱身於東海郡下邳縣。下邳縣是東海郡的西部邊縣，西南兩面鄰接泗水郡。下邳縣的西邊是泗水郡彭城縣，南邊是泗水郡下相縣，彭城是楚國的舊都，下相是項氏一族東遷的聚居地，張良與項氏一族的交往，可以追溯到這裡。下邳縣是山高皇帝遠的地方，隱居下邳的張良，依然是任俠使氣，結交賓客游士，藏匿亡命不法。項羽的伯父項伯曾經在下相縣殺人犯法，逃亡到下邳，就一直隱藏在張良家裡，二人由此成了生死之交。

聽說陳勝在大澤鄉起兵，眼見關東大亂，張良也趁機在下邳聚集了百餘人起兵回應。陳勝死後，各地的反秦武裝重新組合，張良聽說景駒被立為楚王，駐紮在留縣，就帶領部下前去投靠。在前往留縣的路上，與劉邦相遇。張良和劉邦的這次邂逅，對於他們二人來說，甚至對於以後歷史的演變，都有非比尋常的意義。張良超凡出俗，長於智慧謀略，是第一流的參謀人材；劉邦大度自信，強幹而善於用人，是帝王型的英雄。他們二人的結合，成為正確決策和強力推行的典範，引導了爾後的劉邦集團度過重重的難關，最終取得奪取天下的勝利。張良有竊聽天聲神語的聰明，他自度一生中兩大奇遇，一是沂水橋上遇見黃石公，得到《太公兵法》的啟示，再就是留縣遇劉邦，《太公兵法》得以運用實行。功成名就後的張良，自感不過是天意的工具，他選擇的封地是回到留縣，他選擇的歸宿是追隨黃石公仙去。這些都是後話了，不管怎麼說，留縣的邂逅，開始了他們兩人終身完美的天作之合。

劉邦與張良一起到留縣見了景駒，正式成為楚王景駒的部下。自從雍齒反叛以後，敵對的豐邑始終是劉邦的心腹大患，他投靠景駒後的第一件大事，是希望從景駒那裡得到增援部隊，攻下豐邑。不過，劉邦到了留縣以後，形勢緊迫直下，已經來不及馬上考慮豐邑的事。當時，章邯軍主力繼續在陳郡一帶掃蕩陳勝軍，章邯部下的一支軍隊，在司馬的統領下，由泗水郡南部北上，一路進攻過來。司馬軍進攻相縣（今安徽濉溪西北），遭到相縣軍民的頑強抵抗。城破後，秦軍實行了屠城。屠城後的司馬軍西至碭縣，稍作休整，再東北方向開拔，準備經過蕭縣（今安徽蕭縣西北）進攻留縣。秦軍壓境，景駒迅速派遣將領東陽寧君和劉邦領兵南下蕭縣阻擊。在蕭縣西部，秦、楚兩軍展開了激戰，楚軍不利，退回留縣。

二世二年二月，趁章邯軍滯留陳郡，忙於應對張楚軍別部呂臣軍和英布軍對陳縣的反攻，劉邦領軍南下進攻碭縣，經過三天的圍城進攻，攻破了碭縣。攻下碭縣後，劉邦在碭縣進行了大規模的徵兵整編，得到六千人的新軍，與原有的三千沛縣子弟兵匯合，組成了一支九千人的部隊。碭縣整編的成功，對於劉邦軍團的發展來說，具有重要的意義。

碭縣是碭郡的東南邊縣，地處沛縣的南面，夾在碭郡和泗水郡之間，過去是魏國的領土。劉邦早年任俠東遊，在碭郡住過幾個月，兄事家居外黃縣的名士張耳。他與碭郡人士的交往，可以說從這裡開始。碭縣北部的芒碭山，是這一帶少有的山丘地區，劉邦當年釋放徭徒亡命落草，就藏身在這裡，碭縣本地的不軌少年，也有慕名投奔而來的。這可以說是劉邦與碭郡碭縣的第二層關係。劉邦的妻子呂雉家是碭郡單父縣的大戶人家。劉邦起兵後，呂雉的兩位兄弟呂澤和呂釋之，糾集單父縣的少年武裝加入劉邦集團，成了劉邦與碭郡的第三層關係。劉邦在沛縣起兵，得到沛縣吏民的全力支持，徵兵只得到三千人，碭縣整編，徵兵得到六千人，倍於沛縣，他在碭縣得到的支持，可以想像而知，當然地成為他與碭郡碭縣的第四層關係。

這個時候的劉邦，正經歷著因為豐邑的背叛而沛縣根據地動搖的不安當中。碭縣徵兵和整編的成功，使劉邦得到一個新的可靠根據地。從以後的發展來看，大概就從這個時候開始，劉邦開始把依託的重心從泗水郡和沛縣方面，往碭郡和碭縣方面轉移。楚懷王親政以後，他被任命為碭郡長，成為碭郡地區名正言順的最高支配者，其政治根基就是在這時候打下來的。碭郡出身的將士，與沛縣出身的將士一道，成為劉邦軍團的核心，未來漢帝國統治階層的上層人物，大多由此而來。

這一段共同作戰的經歷，對他們二人未來的關係，乃至對於歷史的發展，都不可不謂有所影響。鴻門宴項羽不忍殺劉邦；項羽死後，劉邦以魯公禮儀厚葬，悲哀哭祭項羽。政治上的種種謀劃爭奪、死鬥仇恨之外，同為戰友的舊情或許尚存？

八——劉邦項羽風雨同舟

碭縣整編成功後，劉邦軍開始新的軍事行動。二世二年三月，劉邦軍北向攻克鄰縣下邑（今河南碭山）。由下邑繼續北上，開始第二次圍攻豐邑，沒有成功。四月，留縣方面發生了政治變動，劉邦所從屬的楚王景駒被項梁軍攻殺。項梁駐軍薛縣，景駒屬下的楚軍大多歸屬了項梁，軍勢壯大，有十萬之眾。劉邦於是前往薛縣參見項梁，歸附成為項梁楚軍的一部。劉邦念念不忘豐邑故地，請求項梁增兵攻打豐邑，項梁以五大夫、將十人、士卒共約五千人，會同劉邦軍，第三次進攻豐邑。由於得到項梁楚軍的援助，劉邦這次終於攻下了豐邑，雍齒逃往魏國。

六月，項梁在薛縣召集楚軍各路將領會同議事，商討軍國大事，劉邦和張良都參加了這次會議。薛縣會議，在項梁的主持下，接受了范增的建議，修正了陳勝起兵以來的平民王政路線，確立了王政復興的方針，擁立楚懷王的孫子熊心為楚王，仍稱楚懷王。在薛縣會議上，項梁還接受了張良的建議，立韓國王族後裔韓成為韓王，復興了韓國。在這次會議上，劉邦作為擁立懷王的楚軍將領之一，第一次與楚懷王有所接觸，為將來受懷王之命，西向攻取關中打下了基礎。

與薛縣會議幾乎同時，長久包圍魏國首都臨濟的章邯軍，圍城打援，擊潰齊王田儋和楚將項它所統領的援軍，降下臨濟，魏王魏咎自殺。項它統領楚軍殘部退還，齊軍餘部由田榮統領撤退，被章邯包圍在東阿，齊國告急。

項梁統領楚軍主力由薛縣北上東阿救援田榮，劉邦領本部軍隨同。東阿之戰，項梁大破章邯軍。章邯軍分兩路撤退，主力退向濮陽方向，別部退入城陽縣城。項梁也分兵兩路，自己統領楚軍主力往濮陽方面追擊，命令劉邦和項羽各領本部楚軍往城陽方向追擊。項梁在濮陽再次大敗章邯軍，章邯撤入濮陽城內，引黃河水環城築壕，堅守不出。劉邦、項羽聯軍圍困城陽，強攻陷城以後，實行屠城。攻破城陽以後，劉邦、項羽聯軍南下攻擊定陶。定陶防守堅固，未能攻破。

這個時候，各路秦軍開始向濮陽方面移動，支援章邯軍。三川郡守李由是丞相李斯的長子，曾經堅守滎陽、抵抗吳廣軍圍城四個月之久，後來被章邯解救。三川郡與東郡為黃河南岸的鄰郡，滎陽敖倉一帶是秦帝國東方最大的軍事基地。章邯軍被圍困在東郡濮陽，李由統領三川郡秦軍迂回增援章邯，在碭郡雍丘縣與劉邦、項羽聯軍遭遇。兩軍大戰，劉邦、項羽聯軍大勝，斬殺李由，切斷了由黃河南岸支援章邯軍的通道。劉邦、項羽聯軍消滅李由軍後，停留在陳留縣和外黃縣一帶作戰。

當時，天氣惡劣，連綿大雨從七月一直下到九月。九月，從楚軍大營傳來消息，章邯軍得到北部秦軍的增援，突襲成功，楚軍主力潰滅，項梁戰死。楚軍震恐，劉邦和項羽不敢停留，與另一位楚軍將領呂臣一道，率領軍隊逐步東撤，往彭城方向收縮集結。

九月，楚懷王由盱台遷都彭城，親政重建楚軍和楚國政權。劉邦被封為武安侯，任命為碭郡長，統領本部兵馬屯駐碭縣；項羽被封為魯公，屯駐彭城東。後九月，項羽被任命為上將軍宋義的副將，北上救趙；劉邦以碭郡長之本職，受懷王之命，奉懷王之約西向攻取關中。

從二世元年八月開始，劉邦起兵於沛縣，項羽隨項梁起兵於會稽，二人同時開始反秦復楚的政治軍事活動，登上了歷史舞台。這個時候的劉邦與項羽，一在淮北，一在江東，儘管互不相識，卻是同一陣線的友軍。二世二年四月，劉邦歸屬項梁，與項羽同在楚軍為將，他們因為共事而有了面識。二世二年七、八、九月，是劉邦與項羽一生中關係最為密切的時期。他們共同隨項梁擊章邯軍於東阿，然後二人攜手聯軍行動，破城陽，攻定陶，擊殺秦將李由於雍丘，往來活動於外黃、陳留一帶，繼而在危難的形勢之下，一同領軍安全撤退回楚都彭城一帶。在這期間，劉邦和項羽二人，可謂是風雨同舟的同事，同生死共患難的戰友。

這一段共同作戰的經歷，對他們二人未來的關係，乃至對於歷史的發展，都不可不謂有所影響。鴻門宴，項羽不忍殺劉邦；項羽死後，劉邦以魯公禮儀厚葬，悲哀哭祭項羽。政治上的種種謀劃爭奪、死鬥仇恨之外，同為戰友的舊情或許尚存？

九——相遇彭越

彭越是下層社會出身的人，沒有任何家世憑藉，他只想依靠自己的力量，趨利避害，博得人生的富貴榮華。在秦末的戰亂中，彭越始終是一支獨立活動的武裝力量，不固定從屬於任何王國，只從屬於能夠給予自己最大利益的勢力。

二世二年後九月，劉邦與項羽結為兄弟，就他們起兵以來同甘共苦的情義，做了名分上的聯接。隨後，項羽隨宋義北上救趙，劉邦奉懷王之約西向攻秦，各自奔赴不同戰場。二人從此分道揚鑣，成為政治上的對手。也許正應了那句有名的話，世上只有永恆的利益，沒有永恆的友誼。

劉邦軍由碭縣出發，首先向東郡的城陽方向移動。劉邦軍的主要目的，是收集散失的陳勝軍和項梁軍的殘部，擴大軍隊。就在上個月，項梁軍在城陽北部的定陶被章邯擊破，項梁戰死，軍隊潰散。在擴軍的途中，劉邦軍在城陽一帶攻擊駐守的秦軍營壘，擊破兩支地方秦軍。十月，劉邦軍南下往碭郡方向回移，在東郡和碭郡間的成武縣，與秦東郡郡尉所領的部隊以及王離軍留在河南的一支部隊交戰，將其擊潰，回到碭郡進行整編休整。十二月，劉邦軍在碭郡栗縣（今河南夏邑），收編了楚軍將領剛武侯的一支四千人的軍隊，然後與活動在這個地區的魏國將領皇欣、武蒲所領的魏國軍隊聯合對秦軍作戰，取得勝利後，再次回到碭縣休整。二月，劉邦軍北上進攻昌邑縣，沒有攻打下來，回首向陳留方向進軍，終於展開了西向攻取關中的行動。

我整理歷史到這裡，對劉邦接受懷王之約後的行動頗有疑問。劉邦受懷王之命，奉懷王之約西進攻取關中，是在二世二年後九月，以後半年多時間裡，劉邦軍一直徘徊於碭縣、栗縣、成武、城陽一線，作南北往來的軍事行動，並未西向往關中方向進攻。在這期間，從二世二年後九月到二世三年十一月間，宋義統領楚軍主力停留在薛郡無鹽縣附近的安陽，一連停駐了四十六天，毫無渡河援救趙國的動向。對於如此行動，宋義向狐疑的部下們所作的解釋是坐山觀虎鬥，等待秦軍攻擊趙國的結果。想來，宋義是懷王親自選任的大將，他的解釋，或許就是懷王宮廷的意圖。劉邦也是懷王親自選任的將領，他在同一時間滯留碭縣一帶逡巡徘徊，應當也是懷王宮廷方面相同意向的結果。懷王宮廷方面的意向，或許就是指示劉邦暫時不要遠離碭郡一線，一方面側翼觀望北部戰場，一方面防止東郡一帶的秦軍襲擊楚國的首都彭城。

十一月，項羽殺宋義，奪取軍權，迫使懷王追認既成事實，迅速統領楚軍渡過黃河北上救趙。十二月，殲滅王離軍於鉅鹿城下，解除趙國之圍，成為各國聯軍統帥。此時的劉邦軍，仍然徘徊於碭縣一帶。一月、二月，項羽統領各國聯軍在鉅鹿稍作休整以後，開始向築營於漳河一帶的章邯軍進攻，迫使章邯軍節節敗退，退守河內郡安陽縣一帶固守待援。一直等到了這個時候，劉邦軍西進攻取關中的行動仍然沒有開始，其攻擊的方向，依舊是在南北線上。

二月，劉邦軍由根據地碭縣出發，北上進攻昌邑縣。這次軍事行動的意義，同樣屬於半年多來劉邦軍南北往來徘徊行動的一環。不過，劉邦的這次軍事行動，卻使他結識了另一位英雄人物——彭越，奠下了將來聯合作戰、共取共有天下的基礎。

彭越是昌邑縣人。昌邑在碭郡北部，本是魏國的屬地。昌邑以北，東郡城陽以東，薛郡張縣（今山東梁山東北）以南，是一大湖泊沼澤地，稱為巨野澤。彭越本是漁民，在巨野澤中打魚謀生。秦始皇末年，徭役繁重，法律苛酷，彭越聚集起一幫漁民弟兄，亡命於巨野澤中，與亡命於芒碭山的劉邦一樣，成了不法的群盜，很得不軌少年們的擁戴。陳勝起兵於大澤鄉，關東地區紛紛回應，眾兄弟蠢蠢欲動，請求彭越效法起兵反秦。彭越的回答是：眼下秦楚兩龍相鬥，我們不妨再等等看。

天下大亂中，彭越在巨野澤中蟄伏觀望了一年有餘，不為外界所動。二世二年十二月，魏咎從陳勝處回到了魏國稱王，魏國正式復甦，彭越沒有去歸附。半年後，二世二年六月，章邯戰勝魏、齊、楚聯軍，魏咎在臨濟自殺，彭越也沒有舉動。直到二世三年十二月，項羽在鉅鹿城下大敗秦軍，全殲王離軍，章邯軍退卻，秦王朝的敗局已經明顯，彭越才從巨野澤中姍姍晚出，加入到群雄角逐的行列當中。

秦軍大敗於鉅鹿的消息傳來，巨野澤一帶的年輕人再也按捺不住，有數百人集聚起來，來到彭越藏身的地方，一致請求彭越出山，承頭帶領眾人打下一片自家的天地來。彭越覺得時機已經成熟，只是眾人之心尚未畏服，先作推辭，在眾人一再請求下，才接受下來。

彭越與眾人約定，第二天早上日出時集合，共同起兵舉事，晚到者以軍法論處，斬首無赦。到了第二天約定時辰，晚到者有十餘人，最晚的人，一直到中午才來。於是彭越沉下臉來對眾人說：「在下年長，諸君一定要我承頭。起兵舉事關係大家生死，非軍紀嚴明不能存立。昨日有約在先，今日晚到者為數不少，違約犯令者不可全部處死，請將最後到者一人斬首。」眾人都是鄉里舊識，平日裡稱兄道弟，嘻笑拖拉慣了，以為彭越不過是嚇唬嚇唬人而已，紛紛笑著說：「彭大哥何至於如此，以後不敢就是了。」彭越面不改色，冷冷命令手下，當即將最後一名晚到者斬首。隨即堆築土壇，以其頭置於壇上，祭祀軍神，整列編制部下，起誓頒布號令。眾人大驚失色，這才知道軍中有約，違令者斬，從此畏服彭越。彭越整軍以後，出巨野澤在附近郡縣開始反秦武裝活動，聚集了一千餘人。

劉邦軍抵達昌邑時，劉邦已經起兵一年半，是楚軍中獨當一面的著名將領，爵封武安侯，官任碭郡長，統領萬人之眾，親奉懷王西進攻秦之使命。昌邑是碭郡的屬縣，名義上在劉邦的管轄之下。對於劉邦，彭越是早有所聞，劉邦軍進攻昌邑縣城時，彭越以當地軍充任前導，積極協助劉邦軍展開軍事行動。進攻昌邑縣城的軍事行動，沒有成功，劉邦軍西向南下，往碭郡東部的陳留開封方向移動，彭越則繼續留在昌邑一帶，以巨野澤為基地，擴大軍隊，繼續占山為王，無所統屬。

以戰國地域論，彭越是魏國人。秦末亂起，六國復國反秦，彭越既不願意附楚，也不願意助秦，在秦楚相爭之間取觀望的態度。魏國王政復興，他對復興後的舊王族政權，也持保留的態度。他的行動，不能用國別、地域或者氏族的理由來加以解釋。彭越是下層社會出身的人，沒有任何家世憑藉，他只想依靠自己的力量，趨利避害，博得人生的富貴榮華。利益所在，就是行動所向，是彭越類功利主義者的行動準則。在秦末的戰亂中，彭越始終是一支獨立活動的武裝力量，不固定從屬於任何王國，只從屬於能夠給予自己最大利益的勢力。

劉邦與彭越頗有相同之處，同是下層出身的群盜首領類人物，奉行類似的功利主義。昌邑的這次合作，雙方都留下了良好的印象。在家鄉近處共同作戰，增進了彼此的了解。劉邦和彭越在昌邑作戰中結下的關係，宛若埋下了一粒種子，等到劉邦與項羽爭奪天下、楚漢戰爭進行到緊要時刻，彭越的協力出兵，竟然成了決定勝負的關鍵之一。未來真是不可以預料！

十——收服酈氏兄弟

劉邦是志在天下的英雄，他入鄉問俗，對於一文一武、稱霸陳留的酈氏兄弟，早有收服共事之心。不過，劉邦用人有心計城府，對於桀驁狂妄之人，他的手法是先折後揚。

二世三年二月，項羽軍進軍漳南，再破章邯軍。秦帝國朝廷方面，左丞相李斯、右丞相馮去疾、將軍馮劫等一批老臣已經被處死，趙高出任丞相當權執掌朝政。章邯外受項羽攻擊，軍事上連連失利，內失政治依靠，不斷受到朝廷的譴責，得不到新的援軍支援，陷入困境，無力對聯軍作有力的反擊。秦帝國的命運，岌岌可危。

在大局漸趨明朗，確認章邯軍已經回天無力，秦軍也不可能襲擊楚國首都彭城以後，劉邦軍正式展開了西進攻取關中的行動。這一次行動，劉邦軍的意圖明確，沿山川東海道西去，重走兩年前周文軍的進軍路線，由陳留、開封、滎陽、洛陽、澠池方向，攻取函谷關進入關中，力求盡快攻取咸陽。與彭越分手後，劉邦軍由昌邑方向南下，往外黃、陳留方向開拔，在抵達陳留縣郊外時，劉邦與酈食其、酈商兄弟有了戲劇性的相遇。

酈食其是陳留縣高陽鄉（今河南杞縣）人，家境貧寒，好讀書，機警有辯才，蟄居鄉間，鬱鬱不得志。當時的鄉里居住區，出入口有門，早開晚閉，有門監管理，門監由進出同一門的居民共同出錢雇用供養。酈食其不事耕耘，又不能經商置業，五十好幾的人了，尚無正當職業，衣食沒有著落，大家看他可憐，讓他做了里門的門監，勉強混口飯吃。里門門監，相當於今天住宅小區的門衛，做此行當者，大抵是些不能正途出仕的落魄浪人，或者是流落他鄉的遊民。不過，雖說是職業卑賤，酈食其卻狷介狂放，高冠儒服，長長瘦瘦一副窮酸名士相，對於縣裡鄉中的大戶人家、強人豪傑，毫無低身逢迎之氣。特別是酈食其那張嘴，伶牙俐齒，尖酸刻薄，能把死人說活，活人說死，真真是三寸不爛之舌，活脫脫一把刀子。無人看好他，又都奈何不得，縣裡的人都稱酈食其為狂生，被視為不在鄉里秩序之中的格外人物。

秦末亂起，陳留地處山陽東海大道上，成了兵來將往的通衢。經過高陽鄉的軍隊，前後不下數十餘部。酈食其多看多聽多琢磨，對於各部的領軍人物留意甚深，大多是些繁瑣小氣、固執自用的人，不能接受遠見大度的進言，成就大事宏業。酈食其自度不能依託自謇，依然深自隱藏在鄉間僻里，等待觀望。酈食其的弟弟叫酈商，與讀書辯舌的哥哥不一樣，勇武豪俠，愛糾結少年無賴生事。陳勝起兵後，酈商也帶領一幫陳留少年奮起回應，攻略游擊，發展到數千人之眾，稱霸一方，自成鄉土英雄。酈食其、酈商兄弟一文一武，一隱一顯，在動亂的陳留地方，實有非同尋常的影響。

劉邦其人，有一大特點，喜好結交天下英雄豪傑，長於使人共事。少年時代，游俠從張耳遊；泗水亭長時代，沛縣上上下下無不交往；起兵以來，軍隊所到之處，必定詢問地方有何賢士豪傑、怪才奇人，網羅之意至為殷切。他領軍駐紮陳留縣境內，部下一名騎士正好是酈食其同鄉同里的少年，受命回鄉打前站，也為劉邦問詢鄉里人物事情，算是蒐集情報，打探消息。該騎士回到里中，鄉親們免不了問候團聚，閒談打聽。酈食其對劉邦早有所聞，此時有了直接的消息，一預感出頭自謇的時機來臨，他對同里騎士說：「我聽說沛公待人輕慢無禮，然而大略有度量，一直是我願意交遊的人物，只是苦於無人為我作介紹。小兄弟見了沛公，煩請代為傳話：『臣下同里有酈生其人，年紀六十有餘，身高八尺，被人稱為狂生。本人卻自言儒而非狂，願意從沛公遊。』」同里騎士有些為難，回答說：「沛公不喜歡儒生，曾經有客人戴儒者的高帽來見沛公，沛公當即取下客人的帽子，在裡面撒泡尿。和人談話，動輒日媽倒娘地破口大罵。先生切切不可以儒生的形象禮節見沛公。」酈生有數在心中，只是說：「小兄弟，你就按我的話說，餘下的事，我自會應對。」里中騎士答應下來，如實將酈食其的話傳達給了劉邦。

劉邦軍抵達高陽。劉邦下榻高陽鄉的接待傳所，記起部下騎士的話，有意見識見識這位毛遂自薦的高陽狂生，於是派人召酈食其到傳所來。酈食其來到傳所，入室謁見，劉邦坐在木凳上，正由兩位年輕女子伺候著洗腳。古時候，下客見上主，下客當屈膝下跪行大禮，上主對下客，欠身拱手作揖則可。酈食其見了劉邦，拱手不拜，劈頭就是一句當頭棒喝，他高聲質問劉邦：「足下究竟是想助秦攻擊諸侯各國，還是想率領諸侯各國消滅秦國？」

劉邦是志在天下的英雄，他入鄉問俗，對於一文一武、稱霸陳留的酈氏兄弟，早有收服共事之心。不過，劉邦用人有心計城府，對於桀驁狂妄之人，他的手法是先折後揚，首先無禮羞辱對方，折掉對方狂傲之氣，然後他再低身卑辭，厚賞重用，在上下主從關係明確的基礎上求人用人。對於酈食其的來訪，劉邦也是施用故伎，居高臨下，製造難堪占據先手，想不到被酈食其劈頭搶白，當即火起，破口罵道：「臭儒生！天下不堪秦朝苛政，諸侯各國聯合攻秦，敢說老子助秦進攻諸侯，放你媽的狗屁！」

劉邦火起，正中酈食其下懷，酈食其無視劉邦的火氣，接著劉邦的話反問：「足下要想聚集天下豪傑，興義兵誅暴秦，豈能傲慢對待長者？以我眼前所見而言，足下看人止於皮相，智力不如我酈食其。足下無禮失態，勇氣也未見得在我酈食其之上。如果足下真是有心奪取天下，豈能不禮遇如我酈食其這樣的人。」

我們已經說過，劉邦表面上常常傲慢無禮，但是內慧有肚量，哪怕在酩酊醉飲、狂言妄語中，對於有理切中的話幾乎馬上就能省悟，或者默然，或者陳謝請從，斷然變成了另一個人。聽了酈食其這句話，劉邦馬上停止洗腳，起身穿上衣服，延請酈食其入客廳就坐上席，自己在下席相陪，施禮道歉，誠心請教軍國大事。

酈食其博覽群書，明悉古今，是饒有戰國游士風韻的人物。他先說七國的合縱連橫，再說當今的戰國復活，活用歷史，比況古今，說得劉邦連連點頭稱是，高興得吩咐備上酒菜來。酒席期間，劉邦就西進攻取關中一事請教方策，酈食其說：「足下糾集烏合之眾，收集散亂之卒，手下兵馬不滿萬人，如此直接西進攻取關中，無異於虎口求食。陳留城地處天下交通要道，是四通八達的地方，城中糧食儲備豐富。陳留縣令是臣下的相識，請足下授命臣下入陳留城勸降縣令。縣令肯降，大好事；縣令不肯降，足下舉兵進攻，臣為內應，陳留可下。」劉邦大喜，當即接受酈食其的建策，派遣酈食其為使者進入陳留城，自己統領軍隊緊隨其後，裡應外合，一舉攻克陳留縣城。

劉邦因酈食其有功，賜封號為廣野君。酈食其又引薦弟弟酈商歸附劉邦。劉邦任命酈商為將，統領陳留兵跟從自己作戰。從此以後，酈食其、酈商兄弟，成為劉邦麾下一文一武兩大要員，酈商活躍在馬上戰場，酈食其作為劉邦的謀士說客，出使各路諸侯，縱橫捭闔其間。

十一——南陽收編秦軍

南陽受降，在劉邦集團建立漢帝國的過程中，具有特別的意義。由於南陽處置秦軍投降得當，從此之後，秦之官吏軍民，開始大規模地倒向劉邦。

三月，占領陳留的劉邦軍西向進擊開封（今河南開封西南）。由於秦軍頑強抵抗，未能得手。劉邦軍避開開封，北上進入東郡，在白馬津與秦將楊熊交戰，追擊至曲遇（今河南中牟東）大敗楊熊軍，楊熊退守滎陽，被秦政府問罪處死。

四月，因滎陽堅固難以攻克，劉邦軍南下進入潁川郡，與在當地活動的張良和韓王韓成會師。潁川會師，開始了劉邦與張良的第二次合作。二世二年一月，二人在留縣初次相會，開始第一次合作。同年六月共同參加項梁主持的薛縣會議，張良說動項梁立故韓國公子韓成為韓王，張良出任韓國申徒，與韓成一道領兵到韓國舊地潁川一帶活動，劉邦則隨同項梁一道北上東阿攻擊章邯秦軍，二人分了手。張良與韓成在潁川一帶致力於恢復韓國故地。然而，他們的活動並不順利，圍繞城池爭奪，與秦軍的戰事屢有反覆，始終沒有打開局面。韓成、張良與劉邦軍會師以後，軍威大振，一舉攻下潁川郡治陽翟（今河南禹州），對頑強抵抗的秦軍，實行了屠城報復。

當時，趙國將領司馬卬帶領一支趙軍由上黨郡方向南下，進入到平陰縣（今河南孟津北）的黃河北岸，有從孟津渡河進入三川郡、走三川東海道西取函谷關進入關中的動向。劉邦察覺到了司馬卬的意圖，領軍由潁川北上，攻克平陰縣，封鎖了黃河渡口，迫使司馬卬放棄了渡河入關的打算。然後，劉邦領軍南下攻擊三川郡治洛陽，在洛陽東與秦軍交戰失利，被迫放棄了由洛陽直接西去，經新安、澠池一線，奪取函谷關進入關中的想法，迂迴南下。於是，劉邦軍由洛陽經軒轅道（今河南偃師東南）退回潁川郡。再次進入潁川以後，劉邦讓韓王成留守陽翟，自己則與張良一道領兵，往南陽郡方向移動，準備奪取南陽西部的武關，走商洛道攻入關中。

秦二世三年六月，劉邦軍南下攻擊南陽。在潁川和南陽交界的犨縣（今河南平頂山西南），劉邦軍擊敗秦南陽郡守齮統領的秦軍，乘勝追擊，包圍了南陽郡治宛城（今河南南陽）。南陽郡守齮據宛城堅守，劉邦急於西進入關，無意停留攻堅，於是繞過宛城，打算一氣向武關方向突

走進歷史現場

陳留故址

2006年8月，我由開封匆匆去陳留，昔日「天下之衝、四通五達」的名城，如今已是衰敗殘破的小鄉鎮，倘若酈生再世，大概是不會再勸告劉邦用兵於此，陳留已經無財可取，無人可用。遍訪陳留，已經無人知道故城所在，已經無人知曉往日的榮光。終於找到一位懷舊的當地耆老，帶領我們尋找城牆遺址……

進。張良覺得不妥，勸告劉邦說：「足下雖然急於盡早進入關中，然而秦軍兵力尚眾，前後據險而守。如果不攻占宛城西去，前遇強敵阻擊，宛城秦軍再從後面追擊，腹背受敵，非常危險。不如突然返回偷襲宛城。」劉邦接受了張良的意見，領軍連夜改道折回，偃旗息鼓，清晨突然出現在宛城城下，裡外三重將宛城團團圍困，即將大舉攻城。

突然遭遇不測，宛城軍民慌亂，南陽守齮以為戰也是死，不戰也是死，決意自殺。常在左右的親近部下、舍人陳恢勸諫說：「事情尚沒有完全絕望，請府君容許我出城面見劉邦，勸說他接受我軍有條件投降。如果不成，到時再死也為時不晚。」陳恢出城面見劉邦說：「臣下聽說將軍身受懷王之約，先入咸陽者王關中作秦王。而今，將軍停留止步，圍攻宛

陳留河道

城。宛城及南陽諸縣，共有數十城池攻守聯防，南陽軍民以為戰也死，降也死，人人乘城堅守死戰。將軍若連日攻城，傷亡必多，戰事必久；將軍如果繞道西去，宛城守軍必定緊跟尾隨。將軍前有城池守軍，後有追擊騷擾，必不能順利西進，最終落得空負懷王之約的結果。為將軍計量，不如寬待南陽軍民，盟誓約降，封賞南陽郡守，讓他繼續駐守南陽，然後整編宛城秦軍，統領他們一道西向攻取關中。如此一來，南陽境內諸縣軍民，將聞聲爭開城門迎接將軍，將軍進入關中之路，必將暢通無阻。」

劉邦接受了陳恢的提議。宛城開城投降，劉邦入城，接受政權，收編軍隊。他如約封南陽郡守齮為殷侯，命他繼續擔任南陽郡守，封陳恢食邑千戶，然後統領楚軍舊部和新編的秦軍一道西進。

南陽受降，在劉邦集團建立漢帝國的過程中，具有特別的意義。在此之前，劉邦軍與六國反秦軍一樣，與秦軍激烈交戰，雙方皆用嚴峻的手段對待對方。宋留投降章邯，被送到咸陽處以極刑。劉邦、項羽聯軍攻下城陽，屠城報復。秦與六國之間，仇恨愈深。至南陽受降為止，劉邦軍是楚軍的一支，先是沛縣縣軍，以沛縣人為主體，後是碭郡郡軍，以碭郡人為多數。在轉戰各地的過程中，雖然不斷有兵員的補充，大體上仍然以泗水郡和碭郡地區出身的人，也就是楚國和魏國軍民為主。秦軍成為建制地編入劉邦軍，是從南陽開始的。由於南陽處置秦軍投降得當，從此之後，秦之官吏軍民，開始大規模地倒向劉邦。南陽受降以後，事態的進展完全如同陳恢所言，南陽境內諸縣，紛紛開城投降。劉邦軍西進至丹水縣（今河南淅川西南），秦軍將領高武侯鰓、襄侯王陵投降。繼而進攻酈縣（今河南南陽西北）和析縣（今河南西峽），也都不戰而降。在順利進軍的形勢下，劉邦命令部隊所過一律不得擄掠施暴，明令禁止報復秦人、殘破秦土的做法，於是秦國人民歡喜，民心開始瓦解。

十二——開封不盡有陳留

歷史是文明的核心。黃河下游的開封、陳留文明，是一種不斷地被沖刷淹沒、又不斷地被重建整修的文明，就在這種失而復得的過程中，似乎隱藏著一種歷史的頑強和堅韌。

我整理歷史，到劉邦取陳留、戰開封、大敗秦將楊熊於曲遇時，遙想當年開封、陳留一帶，可謂是人傑地靈，英雄際會。

西元前三六一年，魏惠王遷都大梁，開封迎來了歷史上的第一次輝煌。孟子以仁義說惠王於宮廷，鄒衍、淳于髡受禮遇於梁都。張儀相魏親秦，蘇代有「以地事秦，譬猶抱薪救火，薪不盡，火不滅」的勸誡。地處東西南北交匯之地的大梁，成為辯士的樂土，游俠的天堂。最難忘的是信陵君無忌，他在大梁建府邸，備車馬，敞胸開懷，集聚三千門客，開游俠養士的時代風氣。千千萬萬的新潮青年，視信陵君為偶像，視大梁為時尚的聖地。張耳有幸在大梁入於信陵君門下，劉邦又追隨張耳習染先人遺風，代代相傳，又是何等一種景象。

西元前二二五年，秦軍圍困大梁，秦將王賁掘黃河引水灌城。三個月後，大梁城壞，魏王魏假投降，魏國滅亡，大梁成為廢墟，往日繁華，一時蕩然無存。秦末亂起，魏國復興，首都定在大梁東北的臨濟。章邯包圍臨濟，圍城打援，擊殺齊王田儋，敗走楚將項它，絕望的魏王魏咎自焚殉國，又是一場可歌可泣的史劇。

時至二世三年，劉邦西進關中，抵達陳留。由於大梁的荒廢，陳留成了豫東地區南來北往的交通樞紐。陳留郊外，劉邦與酈食其、酈商兄弟有了戲劇性的相會，得到酈氏兄弟的協助，奪取陳留，取得了糧食兵源，力量大為增強。

劉邦是楚懷王任命的碭郡長，為碭郡最高長官。抵達陳留以前，劉邦軍先以沛縣，後來以碭縣為中心展開活動。雖然名義上是碭郡長，實際上只控制了碭郡的東部地區，碭郡西部的陳留、開封一帶，一直在秦軍手中。劉邦占領陳留，酈商部下數千陳留兵加入，使他對於碭郡的控制，有了相當的進展，碭郡成為他名副其實的根據地，碭郡出身的將士成了繼沛縣人之後劉邦集團的又一層核心力量。我整理歷史念及於此，切切深感開封、陳留一帶，不去不得了然。

西元二〇〇六年八月，我由滎陽經鄭州去開封。未動身以前，開封的朋友說：開封屢經黃河淹沒，古城遺址已經深埋於地下，地上幾乎是蕩然無存，比不得豫西地區地勢高敞，遺址多存。朋友是摯愛鄉土的開封人，或許是怕我去現場而生失望，先作預防性的告誡。他調侃自謙之餘，某種黯然神傷之情，絲絲縷縷難以抹去。我讀過開封地層圖，清代的開封城，在地下四米土中，垂直而下，七米處是明城，而北宋的都城汴京，連帶前後建都於此的金和後周、後漢、後晉、後梁的所謂六朝都會，都埋在地下十一、二米深處，至於魏都大梁，已經遠去地下十四、五米，如何可以尋覓得了？

車行東出鄭州，入中牟縣，過官渡古戰場，進入開封市境內。先去大相國寺，這是始建於北齊天寶六年（五五五）的佛寺，據說是信陵君舊宅所在。我流連於現存的清代建築當中，想見當年信陵君大宴賓

陳留蔡邕墓

走進歷史現場

大梁城

2006年8月，我由滎陽經鄭州去開封。未動身以前，開封的朋友説：開封屢經黃河淹沒，古城遺址已經深埋在地下，地上幾乎是蕩然無存，比不得豫西地區地勢高敞，遺址多存。朋友是摯愛鄉土的開封人，或許是怕我去現場而生失望，先作預防性的告誡。他調侃自謙之餘，某種黯然神傷之情，絲絲縷縷難以抹去。我讀過開封地層圖，清代的開封城在地下四米土中，垂直而下，七米處是明城，而北宋的都城汴京，連帶前後建都於此的金和後周、後漢、後晉、後梁的所謂六朝都會，都埋在地下十一、二米深處，至於魏都大梁，已經遠去地下十四、五米，如何可以尋覓得了？

客，延請夷門隱士侯生就坐上席的光彩。尋夷門故址，經過包公祠、開封府、龍亭，穿越河南大學到鐵塔公園。鐵塔原名開寶寺塔，建於北宋皇祐元年（一〇四九），歷經近千年時間，至今屹立於開封城下。鐵塔在開封城東北，其地古來為夷山所在。夷門是魏都大梁的東門，以鄰近夷山得名。開寶寺塔本來建在夷山頂上，千百年歲月滄桑，洪水反覆淤積，夷山成為平地，山頂的鐵塔也就齊同於地面了。環繞開封的城牆保存完好。經友人指點，我上夷山，攀城堞，荒草萋萋，林木掩映之中，遠遠有車馬鈴聲，彷彿是魏公子無忌親自駕車前來迎接侯生、朱亥。

午後匆匆去陳留，昔日「天下之衝、四通五達」的名城，如今已是衰敗殘破的小鄉鎮，倘若酈生再世，大概是不會再勸告劉邦用兵於此；陳留已經無財可取，無人可用。遍訪陳留，已經無人知道故城所在，已經無人知曉往日的榮光。終於找到一位懷舊的當地耆老，帶領我們尋找城牆遺址。在鄉間玉米田中，又尋得東漢文人蔡邕墓，有民國十二年所立石碑，據說原有墳丘，毀於文革云云。

開封、陳留一帶豫東地區，在黃泛區中，由於黃河變故，屢屢被河水淹沒。千百年來這一帶地區的地上建築，不斷地被沖毀，被淤積埋沒，又不斷地被重建，被整修新築。沖毀，重建，再沖毀，再重建……，如此周而復始的循環，幾乎成了黃河下游文明的宿命。體量至此，我終於理解了開封友人眼中的那種黯然神傷的悲哀。

辭別豫東，回到故鄉成都，我去金沙，我去少城，我去尋訪我少年時代的蹤影。往日的田園風光，菜花黃，豌豆綠，撈魚的金沙小河旁，如今都是小區餐飲樓房。少城裡，祠堂街，將軍衙門上，如今都是大道銀行商場。黯然神傷之餘，在舊址故地處，尋到新立的街牌和石碑。街名依舊，東門街。石碑由市政府所立，指明這一帶地方是明清以來的少城舊址，諸多遺物故跡云云。睹物思人，我好生感慨，由於歲月變遷，三十年前故跡，已經需要立石以標示，千百年前的遺址，被泥沙埋沒，又何必過多地傷感？創建，破壞，再創建，再破壞，再創建……，這種創建和破壞的交替循環，也許就是人類文明的命運。然而，國破山河在，山崩河移，歷史猶存。只要歷史的記憶不曾消失，被破壞的文明定將獲得重建；只要歷史的記憶還在，文化和傳統就可以復興。只要走到這片土地，只要一塊小小的石碑，只要一段短短的文字，歷史就可以復活在你的心中。

歷史是文明的核心。開封、陳留以東的黃河下游文明，是一種不斷地被沖刷淹沒、又不斷地被重建整修的文明，就在這種失而復得的過程中，似乎隱藏著一種歷史的頑強和堅韌。

當我繼續整理歷史，由開封、陳留南下西去以前，聊以這段文字寄語開封的友人，或許可以輕減他心頭的沉重，他那黯然神傷的眉頭，或許能夠稍許舒展否？

第八章

秦帝國的崩潰

一——章邯投降了項羽

項羽與章邯約降於洹水南岸的殷墟。章邯面見項羽痛哭失聲，既有往日對戰廝殺的恩怨，也有當今趙高逼迫的無奈，更有愧對先帝故國的羞辱。

鉅鹿之戰慘敗，章邯軍退守漳河一帶，以河內郡為基地，西以河東郡為依託，南以三川郡為靠背，利用黃河漕運，就食敖倉，頑強抗擊諸侯國聯軍的進攻。從二世三年一月到七月，一直與聯軍反覆拉鋸作戰，戰事異常艱苦。

項羽殲滅王離軍，在鉅鹿稍作休整以後，統領諸侯國聯軍，開始向漳河一帶步步緊逼過來。自章邯夷平邯鄲城後，漳河以北已無據點可守，章邯軍一部沿河內一線漳河南岸設防，利用漳河天險，作堅守河內的準備。章邯認為，只要保住河內，戰局就有逆轉的希望。

漳河與黃河之間的棘原一帶（今河北大名），章邯軍曾經築有甬道為王離軍輸送糧食，後來被楚軍英布軍和蒲將軍軍切斷。王離軍被殲滅以後，章邯軍停止對英布軍和蒲將軍軍的反撲，轉入收縮防禦，以棘原為中心，在漳河和黃河之間高壁深壘，構築起堅固的防禦工事，集結兵力，阻止聯軍部隊由東北方向迂迴包抄河內。勝利後的項羽軍在棘原以北渡過漳河，仍然以英布軍和蒲將軍軍為前鋒，布陣尋求與章邯軍主力決戰。章邯軍堅守不應，項羽軍開始向章邯軍的壁壘發起進攻，攻堅作戰。項羽軍攻勢猛烈，章邯軍不利，步步為營，有序地向河內郡安陽縣方向收縮。

安陽縣在河內郡北部，就在今天的河南省安陽市。古往今來，南北貫通華北平原的交通大道多經過這裡。秦帝國時代，河內廣陽道由河內經安陽到邯鄲，走鉅鹿到廣陽，一直通達右北平，大體上沿著今天的京廣鐵道線，是燕趙地區最主要的交通要道。河內郡曾經是魏國的領土，地在黃河以北，上黨郡和邯鄲郡以南，東接河東郡，南隔黃河與三川郡相望，為連接河北地區和河南地區的樞紐要地，也是秦帝國進出關東地區的生命線洛陽—成皋—滎陽—敖倉一線的北部屏障。秦末之亂以來，河內一直為秦軍堅守，未曾失過手，成為爾後秦軍反攻的基地。章邯東阿戰敗，退守濮陽，依靠河內方向的支援，得以先守後攻，最終擊敗項梁。章邯渡河北上，攻克邯鄲，遷徙邯鄲民人到河內，置於河內郡府的監控使用之下。王離圍攻鉅鹿，章邯以河內為後方，屯重兵、築糧道供應王離軍。王離軍被殲滅，章邯收縮於河內郡。所有這一切行動，依恃的正是河內局勢的穩固，背靠三川郡、就食敖倉糧的有利地勢。

然而，自從左丞相李斯、右丞相馮去疾、將軍馮劫等先帝老臣被誅殺，趙高出任丞相當政以後，章邯在朝廷上已經失去了內援。鉅鹿戰敗，王離軍被殲滅，身為秦軍總帥、統領中部軍掩護王離圍攻鉅鹿的章邯，已經受到朝廷方面嚴厲的責問，感受到巨大的壓力。爾後連連退守，朝廷方面責讓促戰的使者，接二連三抵達軍中，更使章邯陷於內外交困的苦境。

四月，趙國將領司馬卬統領一支趙國軍隊由上黨郡南下，突入河內郡西部，抵達黃河孟津北岸，大有渡過黃河、進入三川郡的動向。司馬卬軍進入孟津北，切斷了河內郡與河東郡的聯繫，如果司馬卬軍渡孟津攻占三川郡，河內的章邯軍將被徹底包圍，糧道也將被斷絕。然而，也就在這個時候，已經進入潁川郡的劉邦軍突然進入三川郡攻占孟津，迫使司馬卬軍放棄了南渡的意圖。爾後，劉邦軍由孟津攻擊洛陽失利，被迫又退回潁川，三川郡再次回到秦軍的控制當中。

劉邦軍攻占孟津，是不願意看到攻取關中的功業被司馬卬奪去，使自己失去奉懷王之約作秦王的機會。劉邦軍和司馬卬軍的齟齬失算，使章邯軍一時轉危為安，免於被徹底包圍的命運。不過，司馬卬軍的這次行動使章邯深感後方不穩，前後失據。他派遣長史司馬欣專程前往咸陽，向朝廷說明情況，請求增援。司馬欣抵達咸陽以後，逕往咸陽宮求見二世皇帝，求見的請謁遞進去以後，天天到宮廷外門即司馬門外等候召見。第一天沒有消息，第二天還是沒有消息，到了第三天，依舊沒有被召見的消息。司馬欣害怕了，軍情不利，皇帝不見，是不祥的預兆。當今朝政，由丞相趙高當政，宮殿內廷由趙高的弟弟趙成掌控，等待三日而無回音，必定是丞相有意阻斷章將軍和皇帝的聯繫。狐疑失望之餘，恐懼有變，司馬欣決定返回軍中。返程時留了心眼，不敢走來時的大路。果然，趙高得到司馬欣返回的消息後，緊急派人追捕，司馬欣已經繞小道返回章邯軍大營。

司馬欣是內史櫟陽人，始皇帝時曾經做過櫟陽縣的獄掾，相當於今天的縣司法局長，在縣令之下負責司法刑獄。項梁曾經在關中犯法，被逮捕關押在櫟陽縣獄中。後來，通過關係，由泗水郡蘄縣獄掾曹咎修書一封，帶到櫟陽交與司馬欣。古往今來，人情世故常在。司馬欣與曹咎交往不薄，領情買帳，了結官司，釋放了項梁，從此與項氏家族有了交情。司馬欣後來從軍，徵集關中軍支援章邯，做了章邯的長史，也就是秘書長，負責將軍幕府的日常事務，深得信任，成為章邯的心腹。有意思的是，司馬欣的舊友曹咎也從軍跟隨項梁，如今是楚軍的主要將領之一，深得項羽信任。司馬欣受章邯重託，一方面到咸陽求見請援；另一方面也是為了觀察京中政情。當司馬欣被拒於司馬門外、不得已返回軍中時，對於秦帝國政府失望已深；趙高派人追捕，更促使他增生投降項羽之意。司馬欣回到章邯軍大營，回報章邯說：「朝廷中趙高專權用事，政府裡已經沒有可以擔當國政的人。如今戰若能勝利，趙高必定妒嫉將軍的功勞；戰若不能取勝，將軍更逃脫不了一死。何去何從，願將軍深思而後定。」

也就在這個時候，章邯收到了陳餘派人送來的書信，信中舉事說理，分析形勢，勸說章邯叛秦與諸侯各國聯手。陳餘在信中說道：「白起為秦將，南征楚國，攻克楚都鄢郢地區，北伐趙國，坑滅趙括四十萬大軍，此外攻城掠地，不可勝數，結果被賜劍自裁。蒙恬為秦將，北逐匈奴，開闢榆中數千里疆土，結果被斬首陽周。二人為什麼會有這樣的結果？是因為功高而秦不能盡封，只有設法誅滅。如今將軍統帥秦軍已有三年，亡失的將士以十萬計算，而戰事每況愈下，對戰的諸侯國軍風起雲湧，軍勢愈盛，這是外部的不利。就內部而言，趙高擅國已久，當政以來，形勢愈發惡化，害怕二世誅殺自己，正打算網羅罪名，用法誅殺將軍以轉嫁責任，委派新人取代將軍以脫逃禍患。將軍久在關外作戰，朝廷內多有變動，關係疏遠而生嫌隙，如今有功也誅，無功也誅，可謂進退兩難。當今形勢之下，上天亡秦之意，人無愚智皆清楚明白，將軍內不能盡忠勸諫皇上，外只能違天意作亡國之將，內外孤立而獨特求存，豈不哀哉！將軍何不考慮與諸侯合縱聯盟，共同攻秦，分秦地而稱王，據南面而稱孤；以此比況身陷囹圄受刑戮，妻子兒女被株連，豈可同日而語？」

李斯等被誅殺以來，作為李斯信賴的老臣章邯，內失後援，痛感孤立。如今戰況不利，朝廷譴責日甚，皇帝不見使者，趙高追捕長史，希望得到新政府信任和支援的願望落空，真真是舉步維艱。心腹司馬欣的勸諫，是秦軍內部的動搖；陳餘的來信，是諸侯各國的誘導。章邯開始猶豫，開始疑慮，因不安而動搖。他試探作合縱聯盟的嘗試，派遣心腹部下軍侯始成秘密前往項羽軍中談判。

章邯是堅忍不拔的人，身為秦國老臣，受先帝舊恩多年，對秦國的山河人民，執著甚深。對於聯手諸侯的事，他始終狐疑不定。自出任秦軍統帥以來，亡失的秦軍將士雖說以十萬數，誅殺的反秦軍將士更是以數十萬計，楚王陳勝、齊王田儋、魏王魏咎，都是自己的刀下鬼，楚國大將，項羽的叔父項梁，也死在自己手下，背秦降楚，縱使項羽及諸侯能容，上蒼豈能無聲，英烈豈能止泣？章邯大營和項羽大營之間，使者續續又斷斷，中止又復來。

打打談談，談談打打。拉鋸苦戰、和戰交錯之間，項羽出奇兵，派遣勇將蒲將軍領軍西向迂迴，由漳水上游的三戶津（今河北磁縣西南）強行渡過漳水，突破秦軍的防線，在漳水南岸搶灘建立壁壘，迫使秦軍出戰爭奪。爭奪戰中，蒲將軍擊敗秦軍，在漳南穩住陣腳，紮下營寨來。得到蒲將軍得利的消息，項羽統領大軍迅速向西運動，在漳水支流的汙水一帶（今河北臨漳西）大破秦軍。秦軍被迫放棄漳河防線，退守洹水，安陽岌岌可危。

就在這個時候，與司馬卬一同進入河內郡西部的趙國將軍瑕丘人申陽，統領趙軍別部由孟津強行渡過黃河進入三川郡，攻占了洛陽和新安之間的河南縣，切斷了章邯軍往來黃河走山陽東海道連接關中的唯一通道，完成了對於章邯軍的戰略包圍。

申陽軍攻克河南，具有極為重要的戰略意義。河南縣失守，秦帝國宛如被一把尖刀切斷了主動脈，關中與關東的交通大道斷絕，部署在河內的章邯軍主力以及固守洛陽、滎陽一帶的秦軍支援部隊陷入諸侯國聯軍的包圍。當時形勢下，章邯軍的北部正面是項羽所統領的諸侯國聯軍，數十萬大軍由邯鄲郡南下，渡過漳河，逼近洹水展開，包圍安陽。上黨郡已經被趙國占領，趙軍司馬卬部隊由上黨進入河內郡西部，切斷了河內郡與河東郡的聯繫。洛陽、滎陽東南是韓王成所統領的韓軍出沒的潁川，西南是劉邦軍正在攻擊的南陽，東部的碭郡和東郡分別是楚國和魏國的地盤，魏王魏豹所統領的魏軍在這一帶活動。

形勢急轉直下，章邯已經沒有猶豫迴旋的餘地，他再次派遣使者到項羽軍大營，正式表示談和約降的誠意。項羽召集各路將領集會，議論是否接受秦軍有條件投降。會議上項羽表示，我軍糧草日漸短缺，準備接受章邯的請求，約盟受降。項羽一言定乾坤，諸將皆表示聽從上將軍決斷。

二世三年七月，二十萬秦軍放下武器，停止抵抗。項羽率領楚軍及諸侯國聯軍將領，與章邯率領的秦軍各部將領相會於洹水南岸的殷墟，築壇結盟，歃血起誓，簽訂約降協定。章邯面見項羽痛哭失聲，既有往日對戰廝殺的恩怨，也有當今趙高逼迫的無奈，更有愧對先帝故國的羞辱。項羽許諾破關中後以章邯為雍王治秦，將章邯安置於楚軍大營隨同行動，任命司馬欣為上將軍，統領秦軍。

秦末之亂以來，秦軍主力共有三支，其一在北疆，為王離所統領的北部軍；其一在南疆，為任囂和趙陀所統領的南部軍；其一為章邯統領的中部軍。南部軍獨立建國，長江以南，反秦後盡歸楚國；北部軍被項羽殲滅，黃河以北，都是趙、燕旗幟；章邯約降，中部軍歸屬項羽，江河之間，都是楚、齊、魏、韓的地方。此時的秦帝國，除蜀漢關中本土以外，已經沒有國土可以依託守衛，沒有軍隊可以調動使用。此時的秦帝國，宛若樑柱毀壞殆盡的大樓，搖搖欲墜，只待最後一擊的摧折。

二——情繫殷墟夢邯鄲

歷史學使用倒向的時間，重現往日的影像。建築於地下的殷墟博物館，用標誌歷代王朝的地下通道，將現在到過去的時間，轉換為由地表到地中的空間；又用無數神秘的出土遺物，帶你進入歷史的夢境。

戰爭的勝負，左右國家的興亡。秦帝國的命運，取決於鉅鹿之戰。

我整理鉅鹿之戰前後的歷史，書中紙上，模糊不清的事情比比皆是。既有古代史家記敘的晦澀缺漏，也有歷代傳布注釋的歧異誤失。最感不安的，還是欠缺現場情景的實感，無法交匯古今，不能神通往事，始終有隔靴搔癢之感。

二〇〇六年三月，我尋項羽統帥聯軍與章邯、王離兩軍鏖戰的故跡，由北京南下，經邯鄲、磁縣到安陽，又走臨漳，過成安，再回邯鄲返京。來去之間，兩渡漳河，弔殷墟，望鄴城，登金鳳台，信步於趙王城，世上方三日，歷史已千年。

西元前三八六年，趙敬侯帶領趙人東出太行，建都邯鄲，經八代國君，歷一百五十八年，在趙武靈王時，最為燦爛輝煌。西元前二二八年，王離的祖父王翦統領秦軍攻破邯鄲，邯鄲城經歷了第一次劫難。在邯鄲城的這次劫難中，秦始皇親自前來推波助瀾。秦始皇出生於邯鄲，母親是趙國的舞女，他的童年時代，是與母親一同在邯鄲度過的，受盡了趙人的白眼苦頭，多次幾乎被殺。破邯鄲城後，秦始皇專程由咸陽趕往邯鄲，一一清點當年的仇家，殺了個乾淨痛快，算是一段無情報復的插曲。邯鄲城的徹底毀滅，是在鉅鹿之戰前。二世二年後九月，擊殺了項梁的章邯渡過黃河，大破趙、齊聯軍，乘勝攻陷了邯鄲。破城後，章邯下令撤毀邯鄲城牆建築，將當地的住民強行遷移到河內郡，杜絕他們再次據城反抗的可能。

我到邯鄲，先登叢台遠眺，想見當年趙武靈王胡服騎射、整軍備戰的盛況；再到趙王城遺址尋覓，荒草土台塵埃中，彷彿有秦軍毀城的身影，有趙人離鄉的哭泣。邯鄲在河北，古來屬趙國；安陽在河南，古來屬魏國。由邯鄲到安陽，距離不過百餘里，（北）京深（圳）國道兩旁，都是一望無邊的平原，無天險可以憑守，無地貌可以標界。唯有漳河，西出太行山浩浩蕩蕩而來，分斷趙魏，阻隔冀豫，成為邯鄲和安陽之間的屏障天塹。趙魏之間，沿漳河築有城壁設防。秦之邯鄲郡，在漳河北，西傍太行山，南面和東面為漳河所環繞，鉅鹿城東鄰漳水，西南靠近邯鄲城，相距也不過百餘里。項羽由平原津渡過黃河進入鉅鹿，先渡洹水，再渡漳河，演出了破釜沉舟的壯舉。

鉅鹿大戰，王離軍被殲滅，部署在安陽—邯鄲一帶，支援王離的二十萬秦軍，在章邯的統領下向河內郡方向收縮退卻。河內郡大致在今河南省北部的安陽、鶴壁、新鄉、濟源一帶，西面太行山，北界漳水，南臨黃河，地處晉東、冀南、豫北、魯西之間的咽喉地帶，古來為交通要道、軍事重地。殷商時代，河內一帶是商王朝的京畿地區，魏晉南北朝時代，曹魏、後趙、冉魏、前燕、東魏、北齊先後建都於這裡，河內地區再次成為北部中國的政治中心。

項羽殲滅王離軍，解除鉅鹿之圍，是在二世三年十二月。章邯統領秦軍投降項羽，是在同年七月，其間將近八個月的時間，兩軍在河內、邯鄲間拉鋸作戰。從鉅鹿到邯鄲不過百餘里，從邯鄲到安陽也不過百餘里，強於攻擊、乘勝南進的項羽聯軍，八個月竟然不能前進二百里地，可以想見戰事之艱苦，秦軍抵抗之頑強。章邯撤毀邯鄲城，邯鄲不能防守，秦軍步步為營南撤。唯一能夠據守的天險，就是漳水；漳水南岸的安陽，成為秦軍的大本營。由邯鄲南下磁縣過漳河大橋，由車窗望去，河道西來東去，遼闊寬廣，秦楚兩軍夾河對陣的情景，隱然可以想像。

又驅車由安陽北上，沿漳河南岸東走臨漳，堤下村落田園，想來當年都是秦軍駐地。到三元，漫步鄴鎮漳河大橋，經過數百米河道，林木掩映的北岸河堤間，項羽聯軍的旗幟身影，彷彿依稀隱現。鄴城故址就在橋邊，六朝古都的繁華往昔，如今只有金鳳台遺址尚存。登高遠望，誦王粲名章：「朝發鄴都橋，暮濟白馬津。逍遙河堤上，左右望我軍。連舫逾萬艘，帶甲千萬人。率彼東南路，將定一舉動……」王粲是建安七子之一，〈從軍詩〉詠歎的是曹魏東征。國破山河在，人去江海流，觸景生情，借題生感，我依然想見項羽和章邯。

漳河西出太行山東流，至安陽和臨漳一帶，河道寬廣，水勢浩蕩，項羽軍漳北，章邯軍漳南，就是在這一線。漳河過臨漳以後往東北流去，在成安、廣平、魏縣、大名、館陶一帶的漳河、洹水和黃河之間，章邯軍以棘原為中心，築有堅固的防禦壁壘，連接安陽、臨漳防線，阻止項羽軍由東北方向對安陽的迂迴包抄。這條防線以北，項羽軍已經控制漳河兩岸。

這個時候，二十萬秦軍，背靠黃河，由水運就食滎陽敖倉，南有三川郡可以依託，通過三川東海道連接關中，西有太行山道連接河東，三郡聯成一完整的戰區，只要守住漳河，保全河內，秦王朝尚有半壁江山可以延續。然而，就在兩軍對峙期間，趙國將領司馬卬由上黨郡南下抵達黃河邊，將河內與河東的聯繫切斷。受司馬卬順利進軍的鼓舞和啟示，項羽派遣猛將蒲將軍隱秘夜行到漳河上游，實行西線迂迴包抄，在磁縣西南的三戶津渡過漳水，一舉突破秦軍的防線。於是項羽引大軍運動到臨漳西部，在臨漳和磁縣之間的汙水大敗秦軍，將章邯軍壓縮到洹水南岸。逼迫章邯投降的最後一擊，乃是趙國將軍申陽渡過黃河，占領河南縣，三川東海道被切斷，聯軍對河內郡的戰略包圍形成，章邯軍已成甕中之鱉。

自司馬遷以來，歷代關注鉅鹿之戰的史家，都沒有特別注意到司馬卬和申陽在迫使章邯投降中的巨大作用。我們知道，司馬卬和申陽，後來都被項羽封王。司馬卬被封為殷王，封地為河內郡；申陽被封為河南王，封地為三川郡。項羽封王建國，嚴格依照軍功原則，司馬卬和申陽之所以在聯軍無數將領中脫穎而出被授與王位，正是為了酬謝他們首先突入河內、進入三川，完成了對於章邯軍的包圍，最終迫使章邯投降的卓越軍功。

走進歷史現場

邯鄲城故址

2006年3月，我尋項羽統帥聯軍與章邯、王離兩軍鏖戰的故跡，由北京南下，經邯鄲、磁縣到安陽，又走臨漳，過成安，再回邯鄲返京。來去之間，兩渡漳河，弔殷墟，望鄴城，登金鳳台，信步於趙王城，世上方三日，歷史已千年。

我到邯鄲，先登叢台遠眺，想見當年趙武靈王胡服騎射、整軍備戰的盛況；再到趙王城遺址尋覓，荒草土台塵埃中，彷彿有秦軍毀城的身影，有趙人離鄉的哭泣。

洹水繞安陽城北流過，殷墟跨洹水兩岸，是殷王朝都城的遺址。自殷王盤庚遷都於此，直到紂王為周所滅，二百七十三年間十二世王，代代營築宗廟宮室於此，其繁華富麗，堪稱古代第一。殷亡以後，國都殘破，殷人遷徙流離，殷都漸漸成為廢墟，遂有殷墟之名，湮沒於歷史長河之中。二世三年七月，陷於聯軍包圍的二十萬秦軍投降，項羽引領各國將領與章邯盟誓約降於洹水南岸。殷墟八百年後重登歷史舞台，宣告秦帝國大勢已去，滅亡已是不可避免。章邯在洹上放聲痛哭，哀泣人生，哀泣國運，哀泣亡魂。曾幾何時，亡國之廢墟，又成國亡之判決地。秦人原本在東方，輾轉遷徙到西陲，與殷人共有玄鳥圖騰的先祖。此時此刻，冥冥之中的亡靈，又共集於洹水否？

常言道，時間不可倒流，歷史不可重演。歷史學有悖常理，使用倒向的時間，重現往日的影像。邯鄲河內，安陽臨漳，數千年來，漳河易流，黃河改道，古昔舊跡，都已經深埋於黃土之下。新近落成的殷墟博物館建築在地下，由地面築通道盤桓下行，通道兩旁路牌，都以歷代王朝之名標識，半米處先去民國清朝，深入再去明元兩宋，兩米三米走下去，跨入五代唐隋，爾後是南北朝晉魏三國，東漢西漢秦，五米以下，走近戰國春秋，再由西周下去，抵達地下七米的殷商。你所經過的地下通道，將現在到過去的時間，轉換為由地表到地中的空間。進入輝煌的展廳，青銅器、甲骨文、婦好三聯甗、司母戊大方鼎……，無數神秘的出土遺物，帶你進入歷史的夢境。

司馬遷說，項羽與章邯盟於洹水南殷墟上。《安陽縣志》說：「會盟亭在府城北洹水之上，楚項羽與章邯會盟於此，後人置亭表其處。」據當地人說，實地在今安陽市西北的柴庫村一帶。我有意前往，卻被告知車道不通，地上已無任何遺留。來來去去匆匆，真真假假都是邯鄲一夢，於是斷念留待將來。

三——趙高與劉邦的密謀

劉邦與趙高密約：趙高殺二世開武關共同滅秦，劉邦軍入關以後，分割舊秦領土為兩國，由趙高與劉邦分別稱王統治。

就在項羽與章邯約降於殷墟的二世三年七月，一位使者進入武關，行色匆匆往秦都咸陽而去。使者是劉邦的密使，魏國人，名叫寧昌。他肩負重要的使命，到咸陽面見秦丞相趙高。

劉邦軍抵達關中的南大門武關之外、章邯軍投降的消息傳來，秦王朝瓦解之勢已定，項羽許諾封章邯為雍王，以秦軍為先導入關的意圖也很明白。盡早進入關中，占領咸陽，實現懷王之約做秦王，是劉邦念念不忘的政治目的。為了搶時間，劉邦與張良等謀士協商，決定派寧昌火速到咸陽面見趙高，說服趙高背秦降楚。比照項羽與章邯約降、許諾封章邯為王的事例，劉邦開出的約降條件是：趙高殺二世開武關共同滅秦，劉邦軍入關以後，分割舊秦領土為兩國，由趙高與劉邦分別稱王統治。

章邯軍投降，劉邦兵臨武關，秦王朝大勢已去的形勢，除了深居宮中行督責、求享樂的二世皇帝外，咸陽城內，朝廷上下，人人心知肚明。當時，丞相趙高權重，一手掌握政府，弟弟趙成為郎中令，嚴密控制宮廷。為了萬全起見，趙高設計試探皇帝左右近侍，檢測人心順逆與否。八月的某一天，趙高指使人到宮中獻鹿於二世皇帝，自己故意指鹿說是馬，二世笑話趙高說：「丞相怕弄錯了，怎麼把鹿說成是馬？」趙高繼續持論，於是二世問左右近侍。左右近侍們知道趙高別有算計，

秦二世皇帝陵一景

秦二世皇帝陵碑

或者沉默不語，或者順從趙高說是馬，也有個別不識相的，說是鹿。二世大為吃驚，以為自己中邪失神，當晚惡夢不斷，夢見車駕出行遇白虎襲擊，左驂馬被咬死。連續的怪事，讓二世心中久久不懌，召來太卜解夢算卦。太卜算卦說，陛下奉宗廟鬼神，齋戒不明，現涇水之神作祟，所以有此不祥預兆。趙高趁機勸諫二世說：「鬼神不享，天且降殃，應當遠離咸陽宮以禳息災難。」於是二世皇帝離開咸陽宮，移居到咸陽北郊的望夷宮，就近涇水，準備沉四匹白馬祭祀涇水之神。

秦都咸陽，在渭水之北。咸陽內外，關中八百里，三百離宮別館相望屬。咸陽宮是秦王朝的正宮，在咸陽北原上（今陝西咸陽窯店牛羊村一帶），是皇帝的日常居所，國政朝議的所在。望夷宮是咸陽北郊的離宮（今陝西涇陽

洛陽市內出土，以「鴻門宴」為題材之西漢末年墓室壁畫。

東南蔣家鄉與咸陽東北寒家鄉交界的咸陽原邊），臨涇水修建，可以遙望北方夷翟，所以得名望夷宮。趙高誘使二世到望夷宮，使二世離開首都，離開朝廷，離開政治和權力的中心，將二世孤立和封閉起來。指鹿為馬，是趙高以算計測試人心，以權勢強制輿論的手法。事後，趙高用法，將敢於稱鹿者清洗下獄，對於沉默者示以顏色，逆我者亡，順我者昌，進一步收緊了二世周圍的消息通道，徹底地掌控了朝政和大臣。

二世移居望夷宮，一方面遠離都城朝廷，被孤立封閉起來；另一方面，他也終於離開了趙老師的直接監護，得到了解脫和自由。大概就在這個時候，有人將前方不利，趙高與楚軍使者有往來的消息，傳送到了二世耳中。二世不安，派遣使者到咸陽詢問趙高。趙高知道事情緊急，箭已在弦上，不得不發，決定立即發動政變，誅殺二世。

趙高迅速召集弟弟趙成、女婿閻樂密謀大事，說：「皇帝不聽勸諫，如今形勢緊急，有意歸咎於我趙氏宗族。

走進歷史現場

鴻門宴遺址

2004年7月，我由驪山先去鴻門，項羽宴請劉邦的鴻門宴舊址，至今猶存。吟味「項莊舞劍，意在沛公」的名句，想當年項羽四十萬大軍之所以駐紮於此，正是因為利用舊秦京師軍的營房駐地。鴻門坂上，上將軍項羽的大營，居高臨下，俯視渭河平原；鴻門坂下，四十萬聯軍營帳連綿，劍拔弩張。劉邦等人鴻門赴宴，是虎口求生，縱然是久經沙場的戰士，也不能不感受到死生未卜之懸念的重壓。

我準備易置皇上，更立公子嬴嬰。公子嬴嬰仁愛儉樸，他的話百姓皆會聽從。」趙成是郎中令，掌管皇帝的侍從內衛，趙高安排趙成作為內應，在望夷宮內穩住部下的郎官們待命。然而，望夷宮的宮城進出警衛，由衛尉掌管，趙高不能控制。趙高的女婿閻樂是咸陽縣令，掌握咸陽縣兵，望夷宮正在咸陽縣所轄境內。趙高命令閻樂詐稱咸陽境內有盜賊，徵發本部所轄咸陽縣兵開赴望夷宮，強行攻入宮中與趙成會合，一舉占領望夷宮，誅殺二世。為了萬全起見，他將自己的親家、女婿閻樂的母親，移居到丞相府內暫住，既取安全的名目，也得人質的實在。

咸陽令閻樂以盜賊入境的名義，徵調咸陽縣兵千餘人，急急來到望夷宮門前，利用門衛正副長官衛士令和衛士僕射前來交涉的時機，突然下令將二人逮捕捆綁。閻樂詐稱指責說：「有盜賊進入望夷宮內，為什麼不制止？」衛士令丈二和尚摸不到頭腦，厲聲反問：「皇宮周圍，衛士營帳環繞，宮門警衛森嚴，盜賊怎麼可能侵入？」閻樂不由分說，下令斬殺衛士令，帶領部隊強行攻入宮中。事出突然，郎官宦者大為吃驚，或者奔走，或者抵抗，抵抗者皆被殺死，死者有數十人之多。

閻樂與趙成會合，用弓箭攻擊二世的居所。二世大怒，召集左右抵抗，左右皆惶恐逃避。二世逃入禁中內室，身旁始終有一宦者跟隨不敢離去，二世無奈說：「你為何不早將真情告訴我，以至於事態劇變至此？」宦者回答說：「臣下不敢說話，因而得以保全。假若臣下有所進言，已經早早被誅殺，等不到今天了。」閻樂帶領士兵來到二世面前，數落二世說：「足下驕奢淫逸，放縱恣肆，誅殺無辜，暴虐無道，今天下同起反叛足下，足下自己決定去向。」二世說：「能否見丞相一面？」閻樂回答說：「不可以。」二世說：「希望得到一郡之地為王。」閻樂回答不可以。二世又說：「請求得到一萬戶的封地為侯。」又被拒絕。二世尚存一線希望說：「願意與妻子一道作庶人百姓，待遇比況諸位公子。」閻樂無意再聽下去，說道：「臣下接受丞相的命令，為天下誅除足下。無論足下如何多說，臣下也不敢答應。」閻樂持劍逼近二世，迫使二世自殺。

秦咸陽城遺址碑（上圖）及咸陽城遺址的今貌（下二圖）。二千餘年前的繁華，而今安在？

二世皇帝胡亥二十歲即位，從始皇三十七年八月主政到二世三年八月自殺，剛好整整三年，享年二十三歲。二世死後，以庶人之葬儀，草草掩埋於杜縣南部的宜春苑中，至今墳丘尚存，在西安市雁塔區曲江鄉江池村。

四——秦帝國的落幕

劉邦領軍進入咸陽，再次驚歎秦都宮室的富麗繁華，回憶起當初作傜夫來咸陽，外觀宮室路遇始皇帝的往事，感慨興奮，大有筋骨酥鬆、身心舒暢之感，準備就在咸陽宮中留駐下來，好好輕鬆享受一番。

二世皇帝自殺以後，閻樂回到咸陽向趙高稟報。趙高曾經有意自佩璽印稱王，試探的結果，難以得到大臣和衛士們的支持。趙高於是在咸陽宮召見大臣百官、王族宗室，通報之所以誅殺二世皇帝的原由，宣告秦放棄皇帝稱號，承認六國復國，立公子嬴嬰為秦王，自己仍然為丞相輔佐國政。

嬴嬰是二世的從兄，始皇帝的弟弟長安君成蟜的兒子，當時已經三十多歲，是宗室中的年長賢者。二世即位誅殺兄弟姊妹，嬴嬰是非嫡系的旁支，沒有受到牽連。二世受趙高慫恿準備誅殺蒙恬、蒙毅兄弟及其家族，嬴嬰曾經挺身諫勸，雖然沒有能夠保全蒙氏，但在大臣和宗室裡，得到相當的尊重

咸陽宮復原想像圖

和聲望。劉邦的使者寧昌到咸陽見趙高，以誅殺二世割裂關中分別稱王為條件引誘趙高。趙高發動望夷宮政變逼迫二世自殺，秦放棄帝國回歸王國，是應了約降的條件。不過，趙高得不到大臣和將士們的支援，不敢貿然稱王。他沒有多餘的選擇，只有先立嬴嬰為秦王以應急，穩定局勢。

趙高依照王位繼承的禮儀，讓嬴嬰在家齋戒五日，然後前往宗廟告祖祭祀，接受秦王的璽印，正式宣告即位。嬴嬰是明白人，他不信任趙高。他與兩位兒子及親信侍從韓談密謀說：「丞相趙高殺二世於望夷宮，害怕群臣誅殺他，假意以宗室近親名分立我為王。我已經聽說趙高與楚國有密約，滅秦宗室分王關中。如今讓我齋戒後前往宗廟，無非是想在廟中殺我。我稱病不去宗廟，丞相一定會親自前來詢問，來則殺之。」五天以後，嬴嬰在齋宮稱病不出，趙高數次派人前去催問，嬴嬰

秦咸陽宮遺址博物館

都稱病不應。趙高無法，只好親自到齋宮面請嬴嬰，說：「宗廟大事，王上為什麼不來？」話剛問完，被早有準備的韓談刺死。

二世三年八月，嬴嬰誅滅趙高宗族，即位為秦王。嬴嬰即位以後，清除趙高黨羽，重新組建政府，曉諭各地安定民情，急令前線堅守拒敵，力圖挽救秦國脫於毀滅的命運。然而，一切為時已晚。

趙高逼迫二世自殺以後，迅速與武關外的劉邦交涉。劉邦拒絕如約與趙高分王關中，趁亂強行攻破武關，進入商洛道，沿丹水直趨藍田。趙高被殺，秦王嬴嬰得到劉邦軍進入武關的消息，緊急命令戍衛京師的中尉軍前往嶢關和藍田一帶設防，阻止劉邦軍進入關中。劉邦軍用張良的計謀，以重金實利引誘秦軍將領言和，趁其鬆懈，突然展開攻擊，將嶢關攻克，又在藍田再破秦軍，沿灞河而下，直奔咸陽而來。

十月，劉邦軍抵達咸陽東南郊外的灞上地區，

下二圖為最後一位秦王嬴嬰的陵墓所在地，今為劉家村。

秦王嬴嬰已經無兵可用，無險可守，為了保全咸陽軍民，開城無條件投降。嬴嬰乘白馬牽引的喪車，頸繫天子綬帶，手奉封存的皇帝璽印符節，帶領百官出城到灞河西岸的軹道亭出降，迎接劉邦軍入城，秦帝國滅亡。秦國自襄公八年開國以來，延續了五百七十一年的歷史，至此結束。末代秦王嬴嬰，總共在位四十六天。

受降以後，部下有人建議誅殺秦王嬴嬰，劉邦拒絕了。劉邦說：「當初懷王派遣我奉約入關，是因為我能寬容待人。敵人已經降服而加以殺害，乃是不祥之事。」劉邦不殺嬴嬰，也有別的考慮。依照懷王之約，劉邦當領有秦國作秦王，秦國將成為劉邦未來的國土，秦人將成為劉邦未來的臣民。從嬴嬰開城投降起，劉邦已經自視為秦王，開始考慮統治秦國的戰後政策和建國方略。嬴嬰開城投降，代表了秦國官民的歸附。對嬴嬰的處置，也將表示新政權對秦國官民

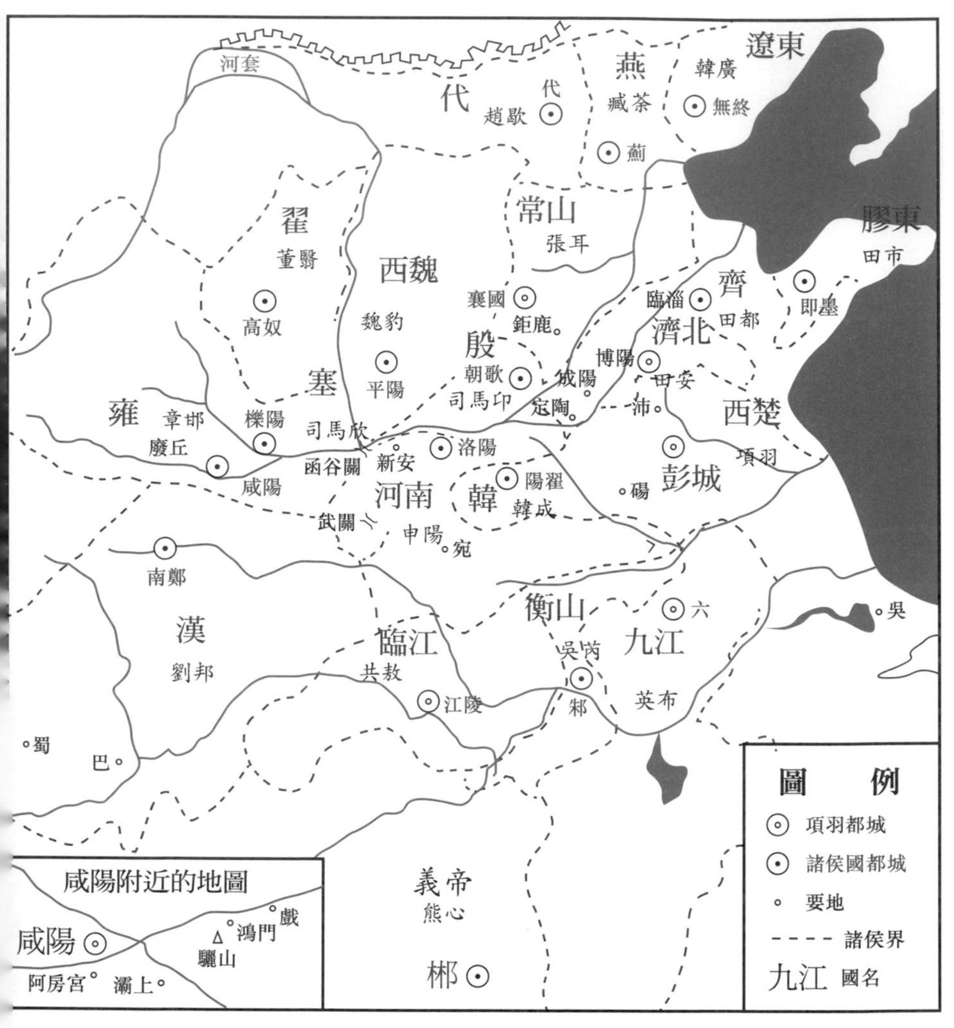

楚漢之際群雄割據圖

據黃啟方、洪國樑繪編《史記地圖匯編》重繪

的態度。劉邦是關東楚國人，在秦國毫無根基，嬴嬰是旁系新主，既無逼人之勢，又得秦國官民的同情好感。對於劉邦來說，善待嬴嬰，不僅有利於眼下安定秦國軍心民心，而且今後統治秦國時，嬴嬰也是大可以利用的人選。劉邦於是將嬴嬰交與部下好生看管，對秦國的宗室大臣一律寬赦不誅，下令各級官吏各司舊職，維持現狀，聽從劉邦軍的統一指揮。

劉邦領軍進入咸陽，再次驚歎秦都宮室的富麗繁華，回憶起當初作徭夫來咸陽，外觀宮室路遇始皇帝的往事，感慨興奮，大有筋骨酥鬆、身心舒暢之感，準備就在咸陽宮中留駐下來，好好輕鬆享受一番。從關東跟隨而來的部下們，多是鄉下人，人人大開眼界，興奮難抑之情，遠遠勝過劉邦。他們紛紛進入秦宮和倉庫，掠取珠寶財物，尋找婦人美女。張良是清心寡欲的人，混亂當中，他清醒不亂。他說通劉邦的姻親、心直口快的砲筒子樊噲，二人迅速來到秦宮面見劉邦，曉以利害，堅決勸阻，終於說服劉邦打消了入居秦宮的念頭，下令查封所有的府庫財物，全軍退出咸陽，還軍灞上。混亂當中，還有一位清醒不亂的人是蕭何，他在劉邦軍中作郡丞，負責文牘後勤。蕭何有經邦治國的遠見，獨自領人進入秦丞相府和御史寺，將秦政府的律令文書、檔案圖錄等檔全部取出，帶回軍中，早早地掌握了秦帝國據以統治天下的基本資訊和資料。

還軍灞上以後，劉邦迅速著手實施對於秦國的統治。在蕭何的主持下，劉邦宣布暫時廢止秦帝國繁雜苛刻的法律，以簡潔的三章法約束軍民，維持戰後秩序：殺人者處死，傷人者受刑，盜竊者罰金。劉邦又親自召集關中咸陽近處的父老豪傑，曉諭以除暴秦入關安民的旨意。他明確表示自己與諸侯各國有約定，先入關中者王關中，自己當作未來的秦王。他說，秦國法制嚴酷，秦中父老也久受其苦，「我之所以來到關中，是為父老兄弟們除害，絕不會有報復侵害，希望大家不要害怕。我之所以還軍灞上，是為了等諸侯各國軍到來後，共同確認懷王之約。」對於關中及蜀漢地區各郡縣，劉邦派部下與秦的主管官吏一同前往，布告安民，一切維持原狀不動。

秦滅六國，秦人與六國人結怨甚深。如今破國失王，最怕諸侯國軍入關以後挾仇報復，得到劉邦的撫慰寬待，舉國安定，人人喜樂，紛紛主動牽牛羊，齎酒食前來灞上慰問劉邦軍。劉邦推辭不受說：「倉庫糧食多，軍隊不缺糧，不希望父老鄉親破費。」秦國人益發喜悅，人人唯恐劉邦不做秦王。

五——項羽坑殺降卒

新安坑殺秦軍降卒，使項羽失去了秦國，斷絕了項羽入關以後在關中立足的可能。這次行動，是項羽一生中最大的政治失誤，是項羽由盛而衰的轉折，失敗的起點。

項羽在殷墟接受了章邯軍的投降後，解除章邯的軍隊指揮權，將其安置於楚軍大營中隨項羽行動；秦軍的指揮，任命章邯幕府的長史司馬欣為上將軍負責。司馬欣曾經救過項梁，也是勸諫章邯降楚的主要人物，又是楚將曹咎的舊交，項羽對他放心。

聯軍在河內稍作停留整編後，渡過黃河進入三川郡，與已經占據河南縣一帶的趙軍申陽部隊、活動於東郡一帶魏軍、活動於潁川郡一帶的韓軍匯合，浩浩蕩蕩，沿三川東海大道西進，往關中方向開拔過來。

西進的聯軍，除去項羽直接統領的主力楚軍外，下有趙國丞相張耳、趙將司馬卬、申陽所統領的三支趙軍，齊將田間、田角兄弟，齊王建孫子田安以及另一名齊將田都所統領的三支齊軍，燕國將軍臧荼所統領的燕軍，魏王魏豹所統領的魏軍，韓王韓成所統領的韓軍，加上新降的二十萬秦軍，一共約有六十萬人，由七國軍隊組成。六十萬七國聯軍中，秦軍新降，與諸侯各國軍間關係未能協調，糾紛不斷。這種糾紛，由來久遠。秦帝國時代，西北邊境常年屯駐重兵，戍卒徵發，糧草轉運，遠及關東地區，關中大興土木，修建宮室陵墓，更是年年徵發關東地區的徭夫到關中做工。當時，關中為秦國本土，關中秦人為勝利的征服者，關東六國人為亡國的被征服者，來到關中作苦工的徭夫，經過關中到邊境服役的戍卒運夫，常常受到秦國官吏士卒的差別對待、侮辱欺負而不得不忍氣吞聲。如今天地翻轉，秦軍成了國破軍敗的降者，低人一等，諸侯國兵士報復秦軍士卒的事情不斷發生，引起秦軍將士極大的不滿。當聯軍接近關中，抵達新安縣時（今河南澠池東），秦軍士兵當中抱怨章邯等將領投降，擔心父母妻子被誅殺的情緒蔓延開來，軍心出現了動搖和不穩。

秦軍的如此動向，被反映到聯軍統帥部，諸將請求項羽決斷處置。以情理而言，秦軍被諸侯軍包圍，又當朝廷昏亂，在內外交困的形勢下，長史司馬欣和都尉董翳說動章邯，下令全軍投降。秦軍之降，由上而下，是所謂將降而士卒未服。在諸侯國軍與新降秦軍間的關係尚未融合的情況下，驅使秦軍為先導進攻自己的故鄉關中，以未服之心攻擊愛戀之地，難免不發生嘩變和意外。面臨如何處置新降秦軍的問題，項羽找來兩位部下協商，一位是英布，一位是蒲將軍，就是鉅鹿之戰時作為先鋒渡河搶占灘頭的兩位猛將。三人商議的結果是：「秦軍吏卒數量大，心不服，到了關中如果不聽從命令，事情就危險了。不如擊殺消滅，只帶章邯、司馬欣與董翳等主要將領入關。」於是，由英布和蒲將軍主持，楚軍秘密行動，夜晚突然襲擊秦軍營帳，將二十萬秦軍降卒擊殺，坑埋於新安縣城的南部。

項羽坑殺二十萬秦軍降卒的事，由漢朝史官司馬遷寫入《史記》。千百年來，對於此事的真偽，史學家們多有所質疑：歷史上究竟是實有其事，還是出於劉邦集團為了爭取秦國人心的後來偽造？往事迷茫，已知的古史宛若無盡的黑暗中閃亮的點點燭光，微亮所及，僅僅隱約可以窺望疑似的痕跡蹤影。由於現有的史料僅有如此一條記載，信由它，不信也由它，沒有多餘的選擇。我整理歷史到這裡，對如此暴行難以置信之餘，無奈只有姑且從之而保留存疑，期待將來能有新的考古史料的出現。

項羽是偉大的軍人、無敵的將軍和勇猛的戰士。他治軍、用兵、作戰的才能，天下無雙，論及政治才能，卻是無謀魯莽而缺乏判斷能力的三流人材。對秦軍作戰，他運用自己的軍事才能，取得了決定性的勝利。對於降服秦軍的處置，需要的是政治智慧，他卻將其作為軍事問題處理，謀於猛將而不議於謀臣；不考慮爭取秦人之軍心民心，為戰後的未來作妥善的政治準備，而是只圖眼前行動進軍的單純俐落，以報復頑抗之敵的手段殘殺投降之敵。

新安坑殺降卒，使項羽失去了秦國人心，斷絕了項羽入關以後在關中立足的可能。新安坑殺降卒，埋下秦國人民仇恨項羽的種子，使秦國軍民從此敵對於項羽。二十萬秦軍被坑埋於新安地下，數百萬敵對軍民被製造於秦中地上。在爾後的楚漢戰爭中，秦國軍民死心塌地跟隨劉邦與項羽血戰死鬥，關中成為劉邦穩固的根據地，秦人秦軍成為漢軍的主力部隊，歸附劉邦的秦軍將士們最後追擊項羽至烏江岸邊，將項羽分屍斬首，種種曲折歷史的事由根源，都可以追溯到這裡。可以說，新安坑殺秦軍降卒，是項羽一生中最大的政治失誤，是項羽由盛而衰的轉折、失敗的起點。

章邯領秦軍投降項羽是在二世三年七月，項羽統領聯軍渡過黃河抵達河南縣一帶是在次年十月，新安坑殺秦軍降卒是在十一月。整整四個月時間，項羽軍沒有急速西進，而是在河內、三川一帶徘徊停留，使人非常難以理解。或許秦軍在三川一帶的抵抗仍然非常激烈，或許是數十萬大軍的糧草後勤難以解決，或許真是新降秦軍的問題使項羽無法順利進軍？往事越千年，已無法索解。就在項羽軍停留徘徊期間，劉邦軍於八月攻破武關，九月攻克嶢關及藍田，十月進入咸陽，實現了先入關中滅秦的戰略目標。

十二月，項羽統帥四十萬諸侯國聯軍，攜坑埋秦軍之殺氣，浩浩蕩蕩，由新安經澠池、陝縣一路抵達函谷關下。函谷關關門緊閉，守軍奉劉邦命令，拒絕項羽軍入關。項羽得知劉邦軍已經占領關中，接受了秦王嬴嬰的投降，正在收編秦軍擴大兵力，安撫秦人鞏固地盤，所有進入關中的通道，都已經被封閉。項羽大怒，迅速部署軍事，副將范增以積薪燒關威脅守軍，函谷關不戰而下。

項羽軍入關以後，沿渭水南岸由函谷關到咸陽的大道西進，一路如過無人之境，至戲水西岸的鴻門一帶停駐下來。項羽下令大軍北臨渭水，南靠驪山安營紮寨，軍鋒直指灞河方向。劉邦軍十萬人，北倚渭水，東面灞河布營，扼守在由鴻門通向咸陽的大道上，兩軍對峙，劍拔弩張，戰事一觸即發。

六——項伯救了劉邦

項羽年輕，只有二十七歲，他一方面是天生無敵的將軍和勇猛的戰士，另一方面卻是一位受感情左右的人。新安坑殺秦軍降卒，他不能控制內心深處對秦國的仇恨，鑄成失去秦國人心的大錯。聽項伯為劉邦辯解，同是楚軍將士、曾經同生共死的戰友之情，又左右了他的心胸，使他不能根據政治利益的需要來決定行動。

灞上與鴻門間，相距不過數十里，冬日晴天，兩軍旌旗相望。鴻門坂上項羽軍中，來了一位秘密使者，使者受劉邦部下司馬曹無傷的派遣，前來通報劉邦軍的情況。使者見到項羽以後，將劉邦閉關自守的實情，計畫占據關中稱王，以秦降王嬴嬰為丞相，盡取秦王朝的宮室珍寶，獨有秦國的土地臣民之種種行動和安排，一五一十地做了通報。項羽在函谷關被阻，武力強攻入關後，對劉邦已經滿是敵意。得到曹無傷的通報，更如火上澆油。項羽當即下令軍中，明日一早大饗士卒，大軍出動，消滅劉邦軍。

范增是項羽軍的副將，足智多謀，長於戰略策略，他在楚軍中的地位和作用，相當於參謀總長。范增七十有餘，先前輔佐項梁，項梁戰死後，又輔佐項羽，甚得項羽和軍中的尊重，因為年紀大，被項羽視為長輩，尊稱為亞父，即僅次於父親的人。范增對劉邦的能力志向，一直有所警惕。劉邦閉關，他敏銳地察覺到劉邦獨霸關中的意圖。大軍停駐鴻門，他早早派遣細作對劉邦軍的情況做了偵察。他為項羽分析劉邦說：「劉邦在關東的時候，貪財好色。入關以後，聽說他對於珍寶財物無所取，對於麗人美女無所幸，他是忍小求大，志在天下啊！我已經使人私下觀望劉邦的風水氣勢，五色繽紛，交錯成龍虎，是天子的氣象。對於劉邦，務必馬上攻擊消滅，絕不可失掉時機。」

項伯是項羽的伯父。項梁和項羽起兵會稽，項伯在下相項氏老家聚集項氏一族，回應項梁。項梁軍渡江北上，到下相會集項氏一族後，項伯就一直在項梁軍中協助項梁，官任楚國的國相令尹。項梁戰死後，項伯成為項氏一族的長者，是項羽最為尊重信賴的至親。楚國時代，項氏一族的封地，先在相縣，後遷下相。始皇帝統一天下，下相屬於泗水郡，北與東海郡下邳縣相鄰，是泗水郡的東部邊縣。自楚國滅亡後，項氏一族，一直聚住在下相縣。項伯與項梁一樣，也不是安分的人，好游俠，結交豪傑，常犯法動武。項梁殺人，南走會稽吳縣避禍；項伯也殺人，北去東海下邳躲藏。我們前面已經談到過，張良在沙丘刺殺始皇帝失敗，被秦政府通緝，亡命在下邳潛伏。項伯和張良之間，或許早就有所欽慕往來，鄰近以後，自然是親密無間。項伯亡命下邳，投奔的就是張良，依靠張良的掩護幫助，項伯活命逃脫法網，二人遂成生死之交。項伯是重義氣的人，他知道張良在劉邦軍中，不忍張良與劉邦一道送死，只帶貼身親信侍從，急急驅馬來到灞上劉邦軍中。

項伯私下見到張良，將項羽明早將攻擊劉邦軍的事情告訴張良，要張良馬上與自己一道離開灞上到鴻門避難，不要與劉邦一道白白送死。張良是臨事不亂、深沉節度的人，他謝過項伯的好意，心中已經拿定注意。他對項伯說：「張良是韓國臣下，受韓王之命，輔送沛公入關，應當在使命完成後回報韓王。眼下沛公危難事急，我張良不辭而別，保身一人亡去，作為臣下是不義的行為，作為朋友是失信的舉動。項伯兄的厚意，張良是心領了。何去何從，實在是不得不言明沛公再作決定。」項伯同意了。張良匆匆入內面見劉邦，將事情如實相告。劉邦大驚失色。

劉邦首先進入關中，降下咸陽，依據「懷王之約」，將出任未來的秦國之王。因此之故，劉邦視秦國為自己未來的國土，秦人為自己未來的子民，秦國的宮室珍寶為自己未來的財富。他安定關中，希望諸侯國聯軍到來以後，正式確定自己的秦王名分。劉邦之所以全面封鎖進入關中的各路關口，本來是出於擔心，為了自保。依照懷王之約的規定，滅秦以後的天下政局是七國復國，王政復興。當時，六國都已經復國，各國王政都已經建立，只有秦王的空位，是留給首先攻入關中的反秦軍將領，也就是劉邦了。然而，鉅鹿大戰，全殲王離軍，安陽盟約，招降章邯軍，消滅和瓦解秦軍主力，真正迫使秦王朝崩潰的最大功勞者和實力最強大者是項羽。項羽的蓋世之功，將如何酬勞？

懷王之約定立之時，項羽要求進攻關中，表明了自己滅秦稱王的意圖。懷王不許項羽，將進攻關中的任務交給了劉邦，促成劉邦如約先入關中。項羽飲恨未能先入關中，如今功蓋天下，大權在握，諸國各路將領人人折服聽從，會如約允許劉邦獨王關中，自己依然到懷王朝廷作將軍？又聽說項羽與章邯定安陽之盟，約許章邯為雍王，章邯將統治關中……，凡此種種變局，都不能不讓占據關中的劉邦感到不安和擔心，害怕自己已經到手的關中，被強奪瓜分。

劉邦封鎖函谷關，無非是造成已經統治關中的既成事實，占據有利條件，迫使項羽及其諸侯各國在關外開始交涉，並無與項羽及諸侯國聯軍對決開戰的打算。完全出乎意料之外，項羽根本不作任何交涉，憑藉強大的軍事力量，一舉攻下函谷關進入關中，屯軍鴻門之下。劉邦失策理虧，陷入被動不利的處境。不過，即使到這個時候，劉邦似乎仍然沒有估計到項羽會如此狠急地全面火拼，時間就在明日一早。

劉邦問張良道：「事情如此急迫，還有什麼辦法？」

閉關拒守的事情，張良大概是不甚知情，他問劉邦：「閉關拒守，是誰為沛公出的主意？」

劉邦答道：「鯫生那小子。」

張良說：「請沛公衡量一下，沛公部下的軍隊，能夠抵擋項羽軍的進攻否？」

沛公沉默，回答：「我軍當然不能。怎麼辦呢？」

張良說：「請允許臣下面見項伯，轉呈沛公不敢違背項將軍的誠意。」

劉邦有些狐疑，問張良說：「張君和項伯，究竟有何等故舊關係？」

張良不緊不慢，將自己與項伯的生死交往，簡潔明瞭，一一交代與劉邦。

劉邦用心聽完張良的話，再問張良說：「張君與項伯，誰年長誰年少？」

張良答道：「項伯年長於臣下。」

此時的劉邦，已經從無所適從的震驚中鎮定下來，他語氣肯定地吩咐張良說：「煩請張君為我請項伯兄進來，我將視項伯為大哥，執弟從之禮相見。」

劉邦青少年時代，任俠使氣，結交豪傑，也算是綠林中的人物。他曾經到大梁，在名士張耳門下游走，回沛縣在縣豪王陵手下混事，從上使下，對於當時民間社會的規矩、江湖上的禮節、豪俠間的心情，是行家裡手，他自信能夠說動項伯。

當項伯進入劉邦軍帳中來時，酒席已經準備停當。劉邦執弟從之禮，虛上座迎出門來。劉邦盛情延項伯入坐上席，親自為項伯斟酒請壽。當時，劉邦四十九歲，張良四十七歲，項伯較張良年長，大概在五十歲左右。劉邦與項伯，或許沒有一起領兵共同作過戰，但從項梁時代起，彼此都是楚軍將領，交往和話題不會沒有。同是張良的朋友，由張良居中穿針引線，相談甚歡。

酒席間，劉邦尊項伯為兄，與項伯結為兄弟，約為兒女親家，他見機請求項伯說：「小弟入關以後，對於秦的宮室財產，人員設施，秋毫不敢有所侵犯，登記吏民戶口，封存府庫財物，一切等待上將軍前來處理。之所以派人守衛關口，是防備盜賊出入，警惕意外事件的發生。小弟日夜盼望上將軍早日到來，哪裡敢有逆反上將軍的意思！小弟豐邑危難時，受項梁將軍救援，至今恩德未報，豈敢背德離反？往日在城陽、雍丘，與上將軍聯合作戰，同生死，共患難，豈敢逆情有貳心？小弟的真情實意，乞望項伯兄在上將軍面前呈明化解。」項伯被劉邦打動說服，他同意勸說項羽。他與劉邦約定，明日一早到鴻門軍中，親自見項羽陳情說明。

項伯回到鴻門軍中，馬上面見項羽，將劉邦的委屈心情一一面呈，極力說服項羽與劉邦和解。項羽生於貴族名家，從小失去父母，由伯父項梁撫養長大。秦時避難，起兵渡江，定陶軍敗，每到關鍵難處，依靠的都是項氏宗族的和衷共濟。項梁戰死後，項伯是項氏宗族之長，項伯的話，他是不能不側耳傾聽的。項伯說：「沛公不首先攻破關中，我們今天豈能抵達這裡？眼下人有大功而我攻擊之，不義於天下，不如善待適當處置的好。」項羽年輕，只有二十七歲。他是天生無敵的將軍和勇猛的戰士，卻是一位受感情左右的人。新安坑殺秦軍降卒，他不能控制內心深處對秦國的仇恨，鑄成失去秦國人心的大錯。聽項伯為劉邦辯解，同是楚軍將士，曾經同生共死的戰友之情，又左右了他的心胸，使他不能根據政治利益的需要來決定行動。他想起就在一年多以前，隨同項梁軍到東阿援魏救齊、擊破章邯軍後，與劉邦聯軍共同作戰，先戰城陽，攻破秦軍屠城，再戰雍丘，斬殺秦三川太守李由，項梁軍敗，又一同安全撤回，也是同生死共患難一場。項羽猶豫動搖了，他答應項伯，同意劉邦前來陳情說明，下令撤銷攻擊令。

七——有驚無險鴻門宴

鴻門宴上，項羽派遣陳平去找離席的劉邦。以陳平之明察，劉邦的處境去向，他當然是一清二楚。然而，以陳平之智謀，他絕不會緊追急究。張良和陳平能夠默契遮掩，東找西找，為劉邦的脫逃贏得了時間，也為將來陳平投奔劉邦埋下了伏線。

第二天一早，劉邦由五名親信近臣、百餘名騎兵陪同，乘車來見項羽。陪同劉邦前往的五位近臣是張良、樊噲、夏侯嬰、紀信和靳強。張良是這次應對交涉的主角。他是韓國的申徒，也是劉邦的參謀，曾經是刺殺始皇帝的謀主，又是項伯的摯友，和議能否成功，劉邦及其軍隊的生死存亡，在相當程度上繫於張良的緩解撮合。樊噲是劉邦的同鄉，本是沛縣街上的狗屠。劉邦落草芒碭山，樊噲最早跟從，算是老同志。樊噲又是劉邦的姻親，他的夫人呂嬃是劉邦夫人呂雉的妹妹。劉邦的部下當中，怕是沒有人比樊噲更親近劉邦的了。樊噲體魄強健，勇猛無畏，雖說是魯莽一點，卻也是粗中有細，對大哥劉邦赤膽忠心，敢上刀山，敢下火海。這次同車驂乘，充當貼身衛士。夏侯嬰也是劉邦的同鄉，本是沛縣衙門的車夫，與泗水亭長任上的劉邦結為至交，曾經為劉邦誤傷自己的事情入獄，忍受鞭刑數百不肯招認，終於脫劉邦於刑法，算是生死之交。沛縣起兵以後，夏侯嬰一直做劉邦的車夫。劉邦凡有車馬出行，是離不得夏侯嬰的。紀信和靳強，也都是劉邦的老部下，鐵骨錚錚、忠誠不貳的肝膽人物。他們的事情，我們將來還要說到。赴鴻門宴時，兩人是劉邦的警衛隊長，隨行的百餘名騎士都是他們的部下。

一行人由灞上出發，沿渭南大道東去，奔鴻門項羽軍營而來。鴻門赴宴，是虎口求生。劉邦等人縱然是久經沙場的戰士，也不能不受死生未卜之懸念的壓迫。戲西鴻門一帶，北臨渭水，南依驪山，四十萬聯軍營帳連綿，旗幟鮮明，號令嚴密。項羽的上將軍大營設在驪山北麓的鴻門坂上，居高臨下，俯視渭河平原。經過重重警戒線，劉邦等人來到上將軍營轅門外，轅門守衛傳上將軍令，楚碭郡守劉邦、韓申徒張良進，營內車馬不得驅使，隨從不得進入。劉邦下得車馬，將樊噲、夏侯嬰、紀信、靳強以及百餘騎士留在轅門外，只與張良徒步進入上將軍軍營。

項羽軍帳，守衛森嚴。軍帳中席位已經排定，項羽與項伯就上席，背西面東向坐，范增就次席，背北面南向坐，劉邦被引入次次席，背南面北向坐，與范增相對，張良就坐末席，背東面西，面向項羽和項伯，身後是帳門。秦漢時代，方向以西方為貴，賓客宴會，席次排列的上下尊卑，依照西北南東的方位設定。鴻門宴的坐席，按照官職地位排定，項羽是楚國的上將軍，項伯是楚國國相左令尹，中央的文武兩大員，地位最高。范增是亞將，楚軍的副司令兼參謀總長，地位次之。劉邦的職位是楚國的碭郡長，一方太守，別軍首長，地位又次之。至於張良，是小國韓國的申徒，劉邦的輔佐，自然陪在末座。

坐定以後，劉邦首先施禮陳謝，表明景仰服從的心跡，他小心試探，化解嫌隙說：「臣下與將軍協力攻秦，將軍轉戰河北，臣下轉戰河南。戰場風雲突變，臣下能夠首先攻入關中，破滅暴秦，實在是預料之外的事情。如今有小人編造臣下的謠言，在將軍和臣下之間製造嫌隙，賴將軍明鑒，使臣下能夠在這裡與將軍再次相見，也是三生有幸。」

項羽允諾項伯接受劉邦的陳謝和解，撤銷攻擊令，已經放棄了殺劉邦的念頭。劉邦親自前來賠不是，他的怒氣消失，心中的戒備化解。項羽畢竟年輕，不能深沉自持，聽了劉邦這一番憶舊套近的話，竟然順口將告發者的名字和盤托出：「這件事，是沛公左司馬曹無傷所言。不然，我項籍不至於如此。」項羽的回答，使在座諸公，人人大吃一驚，最感不安者，是范增。

范增足智多謀，事情看得深遠，長於鑒別人物。滅秦以後，他對未來的天下政局已經有所預測醞釀，對於各國英雄豪傑，也都放在未來的格局中有所掂量。掂量的結果，他斷定劉邦隱忍大度，志在天下，將是未來與項羽爭奪天下的最大對手，必須防患於未然，及早剪除。范增了解項羽，為人受情感的左右而不能冷靜地依據政治利益判斷行事，又剛愎自用，認定了事是不肯回頭的。項羽突然撤銷攻擊令後，范增無奈，於是退一步建議項羽在酒席宴上殺掉劉邦，項羽未置可否，只表示根據會見的情況決定。如今酒席宴上，劉邦的機警應酬，項羽的幼稚輕信，更加堅定了范增必除劉邦的念頭。他數次以眼神暗示項羽，三次拿起自己所佩帶的玉玦提醒項羽，項羽默然不作反應。

范增起身走出帳外，招呼項羽的堂弟項莊說：「項將軍為人，心腸太軟。你現在進去敬酒，敬酒以後，請准使劍起舞助興，趁機擊殺劉邦。如果不殺劉邦，你我將來都是他的俘虜。」項莊進入軍帳，為各位敬酒祝壽。敬酒完畢，項莊請求項羽說：「上將軍與沛公飲酒，軍中簡陋，缺少樂舞，請准許在下舞劍助興。」項羽同意了。於是項莊拔劍起舞，暗藏殺意，逼近沛公坐席。項伯察覺，也起身拔劍起舞，左右遮擋項莊的劍鋒，暗中保護劉邦。張良知道事情不妙，起身退出，來到軍門外見諸位隨從。樊噲搶先問張良道：「今天的事情如何？」張良說：「危險之極！眼下項莊舞劍，意在沛公。」樊噲急了，嚷道：「那不得了，老子進去，與沛公同生死。」

樊噲身佩長劍，手持盾牌，直往軍門闖去。軍門衛士以長戟交錯封門，阻止樊噲進入。樊噲力大，用盾牌左推右擋，兩位衛士站立不住，應聲倒地。樊噲來到軍帳前，掀開帷門正對項羽站立，嗔目怒視，頭髮豎立，鼓睜的眼球像是要爆裂出來。席地正坐於案前的項羽，本能地抬身按劍，問道：「來客是何許人？」張良趕緊跟進，前行回答道：「是沛公的車衛，參乘樊噲。」項羽說：「壯士。大杯賜酒。」來人用斗桶盛酒送與樊噲，樊噲擁盾半跪，施禮謝過項羽，起身一飲而盡。項羽說：「拿豬腿來。」來人送上一條生豬腿。樊噲放下盾牌，將生豬腿放在盾牌上，拔劍切割，將一條生豬腿啖食個乾淨。項羽再向樊噲問道：「壯士，還能飲否？」樊噲答道：「臣下赴死尚且不避，豈有辭酒不飲之理。」乘著酒興，樊噲接著話頭順勢講開了去：「秦王殘暴，有虎狼之心，殺人不可計量，刑人不可勝數，招來天下反叛而被誅滅。懷王與諸將有約，先破秦入咸陽者王關中。如今沛公首先攻破秦國進入咸陽，秋毫不敢有所進犯，封閉宮室，還軍灞上，等待上將軍的到來。之所以遣將守關，無非是為了防止盜賊出入、備非常事件而已。如今對如此勞苦功高者，非但沒有割地封侯的獎賞，反而聽信讒言，有誅殺之心。這種做法，是承接亡秦的餘緒，臣下竊為上將軍所不取。」項羽沒有回答樊噲的責問，說道：「坐。」樊噲在張良身邊坐了下來。因樊噲的闖入而中斷舞劍的項伯和項莊，也分別入座，緊張的空氣緩和下來。

劉邦稍微心定，起身上廁所出軍帳外，張良和樊噲也跟了出來。張良勸劉邦馬上離去，劉邦有些猶豫說：「不辭而別，怕是有所不妥吧？」樊噲嚷嚷道：「行大事顧不得瑣碎，具大禮不在乎小節。如今人家是刀俎，我們是魚肉，生死任人宰割，哪裡還顧得上什麼禮節！」劉邦於是決定離去，他讓張良留下來辭謝完禮。張良問道：「沛公有什麼禮物帶來？」劉邦說：「帶來白璧一雙，準備獻給上將軍，玉斗兩隻，準備送與亞父，一直是殺意緊迫，怒氣瀰漫，沒有敢拿出來。只有煩你代我獻上去了。」張良允諾說：「就這樣辦。」

項羽軍在戲水鴻門一帶，劉邦軍在灞河原上一帶，兩地相距四十里。北臨渭河，南依驪山，有大小兩條道路相通。大道是咸陽—函谷關道，沿渭河南岸，走現在的西（安）潼（關）公路一線，是通行車馬的交通幹道，劉邦一行人來鴻門時就是走的這條道。小道是芷陽道，蜿蜒於驪山北麓連接渭河平原的原上，大致走現在的韓峪、洪慶一線。芷陽道狹窄，不通車馬，卻只有二十里。劉邦不辭而別，害怕追擊，不敢再走大道，決定抄近路走芷陽道。劉邦將車駕和百餘名騎兵衛士全部留下，自己騎馬，只帶樊噲、夏侯嬰、靳強、紀信四人同行。四人手持長劍盾牌，徒步跟隨劉邦，悄悄踅進山邊，匆匆往灞上軍營溜去。

按照與劉邦走時的約定，張良一直在軍門外徘徊消磨時間，打算等劉邦遠去，接近灞上軍中時再回到項羽軍帳中去。就在張良為劉邦消磨時間的當中，歷史上又一位有名的人物登場。根據《史記》的記載，劉邦外出久不歸來，項羽曾經派陳平去找劉邦。陳平後來與張良齊名，成為劉邦的著名參謀，楚漢戰爭中劉邦方面的謀略很多都是出於他的策劃。當時，陳平是項羽部下的都尉，得項羽信任，在身邊任事。鴻門宴，陳平是當事者之一，劉邦大度堅忍、能得人用人的氣度，大概是給他留下了很深的印象。他出來找劉邦，見了張良，同是智慧明達之士，自然少不了共同的話語。以我的事後推測而論，以陳平之明察，劉邦的處境去向，他當然是一清二楚。然而，以陳平之智謀，他絕不會緊追急究。張良和陳平能夠默契遮掩，東找西找，為劉邦的脫逃贏得了時間，也為將來陳平投奔劉邦埋下了伏線。

估計劉邦已經遠去，張良方才回到項羽軍帳中，向項羽陳謝說：「沛公不勝酒力，已經酒醉失態，不能親自辭謝。吩咐臣下奉上白璧一雙，再拜獻上將軍足下；玉斗一對，再拜獻亞將軍足下。」項羽問道：「沛公何在？」張良回答道：「聽說上將軍有督察過失的意思，惶恐不安，脫身離去，已經回到灞上軍營中去了。」項羽收下白璧，放在坐席上。范增將玉斗放在地上，拔劍將玉斗擊破，發怒道：「哎，小子不足與謀事。奪上將軍天下者，必定是沛公其人。我輩人等的將來，難逃做奴隸、當俘虜的命運。」

劉邦回到軍中，立即誅殺曹無傷。

八——項羽廢懷王之約

項羽清楚地知道，如今的自己，功高不僅震主，早已震動天下，挾如此無賞之功，舉世已經沒有可以行賞之主了。

鴻門開宴以前，項羽和劉邦已經談判講和，講和的條件相當苛刻：劉邦將咸陽及關中移交項羽，投降劉邦的秦王嬴嬰、秦朝的官吏和軍隊，全部交由項羽處理，劉邦只領本部人馬，暫駐灞上，隨同聯軍各部一樣，統一聽從項羽的指揮。鴻門宴上，項羽之所以不殺劉邦，除了種種人際和情緒上的因素而外，最根本的原因是劉邦完全接受了項羽提出的講和條件，做了最大限度的隱忍屈服。項羽和平解決了劉邦問題，掌握了所有軍隊的指揮權以後，由戲水鴻門進入秦都咸陽。

項羽進入咸陽以後，首先殺掉秦王嬴嬰，誅滅嬴姓宗族，斷絕了遠古以來秦王室的血脈。他實施報復，比照當年秦軍攻占諸侯國後的做法，掠取秦朝宮室的財寶婦女，焚毀咸陽宮城殿堂，對未完工的阿房宮和始皇陵的龐大建築，也徹底加以破壞。史書稱大火伴隨項羽毀滅秦都的行動，延續三個月之久。

謀士韓生曾經勸說項羽定都關中。他以為關中阻山帶河，土地肥沃，人口眾多，四面有險關可守，最具戰略地理位置。然而，新安坑殺秦軍降卒以後，項羽已經失去了在關中立足的民意。入咸陽以來，毀壞秦朝宮室陵園，無意在關中滯留的意向，已經明確。項羽是楚國貴族，他懷土戀鄉，功成名就之後，一門心思希望早早榮歸故里，告祭先祖，成了他抹不開、消不去的情結。他竟然以「富貴不歸故鄉，宛若錦衣夜行，無人曉得」為理由，將韓生的重大戰略建議，草草打發回絕。韓生退出來後，感慨萬端，忍不住冒出一句話來：「人說楚國人暴躁，宛若猴兒戴帽，人模人樣持不得久，果不其然。」此話傳到項羽耳裡，項羽當即下令將韓生扔在鍋裡活活煮死。他始終無法控制自己的情緒衝動。

施行了對於秦都的破壞，報復了秦滅祖國的深仇大恨之後，項羽開始著手處理戰後問題。戰後的首要問題，就是對於秦國的處置。按照懷王之約，先入關中者王秦，劉邦應當做秦王。定約之初，懷王拒絕項羽的主動請纓，派遣劉邦入關，將唯一稱王的可能交付給劉邦，項羽由此對懷王和劉邦兩者皆有不滿。劉邦閉關拒守，引來項羽的憤怒和猜忌。鴻門宴和解，雖然沒有殺劉邦，但對劉邦的猜疑和防範是未曾消除的。不讓劉邦王關中，已經是項羽的既定方針。項羽派人到彭城向懷王報告滅秦大功告成，請求根據殷墟盟誓的約定，分割關中分王秦國的三位降將，對於劉邦等其他將領，考慮另作封賞云云。項羽請示懷王的真意，表面上是請求廢棄懷王之約，便宜處理秦國問題，其更深的意圖，是試探懷王朝廷對於新形勢的認識和反應，特別是對於自己的態度。

懷王從來不信任項羽。他拒絕項羽入關攻秦的請求，事先斷絕項羽成功稱王的路，是出於主動的防範。項羽殺宋義奪軍，懷王被迫承認既成事實，任命項羽為上將軍，是出於無可奈何。項羽降下秦軍，約許章邯為雍王，對抗懷王之約，懷王沉默無語，無可奈何是無可奈何，已經有了消極的抵抗。如今，項羽正式請求毀棄懷王之約，懷王雖然還是無可奈何，卻明確地表達了自己的意見，「按照先入關中者王秦的約定執行」，回答非常堅決，大概已經感到無路可退了。

我們已經交代過，懷王之約，是懷王即位以後制定的天下公約和戰略規劃，也是以楚國為盟主的反秦陣營的未來行動綱領和計畫藍本。懷王之約規定：一，反秦戰爭的基本目標，是復興六國，誅滅暴秦。六國復國，就是復興被秦國所滅的楚、齊、燕、韓、趙、魏六國；誅滅暴秦，就是六國聯合、以楚國為盟主聯合作戰。二，六國政權的建立，正統在於王政復興，恢復被暴秦所中斷的各國舊王族的政治權力。三，暴秦政權必須被摧毀，秦國將予以保留，新的秦國王政，由首先進入關中、摧毀暴秦政權的功勞者出任。懷王之約，一方面是對當時已經形成的六國復國、各國王政復興的天下政局之肯定和確認，通過扶持和肯定六國的王政復興，杜絕各種實力人物擅自稱王的野心。另一方面，對於群雄並起中，最有野心和實力的人物，懷王之約用秦國王位虛位以待，做了正面而富有誘惑的引導，不分貴賤，不論國別，首先攻入關中滅亡秦國者為秦王。

對於項羽來說，承認懷王之約，就是承認七國復國、王政復興的既有天下秩序。在這個天下秩序下，楚懷王熊心、趙王趙歇、齊王田市、魏王魏豹、韓王韓成、燕王韓廣，再加上新的秦王劉邦，幾乎將天下的權益收攬乾淨。如果順從這個秩序，自己和各國將領都將回到各自的王廷之下去做將軍，討封求賞，任人宰割，這根本是不可能容忍的事情。項羽清楚地知道，如今的自己，功高不僅震主，早已震動天下，挾如此無賞之功，舉世已經沒有可以行賞之主了。至於懷王，從來不信任自己，自己也從來沒有將懷王放在眼裡，互相警惕戒備。當懷王的回答傳達到項羽軍中時，項羽決定，廢棄懷王之約，否認既定的天下秩序，由自己主宰，按照論功行賞的原則，重新分割天下，建立新的統治秩序。項羽召集各國各路將領說：「懷王是我項氏所立，沒有功勞勳閥，豈能專斷主持天下公約！天下紛亂之初，暫時擁立六國後人為王以誅伐暴秦。然而，親身被堅執銳野戰，風餐露宿三年，終於滅秦定天下，靠的是諸位將領和我項籍的力量。」諸位將領跟隨項羽征戰，與項羽同利，都表示願意聽從項羽的安排。

九　不做秦皇做霸王

項羽無意做秦始皇重建統一帝國，也不願意回到楚懷王手下去做將軍。他折衷古今，調和現實，在中國歷史上首次實行了霸王主持下的封王建國。

時勢造英雄。當時形勢下，項羽被時勢推到了決定歷史方向的天下主宰的地位上。英雄造時勢，居於天下主宰地位上的項羽，將根據自己的選擇決定歷史的方向。不過，英雄的選擇，是既定形勢下的有限選擇。就當時的項羽而言，他的選擇範圍，不外有三種：一，回到戰國；二，繼承秦帝國；三，重起爐灶，建立新的秩序和制度。回到戰國，就是實行懷王之約，承認王政復興的正統，這已經被項羽否認了。繼承秦帝國的體制和秩序，就是重建統一帝國，由自己來做皇帝。秦末亂起以來，各國各地軍民殊死戰鬥，其最基本的目的，是要消滅秦帝國及其體制，否定統一帝國，恢復列國並立，這是秦末起義的大義名分，是難以違逆的。況且，秦帝國和秦王國只是收縮和擴大之別，繼承秦帝國首先必須繼承秦王國的領土和臣民，項羽坑殺秦軍降卒，破壞秦都咸陽，已經表明了徹底摧毀秦帝國，絕不讓其死灰復燃的決心，他無意做秦始皇。項羽選擇了第三條路，他折衷古今，調和現實，在中國歷史上首次實行了霸王主持下的封王建國。

項羽首先將楚懷王升格架空，尊稱為義帝，遷徙到南楚地區的郴縣（今湖南郴州），使之遠離於新的天下秩序之外。他將已經復國的戰國七國，即楚、秦、趙、魏、韓、燕、齊的領土，以秦帝國的郡為單位，重新分割為十九王國。

分割楚國為西楚、九江、衡山、臨江四國。項羽自立為西楚霸王，以彭城（今江蘇徐州）為首都，統治今天的安徽、江蘇、浙江的大部分地區，以及山東和河南的部分地區，領有原屬於楚國和魏國的九個郡（大致包括秦的東郡、碭郡、泗水、薛郡、東海、會稽、陳郡、南陽等郡）。封楚國將軍英布為九江王，以六縣（今安徽六安）為首都，統治楚國南部的九江郡。封楚國將領吳芮為衡山王，以邾縣（今湖北黃岡北）為首都，大致領有楚國南部的衡山郡地區。封楚國將領共敖為臨江王，以江陵（今湖北荊州）為首都，大致統治楚國南部的南郡等地。

分割秦國為雍、塞、翟、漢四國。封章邯為雍王，以廢丘（今陝西興平東南）為首都，統治咸陽以西的地區，大致包括秦的內史西部、隴西郡和北地郡。封司馬欣為塞王，以櫟陽為首都，統治咸陽以東的地區，大致擁有秦的內史東部。封董翳為翟王，以高奴（今陝西延安北）為首都，領有秦的上郡。封劉邦為漢王，以南鄭（今陝西漢中）為首都，統治漢中地區和四川盆地，領有秦的漢中、巴和蜀三郡。

分割魏國為西魏和殷兩國。魏王魏豹本來領有秦的東郡，由於東郡歸了西楚，作為補償，項羽將秦的河東郡、太原郡和上黨郡封與魏豹，將魏國遷徙到河東一帶，以平陽（今山西臨汾）為首都，王號國號不變。封趙國將領司馬卬為殷王，以朝歌（今河南淇縣）為首都，領有黃河北部的河內郡。

分割韓國為韓和河南兩國。韓王成的領土和王號不變，仍舊以陽翟（今河南禹縣）為首都，領有潁川郡。封趙國將領申陽為河南王，以洛陽為首都，領有三川郡。

分割趙國為代和常山兩國。將趙王趙歇徙封為代王，以代縣（今河北蔚縣北）為首都，統治趙國的北部地方（代郡、雁門郡、雲中郡）。封趙國丞相張耳為常山王，將趙國舊都信都改名為襄國（今河北邢台），作為常山國的首都，統治趙國的東部地區（邯鄲郡、鉅鹿郡、恆山郡）。

分割燕國為燕和遼東兩國。徙封原燕王韓廣為遼東王，以無終（今天津薊縣）為首都，統治原燕國的東部地區（右北平郡、遼西郡、遼東郡）。封燕國將軍臧荼為燕王，以薊縣（今北京）為首都，統治原燕國的西部地區（漁陽郡、上谷郡、廣陽郡）。

分割齊國為膠東、齊、濟北三國。徙封原齊王田市為膠東王，以即墨（今山東平度東）為首都，統治齊國的東部地區（膠東郡）。封齊國將領田都為齊王，以臨淄為首都，統治齊國的中部地區（臨淄郡和琅邪郡）。封另一名齊國將軍田安為濟北王，以博陽（今山東泰安東南）為首都，統治原齊國的北部地方（濟北郡）。

在以上王國分封之外，對於各級有功將領，也分別做了不同的賞賜，故趙國大將陳餘，封賞南皮三縣（今河北南皮一帶），吳芮的部下梅涓，封賞十萬戶等等不一。

項羽分封諸王建立列國，首先是對秦始皇暴力消滅六國、建立統一的秦帝國之否認。在當時，這是歷史的趨勢，是反秦起義的目標，是軍心民心的所向，沒有人能夠拂逆。項羽分封諸王建立列國，也是對懷王被擁立以來，六國復活、王政復興的政治秩序的修正。項羽殺秦王嬴嬰，對其他的六國舊王，皆做了不同程度的遷徙貶抑。他將懷王遷徙到南楚郴縣，使他空有義帝之號而遠離政治。他將趙王趙歇遷徙到趙國北部，貶抑為代王；將齊王田市遷徙到齊國南部，貶抑為膠東王；將燕王韓廣遷徙到遼東，貶抑為遼東王；魏王魏豹保留了魏王之號，卻被遷徙到河東一帶；韓王韓成也保留了韓王之號，卻不讓他回國，被強行帶到彭城，後來加以殺害。

項羽分封諸王建立列國，其基本原則是論軍功行賞，自己軍功最高，分得天下的最大部分，其餘分得好土好地的新封諸王，都是跟隨項羽在反秦戰爭中立有突出軍功的將領們。項羽分封諸王建立列國的理念，和周初的大分封彷彿有相通之處。他所追求的以霸主名義號令天下的政治秩序，似乎又接近於春秋五霸的霸業政治。不過，仔細考察項羽分封諸王建立列國，在中國歷史上是從來未曾有過的新制度和新秩序。受封的諸國，其國內行政，皆是郡縣制，領土大體為一郡或者數郡。各國自己制定曆法制度，任命官員，擁有軍隊，治土治民，是完全獨立的王國。各王由西楚霸王封授，對西楚有朝覲聽命、領軍隨同出征作戰等義務。項羽所開創的這種封王建國制度，在多國共主的天下形式上是承繼了西周春秋戰國，在郡縣鄉里的基層社會組織上已經脫不開秦制。這種融匯古今、對應現狀的結果，成為秦王朝走向漢王朝、郡縣制走向郡國制、中央集權走向地方分權、絕對皇權走向相對皇權之間的過渡。歷史行進到這裡，啟動了某種先行實驗，在不穩定的狀態中，展現出由統一帝國到聯合帝國的嬗變趨勢。

西元前二〇六年的中國大地，依然是風雲不定的變局。

十——秦亡的歷史教訓

我整理秦末的這一段歷史時，深感那是唯利無恥的英雄時代。在那個時代，人人唯利是圖，個個急功近利，周圍都是生死搏鬥，到處遍布爾虞我詐，成者為王敗者寇，建功立業的英雄豪傑們，何曾有暇於道德倫理。

中國有句古話，叫作蓋棺論定，講的是一個人的功過是非，要到死後方才能作出結論。不僅個人如此，歷史事件，王朝國家，政權組織也是如此，客觀而中肯的評價，都需要在完結之後。時間宛若流水，滌蕩人事的浮塵，歷史宛若碑銘，寫定古今的是非。

在本書中，我從劉邦的出生開始整理歷史，大體只是一片粗梳掠影。從二世胡亥登台以來到秦帝國的滅亡，則是步步追尋，詳細道來。敘述到項羽一把大火將秦都咸陽燒了個乾乾淨淨時，禁不住傷痛感懷，思緒萬千。

自西元前三百五十年秦徙都咸陽以來，經過秦孝公、惠文王、秦武王、昭襄王、孝文王、莊襄王六代秦王近一百五十年間的經營建設，咸陽的規模氣勢，已經是虎視天下的雄都大城。始皇帝統一天下，咸陽大規模擴建成為帝國的首都，舊宮咸陽在北，新宮阿房在南，渭水灌都比況天漢銀河，橫橋南渡比況天帝出行，又在咸陽北坂原上仿造六國宮室，收羅燕齊楚珍寶，安置韓趙魏美人，房檐俯首，殿堂低頭，宛若各國囚虜之王。當時當地，秦帝國是天下世界，始皇帝是萬王之王，帝都咸陽，是何等一種雄偉繁華的景象！

秦滅以後，秦宮化為灰燼，咸陽廢為丘墟，百年繁華帝都，一時灰飛煙滅。時過二千年，當我追尋歷史來到咸陽帝都故址時，荒野土丘，斷瓦殘磚，灰濛濛天地之間，何處可以尋得往日的蹤影？

秦都咸陽的故址，在今天的咸陽市渭城區窯店一帶，屢經渭水改道的沖刷，已經是往事舊迹難尋。西漢建國以關中為本，劉邦稱帝以後，在咸陽東南的渭水南岸，依據殘存的秦宮舊址，重建帝國都城長安，將一時斷絕的秦帝國遺業，又重新繼承下來。西漢二百年，長安始終是帝都。東漢二百年，東都洛陽，長安是西都。歷代至於隋唐，西都長安，東都洛陽的兩都格局不變。宋都開封，元明清定都北京，帝國的政治文化中心，逐漸東移北上，關中終於冷落荒廢，直到今天。

偉大的秦帝國，只存在了短短的十五年。秦帝國的首都咸陽，大約經過一百五十年的輝煌而突然毀滅。秦國關中形勝之地，居高臨下控制中原大地的地理優勢，大約延續一千二百餘年方才自然衰落。不過，秦始皇所開創的皇帝制中央集權統一帝國的政治形態，卻延續了二千餘年。兩千年來，秦帝國並沒有死去，而是以不斷改進變通的形式，一直延續到今天。與此相應，秦帝國興亡的歷史教訓，自西漢建國以來直到今天，也不斷地被總結，不斷地被爭論，不斷地被提起，作為與大一統中國同生共死的課題，還將不斷地持續下去。

秦帝國迅速滅亡的歷史總結，最著名的莫過於賈誼的〈過秦論〉。賈誼是西漢初年著名的政論家，他敘述秦末風雲突變的歷史說：「到了始皇帝，繼承祖上餘蔭，揮動長鞭而駕馭海內，吞併兩周而滅亡諸侯，古來至尊王侯被踐踏於地，往昔紛爭萬國被整合統一。」秦居高臨下，征服天下的氣勢，宛若摧枯拉朽，是何等的不可一世。

然而，始皇帝猝死屍骨未寒，戍卒陳勝帶領數百人「砍伐樹木作為武器，高舉竹竿用作旗幟，天下回應宛若流雲匯合，攜糧追隨宛若物行影從。並起於山東各地的英雄豪傑，一舉滅亡秦帝國。」秦急劇土崩瓦解，迅速滅亡的敗相，宛若枯枝敗葉被狂風席捲，又是何等的慘痛淒涼。

賈誼以為，秦帝國之所以速亡，秦始皇、秦二世和末代秦王嬴嬰三位君王負有不可推卸的重大責任。三位元君王的共同錯誤，就是面對已經變化了的形勢而沒有改變施政的方針。他說：

「始皇帝自我滿足而不聽從勸諫，堅持錯誤而一意孤行。秦二世繼承始皇帝的方針政策不變，施政暴虐而加重禍患。到了秦王嬴嬰的時候，國勢危弱而無輔無援，孤立無親而救敗無方，三位秦王，終身迷惑於過錯而不能覺悟，終於導致秦帝國的崩潰速亡，不可不謂事在情理當中。」

賈誼進而以為，秦亡過錯的首因在於始皇帝。他說：兼併天下的人崇尚詐計武力，安定危亂的人重視順應平衡。攻取和守衛、開創和守成，事業不同，思路方法也不一樣。然而，始皇帝結束戰國統一天下以後，思路沒有調整，政策沒有改動，思想依然停留在戰國，繼續用戰爭時期的方針政策處理建設鞏固的新局面，完全是藥不對症，犯了攻守勢異的政策性錯誤。這種施政的結果，激發國內外的種種矛盾，使秦帝國始終處於高速運轉的狀態，民生困窮、緊迫而不得安寧，形成人心思亂，乾柴遍地的「危民」態勢。

二世即位以來，天下人民殷殷盼望政策有所變化，希望新政府能夠糾正始皇帝政策的偏差，減免賦稅徭役，寬緩嚴刑峻法，使人民安居樂業。然而，二世不明察形勢，不順應民心，頑固堅持始皇帝的既定方針，驪山始皇帝陵尚未完工，又追隨始皇帝故轍巡遊天下，承接始皇帝遺業重開阿房宮工程。濫施刑法，殺宗親，誅功臣，臣民困苦絕望，上至公卿大臣，下至庶民百姓，人人自危不安。從而，陳勝揭竿而起，登高一呼，宛若火星點燃乾柴，天下回應成燎原之勢，舉國動亂成不可收拾的敗亡態勢。

嬴嬰即位以後，仍然沒有覺悟，孤立而沒有輔佐，救敗而沒有方策。假若嬴嬰有平庸的才能，能夠得到中等人材的輔助，只要能夠固守關中，依據險要的地勢，就能夠將諸侯各國阻止在秦國本土之外。由此秦國可以休養生息，重振國勢，再創偉業。

我讀歷代有關秦亡的歷史總結，就貼近歷史具有真知灼見而言，沒有超越賈誼〈過秦論〉者。賈誼出身於漢高帝六年（前二〇一），也就是劉邦擊敗項羽，再次統一天下的第二年，以時代而論，他是漢初的人，時間緊接秦末，歷歷往事，如在眼前。賈誼是洛陽才子，他的恩師是河南太守吳公。吳公是秦丞相李斯的學生，也是李斯的同鄉，對於秦朝末年的佚聞掌故、風雲人物，可謂瞭如指掌。賈誼年少受吳公賞識，多受吳公教誨栽培，他對亡秦的了解感受，都是直接的言傳身教。賈誼受吳公推薦，出入於漢代宮廷，他受寵於漢文帝劉恆，參與諸多重大的政治決策。賈誼站在漢朝政府的立場上總結秦亡的經驗教訓，以史為鑒，為文景之治製作規劃藍圖，他的〈過秦論〉，不是紙上談兵，而是資治通鑒的實施。正是由於賈誼身處這種特殊的環境，決定了〈過秦論〉對於秦亡的歷史總結，無與倫比地貼近歷史，其真知灼見，歷兩千年而生鮮活力不滅，經世致用如在眼前。

不過，一代人有一代人的歷史局限。過於遠離歷史，可能因為時代的久遠而失真，過於貼近歷史，也可能因為利害的糾葛而偏頗，特別是當我們處理一個具有連續性的歷史文明的時候，有些真相和教訓，需要歲月的蕩滌，時間的沖刷，方才能夠顯現出來。

我整理秦末的這一段歷史時，深感那是唯利無恥的英雄時代。在那個時代，人人唯利是圖，個個急功近利，周圍都是生死搏鬥，到處遍布爾虞我詐，成者為王敗者寇，建功立業的英雄豪傑們，何曾有暇於道德倫理。李斯入秦，先投靠呂不韋，呂不韋敗亡，他緊跟秦王政。李斯向秦王政推薦同學韓非，又進讒言毒殺這位舊日同窗。沙丘之謀，李斯與趙高聯手偽造遺詔，消滅政敵扶蘇和蒙恬、蒙毅兄弟。當趙高與二世親近而自己被疏遠時，他又與老臣們聯手欲誅趙高，結果反被趙高設圈套陷害。一切唯利是圖，沒有絲毫仁義道德。項羽與章邯在安陽結盟起誓，接受二十萬秦軍投降，三個月後，又在新安將投降的秦軍活埋了乾淨。有何信義可言？只是為了眼前的打算。劉邦與趙高合謀殺秦二世共王關中，與秦軍約降後再突然進攻。有何信義可言？都是陰謀詭計。

在那個時代，角逐於歷史舞臺上的政治人物們質樸勢利，不受道德倫理的約束，他們以為人生的根本在於利益，利益的所在，就是行動的所在，利益與道德無緣，當利益與道德不合的時候，拋棄道德。而道德倫理的規範建設，遲遲要到漢王朝建立近百年之後。

道德倫理，影響國家命運。我整理秦末的歷史寫到阿房宮驪山陵的修建，寫到北擊匈奴築長城，南修鴻溝征南越時，強烈地感到一味地追求進取發展導致了社會的不穩，是秦帝國毀滅的原因之一。當我寫到趙高設圈套陷害李斯，發動政變逼迫二世自殺時，又強烈地感到秦國多年奉行功利主義，忽視道德倫理的規範和人文教育體系的建設，終於走極端到道德底線淪喪，上上下下人心離散，也是秦帝國毀滅的原因之一。

秦亡的歷史教訓，不可不謂深刻而現實。

大事年表

前二五六年●秦昭王五十一年

劉邦一歲，生於楚國沛縣。秦滅西周。嬴政四歲，與母親一道在趙國邯鄲艱難度日。李斯約二十五歲，在楚國上蔡為郡小吏。趙高約一歲，生於秦國。

前二五五年●秦昭王五十二年

劉邦兩歲。秦相范雎死，蔡澤為相。李斯二十六歲，赴蘭陵學於荀子。

前二五四年●秦昭王五十三年

劉邦三歲。韓、魏、趙諸國朝秦。

前二五三年●秦昭王五十四年

劉邦四歲。楚臨時徙都巨陽。

前二五二年●秦昭王五十五年

劉邦五歲。燕太子丹質於邯鄲，與嬴政相識，嬴政八歲。

前二五一年●秦昭王五十六年

劉邦六歲。嬴政九歲，與母親一道自邯鄲歸咸陽。秦昭王薨，太子安國君立為秦王，子楚立為太子。趙平原君卒。

前二五〇年●秦孝文王元年

劉邦七歲。李斯三十一歲，隨荀子到趙國。十月，秦孝文王即位，三日卒。太子子楚立為秦王。

前二四九年● 秦莊襄王元年

劉邦八歲，在沛縣豐邑進學，與盧綰友愛。呂不韋為秦相國。秦滅東周，取成皐、滎陽，建三川郡。

前二四八年● 秦莊襄王二年

劉邦九歲。《呂氏春秋》開始編撰。

前二四七年● 秦莊襄王三年

劉邦十歲。五月，莊襄王死，嬴政立為秦王，十三歲。李斯三十四歲，入秦求為呂不韋舍人。信陵君統領五國聯軍攻秦。

前二四六年● 秦王政元年

劉邦十一歲。嬴政十四歲，改元。張耳入信陵君門下為客。驪山始皇帝陵開始修建。

前二四五年● 秦王政二年

劉邦十二歲。秦攻魏取卷。

前二四四年● 秦王政三年

劉邦十三歲。秦將蒙驁攻韓。

前二四三年● 秦王政四年

劉邦十四歲。信陵君卒。

前二四二年● 秦王政五年

劉邦十五歲。蒙驁攻魏，建東郡。

前二四一年● 秦王政六年

劉邦十六歲。楚國遷都壽春。趙國龐煖領趙、楚、魏、燕、韓五國軍攻秦，敗於函谷關。

前二四〇年 ● 秦王政七年

劉邦十七歲，傅。趙高十七歲，傅，入學室為史學童。嬴嬰約此年生，一歲。蒙驁卒。夏太后卒。

前二三九年 ● 秦王政八年

劉邦十八歲。嬴政二十一歲，王弟成蟜領軍攻趙，反。嫪毐封長信侯，擅權。《呂氏春秋》編成。

前二三八年 ● 秦王政九年

劉邦十九歲。嬴政二十二歲，行冠禮，帶劍，親政。李斯四十三歲，仕秦王。嫪毐作亂。遷太后於雍。春申君死。

前二三七年 ● 秦王政十年

劉邦二十歲。李斯四十四歲，上〈諫逐客書〉。趙高二十歲，除為史。呂不韋免相，就國河南。迎太后入咸陽。尉繚入秦。

前二三六年年 ● 秦王政十一年

劉邦二十一歲。秦將王翦、桓齮、楊端和攻趙。

前二三五年 ● 秦王政十二年

劉邦二十二歲。呂不韋與家屬徙蜀，呂不韋自殺。

前二三四年 ● 秦王政十三年

劉邦二十三歲。李斯四十七歲，向秦王推薦韓非。趙高二十三歲，約於此年入秦宮為尚書卒史。秦將桓齮攻趙。

前二三三年 ● 秦王政十四年

劉邦二十四歲。嬴政二十七歲，赴河南縣督戰。韓非入秦，自殺於獄。李斯入韓。李牧破秦將桓齮。韓王稱臣。

前二三二年 ● 秦王政十五年

劉邦二十五歲。項羽生於楚國下相，一歲。秦軍敗於李牧。燕太子丹質於秦，逃歸燕。

前二三一年 ● 秦王政十六年

劉邦二十六歲。韓南陽假守騰降秦。

前二三〇年 ● 秦王政十七年

劉邦二十七歲。內史騰攻韓，俘韓王安，建潁川郡。韓國亡。

前二二九年 ● 秦王政十八年

劉邦二十八歲。嬴政三十一歲。胡亥生一歲。王翦、楊端和攻趙。

前二二八年 ● 秦王政十九年

劉邦二十九歲。嬴政三十二歲，至邯鄲，母帝太后卒。秦軍破趙都邯鄲，俘趙王安，趙遷代。秦置邯鄲郡。

前二二七年 ● 秦王政二十年

劉邦三十歲。荊軻刺秦王。王翦、辛勝攻燕。

前二二六年 ● 秦王政二十一年

劉邦三十一歲，此前從張耳遊。秦軍攻取燕都薊，燕遷遼東。王賁攻楚。新鄭反。

前二二五年 ● 秦王政二十二年

劉邦三十二歲。王賁水淹大梁，魏王假降。魏國亡。設右北平、漁陽、遼西郡。李信、蒙武攻楚敗。

前二二四年●秦王政二十三年

劉邦三十三歲。秦設上谷、廣陽郡。王翦、蒙武攻楚，敗楚軍，俘楚王負芻。項燕立昌平君，反秦。秦置泗水郡。項羽九歲。

前二二三年●秦王政二十四年

劉邦三十四歲，為泗水亭長。昌平君死，項燕自殺，楚國亡。項羽十歲。嬴政遊至郢陳，三十七歲。

前二二二年●秦王政二十五年

劉邦三十五歲。王賁攻遼東，俘燕王喜，燕國亡。攻代，俘代王嘉，趙國亡。王翦定荊江南地，降越君，設會稽郡。

前二二一年●秦王政二十六年

劉邦三十六歲。王賁攻齊，俘齊王建，齊國亡。統一天下。嬴政三十九歲。李斯六十歲，為廷尉議帝號。項羽十二歲。

前二二〇年●秦始皇二十七年

劉邦三十七歲。嬴政四十歲，第一次巡行，修馳道。

前二一九年●秦始皇二十八年

劉邦三十八歲。嬴政四十一歲，第二次巡遊。客卿李斯六十二歲，隨行。

前二一八年●秦始皇二十九年

劉邦三十九歲。嬴政四十二歲，第三次巡遊。張良博浪沙刺殺始皇帝，不果。

前二一七年●秦始皇三十年

劉邦四十歲。屠睢領秦軍五路侵攻南越。

前二一六年●秦始皇三十一年

劉邦四十一歲。嬴政四十四歲，逢盜蘭池。項羽十七歲，傅。

前二一五年●秦始皇三十二年

劉邦四十二歲。嬴政四十五歲，第四次巡遊。李斯六十六歲，同行。蒙恬伐匈奴。

前二一四年●秦始皇三十三年

劉邦四十三歲。秦再出兵攻越地。蒙恬渡河築長城。

前二一三年●秦始皇三十四年

劉邦四十四歲。秦徵發五十萬軍民戍南越。李斯六十八歲，上言焚書。

前二一二年●秦始皇三十五年

劉邦四十五歲，到咸陽服役見到始皇帝。秦修直道。建阿房宮。扶蘇諫，出至上郡。嬴政四十八歲，稱真人。

前二一一年●秦始皇三十六年

劉邦四十六歲。秦遷三萬戶至北河楡中。

前二一〇年●秦始皇三十七年

劉邦四十七歲。亡命芒碭山。劉盈生一歲。嬴政五十歲，第五次巡遊，死於沙丘。李斯七十一歲，趙高四十七歲，胡亥二十歲，隨從。項羽二十三歲，在吳縣遇見始皇帝。

秦末七國大事年表

秦始皇三十七年 ● 前二一〇

十　月　秦始皇帝第五次巡遊。
六　月　巡遊至平原津而病。
七　月　丙寅，始皇帝死於沙丘平台宮。胡亥、趙高、李斯有沙丘之謀。
八　月　扶蘇死。胡亥一行車駕抵達咸陽，發喪。通告天下。
九　月　秦始皇下葬。

秦二世元年 ● 前二〇九

十　月　二世即位。大赦。趙高為郎中令。殺蒙恬、蒙毅兄弟。
一　月　二世東巡，到碣石、遼東，並海，至會稽刻石。
四　月　二世一行回咸陽。誅殺諸公子公主。恢復阿房宮工事，徵調材官、騎士屯衛咸陽。
七　月　秦　二世在咸陽。
　　　　楚　陳勝起兵於大澤鄉。攻占陳縣，建立張楚政權。楚國復國。
八　月　秦　二世誅殺匯報關東叛亂消息的使者。
　　　　楚　吳廣圍滎陽。周文攻入關中。宋留攻南陽。
　　　　趙　武臣為趙王，都邯鄲，趙國復國。

九　月　秦　戲水之戰。章邯擊退周文，整軍關中。
楚　周文軍退出函谷關。項梁起兵會稽。劉邦起兵沛縣。
趙　李良略常山，張黶略上黨。
齊　田儋起兵狄，稱齊王，齊國復國。
燕　韓廣至薊稱燕王，燕國復國。

秦二世二年●前二〇八

十　月　秦　秦軍動員。王離軍東調。
楚　楚王陳勝立四月。周文在曹陽。吳廣圍滎陽。項梁收兵於會稽。劉邦在豐擊破秦泗水監平軍。
趙　趙王武臣立三月。李良定常山。
齊　齊王田儋立二月。
燕　燕王韓廣立二月。

十一月　秦　章邯軍主力出關，在曹陽、澠池擊破周文軍。敖倉破田臧軍，滎陽破李歸軍。許破伍徐軍。王離軍塞井陘。
楚　周文戰死澠池。吳廣死滎陽。劉邦敗秦泗水守壯兵於薛縣，殺之於戚縣。
趙　李良叛變。武臣、邵騷被殺，張耳、陳餘脫逃。
齊　齊王田儋立三月。
燕　燕王韓廣立三月。

十二月　秦　李斯上〈奏請二世行督責書〉。章邯攻破張楚首都陳縣。至新蔡迎擊宋留。宋留降，傳之咸陽。

王離定上黨。
楚　陳勝敗死。張楚亡。呂臣攻克陳。雍齒反豐降魏。劉邦攻豐不下。
趙　張耳、陳餘、田間擊敗李良。
魏　魏咎立為魏王，周市為相，魏國復國。
齊　齊王田儋遣田間救趙。
燕　燕王韓廣立四月。

一月　秦　章邯左右校復攻下陳，呂臣會英布再攻下陳，章邯軍再次攻克陳。
楚　楚王景駒立，秦嘉為上將軍。劉邦赴留見景駒，遇張良。
趙　趙王歇立，都信都。
魏　魏王魏咎，立二月。
齊　田儋讓景駒不請自立。
燕　燕王韓廣立五月。

二月　秦　章邯進入碭郡。
楚　楚王景駒使公孫慶讓齊。項梁渡江北上，渡淮，陳嬰、英布屬。劉邦攻克碭。
趙　趙王趙歇立二月。
魏　魏王魏咎立三月。
齊　齊王田儋誅楚王景駒使者公孫慶。
燕　燕王韓廣立六月。

三月　秦　章邯至栗，擊敗朱雞石、余樊君軍，包圍臨濟。
楚　楚王景駒立三月。項梁軍至下相。劉邦第二次攻豐不下。
趙　趙齊聯軍與王離軍相持作戰。
魏　魏王魏咎被章邯軍圍困於臨濟。
齊　齊王田儋立七月。
燕　燕王韓廣立七月。

四月　秦　章邯圍臨濟。王離戰河北。
楚　項梁殺楚王景駒，入薛。劉邦到薛見項梁，請兵攻下豐邑。
趙　趙齊聯軍與王離軍相持作戰。
魏　臨濟急，周市赴齊楚請救。
齊　齊王田儋立八月。
燕　燕王韓廣立八月。

五月　秦　章邯圍臨濟，王離戰河北。
楚　項梁在薛，遣項它救魏。
趙　趙齊聯軍與王離軍相持作戰。
魏　魏王魏咎被章邯秦軍圍困於臨濟。
齊　齊王田儋領兵救魏。
燕　燕王韓廣立九月。

六月
秦　章邯破楚齊援軍，殺齊王田儋、魏相周市，敗楚將項它，收降臨濟。王離戰河北。
楚　項梁在薛擁立懷王，都盱台。劉邦至薛共立懷王。
趙　趙齊聯軍與王離軍相持作戰。
魏　魏王魏咎自殺，臨濟降秦。
齊　齊王田儋救魏，兵敗死。
燕　燕王韓廣立十月。
韓　韓王韓成立，張良為司徒，韓國復國。

七月
秦　右丞相馮去疾、左丞相李斯、將軍馮劫上書下獄。趙高為丞相。章邯圍田榮於東阿。敗於項梁，走濮陽。
楚　項梁軍救東阿，擊敗章邯。劉邦與項羽聯軍救東阿，破秦軍濮陽東，東屠城陽。
趙　趙齊聯軍與王離軍相持作戰。
魏　魏豹得楚軍援助徇魏地。
齊　田假立為齊王。田榮被章邯圍困於東阿。
燕　燕王韓廣立十一月。
韓　韓王韓成與張良徇韓地。

八月
秦　李斯被刑。章邯兵敗退守濮陽。王離軍向章邯軍靠攏。
楚　項梁在濮陽再次擊敗章邯，乘勝至定陶。劉邦與項羽斬三川守李由於雍丘。
趙　趙齊聯軍與王離軍相持作戰。

魏　魏豹徇魏地。

齊　田榮逐田假，立田儋子田市為王。田假走楚。田角走趙。

燕　燕王韓廣立十二月。

韓　韓王韓成與張良徇韓地。

九月

秦　章邯大破項梁軍於定陶，渡河北上。

楚　懷王徙都彭城。宋義出使齊。項梁戰死。劉邦還軍碭。項羽還軍彭城西。

趙　趙齊聯軍與章邯王離軍相持作戰。

魏　魏豹為魏王，都平陽。

齊　齊相田榮與楚、趙不和。

燕　燕王韓廣立十三月。

韓　韓王韓成還軍奔楚懷王。

後九月

秦　章邯破邯鄲，徙其民河內，夷其城郭。王離圍鉅鹿。

楚　懷王親政。以宋義為上將軍、項羽為次將救趙。定懷王之約。劉邦奉懷王之約西進攻秦。

趙　趙國君臣走入鉅鹿，為王離所圍。

魏　魏王魏豹立二月。

齊　齊相田榮不肯救趙。

燕　燕王韓廣立十四月。

韓　韓王韓成立五月。

秦二世三年●前二〇七

十　月　秦　王離圍鉅鹿。章邯軍鉅鹿南棘原一帶。

楚　楚懷王立六月。宋義領軍停駐安陽四十餘日。劉邦破東郡尉於成武南。

趙　趙王趙歇立十一月。張耳、田間守鉅鹿。陳餘收常山兵數萬人，軍於鉅鹿北。

魏　魏王魏豹立三月。

齊　齊王田市立四月。

燕　燕王韓廣立十五月。遣將臧荼救趙。

韓　韓王韓成立六月。

十一月　秦　王離軍圍鉅鹿。章邯軍築甬道餉王離。

楚　項羽殺宋義，將其兵走平原津，渡河救趙。

趙　張耳派遣張黶、陳澤向陳餘請兵五千攻擊王離軍，全軍覆沒。張敖北收代兵至鉅鹿。

魏　魏王魏豹領兵救趙。

齊　齊將田都、故齊王建孫田安從項羽救趙。

燕　燕將臧荼救趙抵鉅鹿。

韓　韓王韓成立七月。

十二月　秦　王離鉅鹿軍敗，被俘。章邯引兵向河內方向退卻。

楚　項羽大破秦軍鉅鹿下，諸侯軍皆屬羽。劉邦在碭郡栗縣與魏軍聯合作戰，破秦軍。

趙　趙歇立十三月。楚救至，圍解，還都信都。

魏　魏將皇訢、武蒲軍與劉邦軍在碭郡栗縣聯合作戰。
齊　齊王田市立六月。
燕　燕將臧荼救趙。
韓　韓王韓成立八月。

一月
秦　章邯在棘原一帶設防固守。
楚　項羽在鉅鹿休整。劉邦在碭縣休整。
趙　張耳怒陳餘，收將軍印。
魏　魏王魏豹救趙。
齊　田市立七月。
燕　燕王韓廣立十八月。
韓　韓王韓成立九月。至潁川一帶徇韓地。

二月
秦　章邯軍在棘原一帶固守。
楚　項羽攻擊章邯。劉邦攻昌邑，遇彭越。西過高陽，遇酈食其、酈商兄弟，攻破陳留。
趙　趙王趙歇立十五月。趙軍從項羽作戰。
魏　魏王魏豹立七月。魏軍從項羽作戰。
齊　齊王田市立八月。田安、田都、田間、田角部齊軍從項羽作戰。
燕　燕王韓廣立十九月。燕軍臧荼部從項羽作戰。
韓　韓王韓成立十月。至潁川一帶徇韓地。

三月
秦　章邯軍據漳水固守河內。
楚　項羽與章邯軍對峙於漳水河內。劉邦破秦將楊熊於東郡白馬。
趙　趙王趙歇立十六月。
魏　魏王魏豹立八月。
齊　齊王田市立九月。
燕　燕王韓廣立二十月。
韓　韓王韓成立十一月。

四月
秦　章邯兵不利，使司馬欣到咸陽請兵，趙高不見。
楚　項羽急攻章邯，有利。劉邦攻潁川，略韓地。
趙　趙將司馬卬抵孟津北岸，切斷河內郡與河東郡之交通。
魏　魏王魏豹立九月。
齊　齊王田市立十月。
燕　燕王韓廣立二十一月。
韓　韓王韓成、司徒張良與劉邦軍聯合作戰。

五月
秦　趙高欲誅司馬欣，欣亡走告章邯，謀叛秦。
楚　項羽與章邯對峙漳水河內。劉邦入三川郡，絕河津，再次進入潁川郡。
趙　趙將司馬卬欲渡河入關，被劉邦阻攔不成。
魏　魏王魏豹立十月。

齊　齊王田市立十一月。

燕　燕王韓廣立二十二月。

韓　韓王韓成留守陽翟。司徒張良、將軍韓信領兵隨劉邦。

六月秦　章邯與楚約降，未定。

楚　項羽與章邯談和，許而擊之，在漳南、汙水破章邯軍。劉邦攻南陽，圍宛。

趙　陳餘遺章邯書。

魏　魏王魏豹立十一月。

齊　齊王田市立十二月。

燕　燕王韓廣立二十三月。

韓　韓王韓成立十四月。

七月秦　章邯投降項羽。

楚　項羽與章邯盟於殷墟，封章邯雍王，統領秦軍。劉邦降下南陽，封其守齮。向武關方向進軍。遣使者寧昌前往咸陽見趙高議和。

趙　趙王趙歇立二十月。趙將申陽攻下河南縣。

魏　魏王魏豹立十二月。

齊　齊王田市立十三月。

燕　燕王韓廣立二十四月。

韓　韓王韓成立十五月。

八月　秦　望夷宮政變，趙高殺二世。嬴嬰立為秦王，殺趙高。

楚　項羽整編秦軍，命司馬欣為上將軍統領。劉邦攻破武關。

趙　趙王趙歇立二十一月。陳餘亡居南皮。

魏　魏王魏豹立十三月。

齊　齊王田市立十四月。

燕　燕王韓廣立二十五月。

韓　韓王韓成立十六月。

九月　秦　秦王嬴嬰遣兵拒劉邦。

楚　項羽軍渡河南下。劉邦攻下嶢關及藍田。

趙　張耳領趙軍從項羽。

魏　魏豹領魏軍從項羽。

齊　田安、田都領齊軍從項羽。

燕　燕將臧荼領燕軍從項羽。

韓　中徒張良、將軍韓信領軍從劉邦。

漢元年●前二〇六

十月　秦　秦王嬴嬰降，秦亡。

楚　楚懷王立十八月，在彭城。項羽將諸侯兵四十萬至河南縣。劉邦入咸陽城。

趙　趙王趙歇立二十三月，在信都。

魏　魏王魏豹立十五月，領軍從項羽。
齊　齊王田市立十六月，在臨淄。
燕　燕王韓廣立二十七月，在薊縣。
韓　韓王韓成立十八月，在陽翟。

十一月

楚　項羽坑殺秦降卒二十萬於新安。劉邦約法三章，秦民大悅，閉關。
趙　趙王趙歇立二十四月。
魏　魏王魏豹立十六月。
齊　齊王田市立十七月。
燕　燕王韓廣立二十八月。
韓　韓王韓成立十九月。

十二月

楚　項羽破函谷關，入關中，軍戲水。劉邦軍霸上。鴻門宴和解。
趙　丞相張耳領趙軍從項羽入關。
魏　魏王魏豹領魏軍從項羽入關。
齊　將軍田安、田都領齊軍從項羽入關。
燕　將軍臧荼領燕軍從項羽入關。
韓　申徒張良、將軍韓信領韓軍從劉邦入關。

一月

楚　項羽殺嬴嬰，燒秦宮室。
趙　趙王趙歇立二十六月，在信都。丞相張耳領趙軍從項羽入關。

魏　魏王魏豹立十八月，領軍從項羽入關。
齊　齊王田市立十九月，在臨淄。將軍田安、田都領齊軍從項羽入關。
燕　燕王韓廣立三十月，在薊縣。將軍臧荼領燕軍從項羽入關。
韓　韓王韓成立二十一月，在陽翟。中徒張良、將軍韓信領韓軍從劉邦入關。

二月　楚地　尊懷王為義帝。項羽分封十九王。
西楚霸王　項羽　楚將
衡山王　吳芮　楚將
九江　英布　楚將
臨江王　共敖　楚將
秦地　漢王　劉邦　楚將
雍王　章邯　秦將
塞王　司馬欣　秦將
翟王　董翳　秦將
趙地　常山王　張耳　趙將
代王　趙歇　趙王
魏地　西魏王　魏豹　魏王
殷王　司馬卬　趙將
齊地　齊王　田都　齊將

濟北王　田安　齊將
膠東王　田市　齊王
燕地　燕王　臧荼　燕將
遼東王　韓廣　燕王
韓地　韓王　韓成　韓王
河南王　申陽　趙將

參考書目舉要

本書的寫作基礎，是筆者多年學習和研究中國古代史的心得和結果。可以說，有關中國古代史，特別是秦漢史的史料和歷代學者們的研究成果，筆者大體上都是過了目，有所了解，盡可能吸取了的。從而，本書的內容當中，包含和融匯了大量的先賢碩學們的業績成果，這是筆者首先需要申明和感謝的。

不過，由於本書不是論文和研究著作，書中對先賢碩學業績成果的參考和吸取，只有極少部分是在行文當中明確了作者和出處。對於絕大部分未能明確作者和出處的部分，筆者本應列出一份詳盡而完善的參考書目和論文目錄來。不過，如此一來，筆者必將面臨一個非常尷尬的局面，不得不把一份厚重的論文和專著目錄提交給讀者。這種做法，不管從哪種角度講，幾乎近於不可能。正因為此，在權衡各種利弊得失之後，筆者決定只提供一個最低限度的主要參考書目。這個參考書目的選取標準有兩條：一，自感對於本書的寫作影響比較大。二，在本書寫作過程中參考得比較多。以下就是循此選取的結果。

一、歷史敘述類

1. 黃仁宇，《萬曆十五年》（中華書局，一九八二，二〇〇六增訂紀念本）。
2. 顧頡剛，《秦漢的方士和儒生》（上海古籍出版社，一九八二）。
3. 西嶋定生，〈武帝之死〉，載《日本學者研究中國史論著選譯》（中華書局，一九九三）。
4. 伏爾泰，《路易十四時代》，吳模信等譯（商務印書館，一九九七）。
5. 吉本，《羅馬帝國衰亡史》，黃宜思等譯（商務印書館，一九九七）。
6. 鹽野七生，《ローマ人の故事》（東京：新潮社，一九九二）。

二、人物傳記類

1. 吳晗，《朱元璋傳》（人民出版社，二〇〇三）。
2. 林語堂，《蘇東坡傳》（作家出版社，一九九五）。
3. 朱東潤，《張居正大傳》（東方出版中心，一九九九）。
4. 安作璋、孟祥才，《漢高帝大傳》（河南人民出版社，一九九七）。
5. 張文立，《秦始皇評傳》（陝西人民出版社，一九九六）。
6. 鶴間和幸，《秦の始皇帝》（吉川弘文館，二〇〇一）。
7. 藤田勝久，《司馬遷とその時代》（東京大學出版社，二〇〇一）。
8. 佐竹靖彥，《劉邦》（中央公論新社，二〇〇五）。

三、古典類

1. 司馬遷，《史記》（中華書局，一九八九）。
2. 司馬光，《資治通鑒》（中華書局，一九七六）。

3. 班固，《漢書》（中華書局，一九七五）。
4. 王先謙，《荀子集解》（中華書局，一九八八）。
5. 洪興祖，《楚辭補注》（中華書局，一九八三）。
6. 陳奇猷，《韓非子集釋》（上海人民出版社，一九七四）。
7. 張雙棣，《淮南子校釋》（北京大學出版社，一九九七）。
8. 楊守敬、熊會貞，《水經注疏》（江蘇古籍出版社，一九八九）。

四、專門史類

1. 馬非百，《秦集史》（中華書局，一九八二）。
2. 楊寬，《戰國史》（上海人民出版社，一九九八）。
3. 林劍鳴，《秦史稿》（上海人民出版社，一九八一）。
4. 王子今，《秦漢交通史》（中央黨校出版社，一九九四）。
5. 霍印章，《秦代軍事史》（《中國軍事史》第四卷）（軍事科學出版社，一九九八）。

五、專題研究類

1. 郭沫若，《十批判書》（科學出版社，一九六二）。
2. 勞榦，《勞榦學術論文集》（藝文印書館，一九七六）。
3. 陳夢家，《漢簡綴述》（中華書局，一九八〇）。
4. 錢穆，《先秦諸子繫年》（河北教育出版社，二〇〇二）。
5. 譚其驤，《長水集》（人民出版社，一九八七）。
6. 田餘慶，《秦漢魏晉史探微》（中華書局，一九九三）。

7. 李開元，《漢帝國的建立與劉邦集團》（三聯書店，二〇〇〇）。
8. 辛德勇，《歷史的空間與空間的歷史》（北京師範大學出版社，二〇〇五）。

六、考古類

1. 袁仲一，《秦始皇陵的考古發現與研究》（陝西人民出版社，二〇〇二）。
2. 王學理，《咸陽帝都記》（三秦出版社，一九九九）。
3. 徐衛民，《秦公帝王陵》（中國青年出版社，二〇〇二）。

七、地圖類

1. 譚其驤主編，《中國歷史地圖集》，第二冊（地圖出版社，一九八二）。
2. 史念海主編，《西安歷史地圖集》（西安地圖出版社，一九九九）。
3. 國家文物局主編，《中國文物地圖集》，陝西分冊（上、下）（西安地圖出版社，一九九八）。
4. 國家文物局主編，《中國文物地圖集》，河南分冊（中國地圖出版社，一九九一）。

八、日文學術類

1. 增淵龍夫，《中國古代の社會と國家》（一九六〇；岩波書店，新版，一九九六）。
2. 西嶋定生，《中國古代國家と東アジア世界》（東京大學出版社，一九六一；復刊，一九八〇）。
3. 守屋美都雄，《中國古代の家族と國家》（東洋史研究會，一九六八）。
4. 佐藤武敏，《司馬遷の研究》（汲古書院，一九九七）。

行走在歷史當中

代結語

人生如行旅。行旅的人生，進出於歷史當中。

我是愛旅遊的人，手持地圖，背負行囊，行走在大漠荒野中尋找故跡遺蹤，是我少年時代以來的夢想。入史學之門以來，國內走得多了，東渡以後，國外也多走了。

也不知從何時起，我被視為華僑了。這種僑居外國的中國公民的法律定義，這種帶有飄泊意味的世界公民的文化含義，似乎給我帶來了一種遊魂的宿命。我始終在永無止息地遊走。

我去東南亞，追尋過華僑南下的路，捕捉到多種文化混成的異國情調。馬來半島南端的華人之國新加坡，井井有條，宛若跨國公司，卻讓我感到文化的飄搖。我橫貫北美大陸，從溫哥華島一直到聖羅倫斯河畔，自然的遼闊和歷史的短淺，讓我有人跡冷清之感。我到希臘，追蹤歐洲文明的源頭；我到羅馬，景仰世界帝國的壯麗。瑞士獨特幽靜，我去伯爾尼訪問愛因斯坦的舊居；德國整潔美麗，我到海德堡尋覓歌德的行跡。歐羅巴久遠的歷史，深厚的文化，讓我感到人類文明的親近。

我到南半球，在布里斯本從容漫遊，到雪梨訪親問友。當我在黃金海岸仰望藍天，當我騎馬穿行東澳的草原森林時，我有飄然若仙之感，這裡是天涯海角，抑或是人間樂園？當我透過飯店的玻璃窗凝望雨中的街景時，我想起毛姆筆下的異國風情，眼前浮現出高更隱逸後的奇異色彩。那時候，點點滴滴美麗的偶遇遐想，最是哀婉甜酸；絲絲縷縷爬上心田的情緒，竟然是我那遙遠的故鄉，日漸遠去的童年回憶，青春歲月，連帶著故國山河的舊創和頑強的生命。人生若旅，我彷彿行走到半生的盡頭？

澳洲歸來後，家父敦促我去巴黎、倫敦，說那才是近現代歐洲文明的中心；友人勸誘我去紐約、芝加哥，說那才是當今文明的尖頂。然而，此時此地的我，心已另有所繫。多年來的東西南北，歲月長久的飄來遊去，我心中總是無根，我感到失去自我的彷徨。當種種新奇浮華消退以後，一種質樸的返祖歸根的情緒由我心底浸潤開來。「歸去來兮，田園將蕪胡不歸。既自以心為形役，奚惆悵而獨悲。」幼小熟讀成誦的〈歸去來辭〉響起，陶公高遠明澈，冥冥中引領我脫出迷津。

「悟以往之不可諫，知來者之可追。實迷途其未遠，覺今是而昨非。」於是我有所領悟。我欲回歸中土，我欲呼喚祖靈，我欲溝通古今，我要以有限的生命，作文化和人生的歸結。情思湧動之下，我萌發一種終生之志：將已經活在我心中的一段歷史，即秦漢帝國的歷史，作復活型的敘述。

我研治秦漢史將近三十年。三十年的生命投入，已經使我與秦漢先民心心相繫，方方面面，最為周詳熟悉。我與秦漢先民對話多年，秦漢的歷史早已經活在我的心中。二千年前的往事情景，宛若在我眼前；萬萬千千的生命，正在開創著千變萬化的經歷，如同我所生活著的今天。那是一個活的人間世界，不管是兒女情長還是鐵馬金戈，皆是聲音可聞，容貌可見，人情相通。那是一個通的人文世界，情感理性，思想行動，衣食住行，一切渾然一體，沒有政治、經濟、文化的領域劃分，也沒有諸如文史哲類的門戶區別。

然而，當我試圖將構想形諸於筆端時，卻屢屢碰壁。我所熟悉、我能夠運用的歷史學的諸種文體形式，無法表達復活於我心中的歷史。復活的歷史，那種生動鮮活的境界，豐富多彩的變遷，那種古今交匯的融和，逆轉時空的超越，無法用學院式的堅實學問來囊括，無法用科學的理性分析來包含，與此相應，也無法用考證、論文、論著以至於筆記和通史的體裁來表現。長久苦痛之餘，我不得不作新形式的尋求。

歷史學的本源是歷史敘事。歷史敘事，是基於史實的敘事。司馬遷一部《史記》，堪稱中國歷史敘事的頂峰。《史記》是伴隨我一生的讀物。我重讀《史記》，在確認史實可靠之餘，再次感歎太史公敘事之良美，思慮之周詳。精彩動人的敘事，有根有據的史實，深藏微露的思想，正是《史記》魅力無窮的所在。我獲得又一種感悟：打通文史哲，回到司馬遷。

黃仁宇先生的《萬曆十五年》，是當代史學中一朵光彩異放的奇葩。黃先生用一種嶄新的文體，融通史學、文學和思想，開啟了一代新風。一九八〇年代，我初讀《萬曆十五年》時，驚異於歷史還可以這樣表現，俯心低首引為模範表率，與諸位致力於新史學的同道相互激勵，有意一起來開創新的史學的未來。時過境遷，我重溫《萬曆十五年》，仔細體味之下，感悟到復活的歷史，需要細膩的心理體驗和當代意識的參與，需要一種優美的現代散文史詩。

秦漢帝國的歷史，古來依靠的是文獻史料。這些年來，得益於數量龐大的考古發掘，新出土的史料數量已經遠遠超過傳世文獻，結合新舊史料的歷史學研究已經重新改寫了歷史。考古資料的運用和研究成果的引入，不但是復活歷史的根據，也是直接的媒介。概略通檢之下，使我想到發掘報告書和學術論文的活用。

秦漢時代，距今已有兩千多年，數百年間億萬人生活過的歷史，所留下的文獻遺物，不過是滄海一粟。我常常感歎，古代史研究，宛如在黑暗的汪洋大海中孤舟夜行，視線所及，只能見到微光照亮的起落浪花。以數字比喻而言，我們所能知道的古史，不過萬分之零點零零一，九千九百九十九點九九九是未知的迷霧。以極為有限的史料復活無窮無盡的遠古，需要發散式的推理和點觸式的聯想，使我想到古史考證和推理小說之間的內在聯繫。歷史學家，宛若柯南·道爾筆下的福爾摩斯和克利斯蒂筆下的波羅。

我讀吉朋《羅馬帝國衰亡史》，感慨於作者作為史家的博學多識和他高超的表現技巧。我讀伏爾泰《路易十四時代》，他寫一個偉大的時代而不是寫一個偉大的國王的宗旨，使我深有同感。當我讀完日本女作家鹽野七生敘述羅馬帝國千年歷史的十二冊大著《羅馬人的故事》後，我明白秦漢帝國的宏大歷史畫卷，需要連續系列的形式。法布爾的《昆蟲記》我是小時候讀過的，重新瀏覽之餘，我記下了一條筆記：「《昆蟲記》以科學報告為材料，以散文形式寫出，兼具科學性和文學性。內容以昆蟲學為基礎，摻入觀察敘述，往事回憶，理論性議論，經歷講述等，可謂是一種自由的文體，值得試一試。」

地理空間是歷史的基本要素，沒有明確的空間關係的歷史，宛若一鍋迷糊的醬湯，不辨東西南北，始終暈頭轉向。地理空間絕非文字說得清楚，自從譚其驤先生主編的《中國歷史地圖集》面世以後，我們對中國歷代的歷史地理，才有了可以索圖查詢的可靠依據。然而，僅僅索圖查詢而不親臨實地，仍然是紙上談兵。山川氣候，道路城邑，民俗風情，都需要去走，去看，去感受，去觸摸才能曉得。國破山河在，人去屋宇存。在時間中過去了的歷史，往往有空間的遺留。復活歷史的觸點，常常就在你一腳踏上往事舊址的瞬間。今人不能身去往古，今人可以足行舊地，古往今來的交通，需要借助於實地考察。

田餘慶先生和西嶋定生先生，是影響我學術和人生最深的兩位恩師。田先生是我在北大的導師，進東大以後，我成了西嶋先生的門下弟子。田先生在精湛考論之餘，極重實地考察，他主持大運河訪古之行，行旅中解決曹丕征吳之戰中的地理問題。西嶋先生幾乎年年到中國，研究所及，腳步幾乎隨之而至。

日本的中國古代史學界有出行考察的傳統。近年來，同行中出了幾位好走的友人。早稻田大學的工藤元男，他追蹤大禹的傳說，一頭扎進四川西北的高山谷地，不時銷聲匿跡。學習院大學的鶴間和幸是秦始皇的研究者，他東西南北，追隨始皇帝蹤跡，求索在史實和傳說之間。至於愛媛大學的藤田勝久，他循司馬遷足跡，幾乎走遍了中國大地，獨行之餘，也不時邀我結伴同行，同享行旅的甘苦。

國內同行，艱苦的田野工作，從來是由考古學者擔當，他們不僅行走，幾乎就住在田野上。我在陽陵發掘現場見到王學理先生時，對烈日下宛若鄉野老農的考古學者，油然而生敬意。人大的王子今先生是考古出身的歷史學者，他主治秦漢交通史，木車牛馬所及，怕已經走得山窮水盡。北大的羅新先生從中文到歷史，他好訪古奇，攔西人驅車西行，尋覓中恍惚與西天西王母失之交臂。更有文化學者余秋雨先生，嘗試用行走觸摸文化的心髓，自稱行者無疆。行筆至此，看到最近的報導，央視的崔永元也帶隊開始萬里長征，追尋紅軍的故跡，要作行走的主持。

行走是人類的天性，行走是古來的傳統，行走是時代的新風。在古今風流的時尚當中，我再次開始新的旅程。這次新的行旅，不是去海外世界開眼，也不是去繁華都市染風，而是回歸故國河山，深入荒山野地，去追尋先民故跡，去尋找往事遺留，去尋求夢想，去復活歷史。這次新的行旅，我事前有充分的準備，周詳檢討史料，再三索圖查詢，往事史實爛熟於胸，所求所索明瞭於心，往往是書中筆下所及，我隨之跟蹤而去。

我隨歷史去豐縣、沛縣，尋訪漢高祖劉邦的龍興之地；我去芒碭山懷古，連通了古今的武裝割據。我又隨歷史去臨潼始皇陵，哀泣亡秦的骨肉至親；我遠望馳道深入阿房，感慨秦帝國興起之暴，瓦解之急。當我行走在渭水驪山之間時，復活的兵馬俑軍團就在我的眼前，雲水濛濛中，為我重演一場史書失載的大戰。亡秦之戰，決定於鉅鹿。我隨歷史渡漳水，用屈原〈九歌〉悼念秦軍陣亡將士，在感歎秦楚融和的瞬間，彷彿聽到貝多芬第九交響曲的終章，聖潔美麗的歡樂女神，在呼喚人類和平。河南是中原文明的核心地，我曾經多次經過，卻從來沒有停留。我隨歷史去陳留、開封，當我憑弔了信陵君的故宅，步步進入黃河中下游文明的深層時，我在失而復得的文明進程中感受到人類歷史的頑強和堅忍。

我是歷史的行者，當我行走在歷史當中時，歷史就復活在我的心中。我將復活的歷史停留於紙上，筆錄寫成本書。

感謝辭

本書的出版，首先要感謝「象牙塔」網站和站主陳爽先生。

我寫作本書，完全是出於個人意願的新嘗試，從形式到內容，皆自放於經院式學問主流之外。寫成以後，難以歸屬，有幸得到陳爽先生首肯，在「象牙塔」上刊出，得到世人的認可，不至於埋沒了我那些不入流的奇思怪想。陳爽先生，基於個人之喜愛，以個人之力營造一塊古代史的學術園地，在當今物欲橫流的世界裡，當是何等的一種境界，我深沉地感受到一種文化的定力和歷史精神的凝聚。

今天，借本書出版之機，在感歎互聯網為個性化的表現、為知識的自由傳遞提供了廣闊天地之同時，也想到我等受惠於「象牙塔」的同好學人，又當如何感謝陳爽先生，又當如何支持「象牙塔」的長存，怕也是一樁時刻要放在心上的事情。

本書的出版，也要感謝中華書局和兩位傑出的編輯徐衛東先生和宋志軍先生。本書第一章初稿在「象牙塔」刊出，是在二〇〇五年十一月二十五日，三十日收到徐衛東先生的來信，表示中華願意出版全書。中華書局在出版業界堪稱國學第一門戶，多年來以厚重嚴謹著稱，小書是新派的試作，中華竟能反應如此之快，實在是出乎意料之外。接觸之下，徐、宋兩位先生不但已經據網上的短文認同了小書的嘗試，而且前瞻性地測定了小書的前景，這種職業性的銳敏眼光，促成我在多種選擇中敲定了中華。

在以後的過程中，徐衛東先生為小書的出版可謂是殫精竭慮，那種精心製作好書的專注和熱情，那種厚實行家的職業精神，不僅使我放心，也使我感動。本書由深入到淺出的諸多建議，復活歷史的概念定位，書名章節的反覆磨練打造，多出於徐宋兩位先生和編輯室之苦心，這些都是我不能不一一申明和一一致謝的。

在本書臺灣版出版之際，我必須感謝聯經出版公司的發行人林載爵先生，我們初次在北京見面，就有一見如故之感，至今不但有良好的事業合作，而且有不少共同的愛好和話題，相處宛若長年的朋友。沒有他和聯經諸位編輯的努力，本書是不可能如此順利出版的。

最後，我還必須感謝我在東京大學的指導老師尾形勇先生，在學期間，我從他那裡得到了自由發展的空間，我對歷史地理的真正關注，也是從他所開設的《水經注》讀書課開始的。另外，已經過世的鄧廣銘先生、周一良先生、田中正俊先生，健在的松丸道雄先生、池田溫先生和後藤延子先生，還有馬克垚先生和張傳璽先生，以及一直支持我的家人，都是我應當感謝的。

我的人生，得到的幫助太多，付出的報答太少，宛若一本難以償清的欠帳，永遠使我誠惶誠恐。我想，用自己努力的結果，來回應當初被寄予的希望，也許是最好的報答。

秦崩：從秦始皇到劉邦

2020年4月三版 定價：新臺幣480元
2021年11月三版二刷

著者 李開元
叢書主編 簡美玉
特約編輯 鄭天凱
封面設計 陳文德
視覺構成 陳文德
王思驊

出版者 聯經出版事業股份有限公司
地址 新北市汐止區大同路一段369號1樓
叢書主編電話 (02)86925588轉5322
台北聯經書房 台北市新生南路三段94號
電話 (02)23620308
台中分公司 台中市北區崇德路一段198號
暨門市電話 (04)22312023
郵政劃撥帳戶第0100559-3號
郵撥電話 (02)23620308
印刷者 文聯彩色製版印刷有限公司
總經銷 聯合發行股份有限公司
發行所 新北市新店區寶橋路235巷6弄6號2F
電話 (02)29178022

副總編輯 陳逸華
總編輯 涂豐恩
總經理 陳芝宇
社長 羅國俊
發行人 林載爵

行政院新聞局出版事業登記證局版臺業字第0130號

本書如有缺頁，破損，倒裝請寄回台北聯經書房更換。 ISBN 978-957-08-5507-4 (平裝)
聯經網址 http://www.linkingbooks.com.tw
電子信箱 e-mail:linking@udngroup.com

國家圖書館出版品預行編目資料

秦崩：從秦始皇到劉邦/李開元著．新北市．聯經．
2020.04．三版．442面．14.8×21公分．參考書目：4面
ISBN 978-957-08-5507-4（平裝）
[2021年11月三版二刷]

1.秦史

621.9 109003613